Cultura e Poder
entre o Império e a República

CONSELHO EDITORIAL

Ana Paula Torres Megiani

Eunice Ostrensky

Haroldo Ceravolo Sereza

Joana Monteleone

Maria Luiza Ferreira de Oliveira

Ruy Braga

Organizadoras
Ana Beatriz Demarchi Barel
Wilma Peres Costa

Cultura e Poder
entre o Império e a República

Estudos sobre os imaginários brasileiros (1822-1930)

Copyright © 2018 Ana Beatriz Demarchi Barel e Wilma Peres Costa

Grafia atualizada segundo o Acordo Ortográfico da Língua Portuguesa de 1990, que entrou em vigor no Brasil em 2009.

Edição: Haroldo Ceravolo Sereza
Editora assistente: Danielly de Jesus Teles
Projeto gráfico, diagramação e capa: Mari Ra Chacon Massler
Revisão: Alexandra Colontini
Assistente acadêmica: Bruna Marques
Editora de projetos digitais: Dharla Clara Santos Soares
Imagem da capa: *Retrato de Francisca Miquelina de Souza Queiroz*, s/d. Museu Paulista da USP, São Paulo. Autor desconhecido.

CIP-BRASIL. CATALOGAÇÃO NA PUBLICAÇÃO
SINDICATO NACIONAL DOS EDITORES DE LIVROS, RJ

C974

Cultura e poder estudos sobre os imaginários brasileiros (1822-1930) : estudos sobre os imaginários brasileiros (1822-1930) / organização Ana Beatriz Demarchi Barel , Wilma Peres Costa. - 1. ed. - São Paulo : Alameda, 2018.
21 cm.

Inclui bibliografia
ISBN: 978-85-7939-541-3

1. Brasil - História - Império, 1822-1831. 2. Brasil - História - República Velha, 1889-1930. I. Barel, Ana Beatriz Demarchi. II. Costa, Wilma Peres.

18-52126   CDD: 981
                     CDU: 94(81)

ALAMEDA CASA EDITORIAL
Rua Treze de Maio, 353 – Bela Vista
CEP 01327-000 – São Paulo – SP
Tel. (11) 3012-2403
www.alamedaeditorial.com.br

Sumário

7   *Apresentação*

11 *Parte I*

13 Espaço público, homens de letras e revolução da leitura
    Roger Chartier

37 O relato de viagens como objeto de autorreflexão historiográfica de alemães entre os séculos XVIII e XIX
    Luiz Barros Montez

55 História e poder: as experiências do passado, o domínio do presente e as possibilidades futuras do Estado Imperial (1838-1850)
    Lucia Maria Paschoal Guimarães

71 A revista do IHGB e a construção do cânone literário do Império do Brasil
    Ana Beatriz Demarchi Barel

85 As ideias sobre a música no mecenato imperial
    Avelino Romero Pereira

113 Taunay, Taunays: territórios, imaginários e escrita da nação
Wilma Peres Costa

145 Joaquim Nabuco, historiador e homem de letras:
confluência das práticas culturais no IHGB e na ABL
Ricardo Souza de Carvalho

161 *Parte II*

163 O Estado e a memória da sociedade
Carlos A. C. Lemos

183 Representações da economia cafeeira: dos barões aos "Reis
do café"
Ana Luiza Martins

209 Os inícios da galeria de retratos da Faculdade de Direito de
São Paulo em meados do século XIX
Heloisa Barbuy

251 De Berlim às capitais do Império: a experiência fotográfica
em Alberto Henschel
Cláudia Beatriz Heynemann

275 O caso do pintor Estevão Silva e a crise da Academia de
Belas Artes do Rio de Janeiro no final do século XIX
Letícia Squeff

295 *Referências bibliográficas*

319 *As organizadoras*

320 *Os autores*

Apresentação

A ideia desse livro nasce do interesse das suas organizadoras pela história do século XIX. Para além da questão sempre polêmica de sua duração, já que vários historiadores o percebem como mais extenso do que o intervalo convencional de cem anos, o século XIX nos interroga hoje pela intensidade das transformações que atravessaram a experiência humana no Velho e no Novo Mundo nesse período, transformações que reconfiguraram as relações próprias do Antigo Regime em um complexo sistema de hierarquias reiteradas e de identidades compartilhadas.

Buscar elementos de definição de um perfil distinto para as nações do Novo Mundo e, ao mesmo tempo, caminhar no sentido de integrar essas nações no sistema internacional que emergiu do remanso da maré revolucionária europeia foi o desafio enfrentado pelas elites letradas das novas entidades políticas americanas. No Brasil, como em outras nações do continente, o desafio incontornável da definição de uma identidade própria, cristalizado nas múltiplas manifestações artísticas desse tempo, era assim, articulado a seu par dialógico – a necessidade de se mirar através dos olhos dos cânones que emanavam das matrizes civilizatórias europeias. De ambos emergia a urgência de traduzir a nova nação nas linguagens compreensíveis pelo público letrado interno e também pelos leitores do velho continente, matriz da civilização à qual as novas elites almejavam pertencer. Para responder a essas urgências os homens de letras tiveram que manejar as ferramentas intelectuais que lhes eram próprias – a cultura escrita e as sociabilidades a ela pertinentes, ressignificando também o lugar dos objetos visuais. Isso porque, se a primeira metade do século foi marcada pela propagação da cultura escrita por sobre as artes visuais, na segunda metade o desenvolvimento da fotografia imprimirá um novo vigor à produção e à circulação de imagens, ligando-se reversivamente os dois movimentos à formação de um público que a consumia palavras e imagens em quantidades crescentes e em suportes diversos, sobretudo na forma impressa.

A chave do Romantismo, em suas múltiplas expressões artísticas forneceu um filtro poderoso para a expressão dessa complexa relação entre a Europa e a América, forjando possibilidades de "tradução" da natureza e das sensibilidades dos trópicos. Esse foi também o molde no interior do qual as elites brasileiras buscaram integrar as realidades do país profundo – a escravidão que se espraiava por todos os poros do edifício social e a inquietante (para os padrões do cientificismo europeu) diversidade étnica de um país mestiço. As artes visuais, por outro lado, tanto em sua dimensão acadêmica como na incorporação das novas técnicas, com a fotografia, ofereceram um rol ilimitado de possibilidades para a expressão dos contornos desse novo mundo e nele, dos homens e das mulheres, livres, libertos, escravizados, em seus espaços materiais e simbólicos. Pessoas que se mostram e que se veem, que se projetam e que refletem sobre as imagens que produzem.

Esses temas e as inquietantes questões historiográficas que eles suscitam alimentaram o desejo de editar esse livro, procurando pensar o "longo século XIX" brasileiro a partir de seus próprios repertórios culturais, para melhor compreender sua ainda fértil presença em nosso próprio imaginário contemporâneo.

O recorte temporal eleito (c. 1822 e c. 1930) recobre aquele da formação ainda lenta de uma "República das letras" e de um público de leitores e de consumidores das artes, bem como os efeitos de um significativo surto de urbanização. Desenha-se um movimento que se distancia de um universo letrado fortemente imantado pela Coroa, representado sobretudo em instituições como o Instituto Histórico e Geográfico Brasileiro, em direção à novas iniciativas que darão ensejo à emergência de um mercado para as letras e para as artes e também para a mudança na composição social das classes letradas.

Os artigos que compõem o livro tiveram sua primeira apresentação em um encontro fecundo e caloroso, realizado na Fundação Casa de Rui Barbosa em 2014 e são devedores do seu ambiente acadêmico acolhedor, a quem agradecemos, assim como aos colegas Antônio Herculano e Marcos Veneu, interlocutores generosos e gentis. Na reorganização desses conteúdos em formato de livro, procuramos reverberar o ambiente estimulante daquele evento, mas percebemos a importância de sublinhar a articulação que os temas aqui tratados têm entre si, compondo um panorama coerente da vida cultural do grande século XIX. Abrindo o livro com o texto da conferência apresentada naquele momento por Roger Chartier, pensamos estabelecer uma baliza significativa para os textos que virão a seguir, compondo-os de maneira a pontuar tanto o peso da palavra como o da nova visualidade que veio a caracterizar o final do período.

Esperamos que a leitura seja proveitosa e fecunda, animando outros estudiosos a compartilharem as perplexidades que aqui se evidenciam, na forma de outras pesquisas e estudos.

Ana Beatriz Demarchi Barel
Wilma Peres Costa

Parte I

Espaço público, homens de letras e revolução da leitura

Roger Chartier

Este texto apresenta uma genealogia de três noções frequentemente presentes nos artigos que compõem esse livro: *espaço público, intelectuais* e *circulação dos impressos*. Como historiador da primeira modernidade, a que se estende entre os séculos XVI e XVIII, buscarei as raízes destas três noções nos três conceitos essenciais das Luzes: o uso crítico da razão, a definição do homem de letras e a revolução da leitura. Para cada uma das genealogias busco dimensionar as continuidades ou descontinuidades entre os tempos de Voltaire e Kant e as noções e práticas do mundo contemporâneo designadas pelas palavras do título do encontro, cujos debates ensejaram o livro: o exercício do poder, a formação das elites intelectuais e sociais, as produções e práticas da cultura.

O uso público e crítico da razão. Kant

A primeira genealogia nos remete a um texto famoso de Kant e às suas leituras por Habermas e Foucault. No texto *O que é Iluminismo?*, que apareceu como artigo do *Berlinische Monatsschrift* em 1784[1] Kant discute as condições necessárias para o progresso do Iluminismo, que ele definia como a saída da humanidade de sua menoridade. Sua resposta reside em duas observações. Primeiro, uma emancipação desse tipo supõe que os indivíduos sejam capazes de se libertar dos "preceitos e fórmulas, instrumentos mecânicos do uso racional, ou, antes, dos maus uso dos seus dons naturais que são os grilhões de uma menoridade perpétua".[2] Assim, o iluminismo requer uma ruptura com os padrões de pensamento obrigatórios herdados do passado e impõe a todos o dever de pensar por si mesmos.

Mas – e essa é a segunda observação de Kant – para a maioria dos homens essa não é uma conquista fácil porque a força do hábito arraigado é quase uma natureza, e por causa do peso da autoridade de mentores a quem a humanidade incumbiu a responsabilidade de pensar por ela. Portanto, "são, [pois] muito poucos (...)os que conseguiram mediante a transformação do seu espírito arrancar-se à menoridade e encetar então um andamento seguro".[3] O progresso do Iluminismo não poderá ser resultado de uma reforma de compreensão assumida por indivíduos separados, isolados, abandonados a seus próprios recursos. Mas "é perfeitamente possível que um público a si mesmo se esclareça. Mais ainda, é quase inevitável, se para tal lhe for concedida a liberdade".[4] Assim, o progresso do Iluminismo requer a constituição de uma comunidade para dar respaldo aos avanços de cada individuo e na qual os movimentos ousados daqueles que enxergam mais longe possam ser compartilhados.

Neste ponto de seu argumento Kant propõe uma distinção entre o "uso público" e o "uso privado" da razão que, da maneira como formulou, encerra um aparente paradoxo. O uso privado é "aquele

---

1 KANT, Immanuel. *Resposta à pergunta : O que é o Iluminismo ?*, Tradutor Artur Morão, acessível in www.lusofia.net.

2 *Ibidem*, p. 2.

3 *Ibidem*.

4 *Ibidem*.

Cultura e Poder entre o Império e a República   15

que alguém pode fazer da sua razão num certo cargo público ou função a ele confiada".[5] Assim, o uso privado da razão está associado ao exercício de um cargo público – Kant fornece os exemplos do oficial de exército que deve cumprir ordens e o do pastor que prega para sua congregação – ou ao dever do sujeito para com o Estado – por exemplo, o do contribuinte. O exercício em tais circunstâncias pode ser legitimamente restringido em nome dos "fins públicos" que garantem a própria existência da comunidade à qual pertencem o oficial, o pastor e o contribuinte, naquilo que Kant denominou "o interesse da comunidade". Essa obediência obrigatória, que não deixa lugar para crítica ou raciocínio pessoal, não é entendida como prejudicial, no Iluminismo, porque evita o desmembramento do corpo social que necessariamente ocorreria se a disciplina fosse refutada.

Por que, no entanto, esse uso da razão, que parece o tipo mais "público" de razão em termos da antiga definição que identificava "público" como participante de um Estado ou autoridade religiosa, é designado por Kant como "privado", invertendo assim os significados aceitos desses termos? Usando o exemplo do sacerdote ensinando a seus fiéis, Kant esboça seus motivos para essa definição paradoxal: "o uso que um professor contratado faz de sua razão perante a sua comunidade é apenas um *uso privado*, porque ela, por maior que seja, é sempre apenas uma assembleia doméstica".[6] A categoria "privado" refere-se, portanto, à natureza da comunidade na qual se faz uso do entendimento. Uma assembleia de fiéis, uma igreja particular, um exército, até mesmo um Estado, todos constituem entidades singulares, circunscritas e localizadas. Quanto a isso diferem radicalmente da "sociedade civil universal", que não ocupa um território e cuja composição é ilimitada. Assim "famílias" sociais, qualquer que seja seu tamanho e sua natureza, são segmentos que fragmentam a comunidade universal: devem, portanto, ser consideradas pertencentes à ordem do

---

5   *Ibidem.* p. 3.
6   *Ibidem.*

16   Ana Beatriz Demarchi Barel e Wilma Peres Costa (orgs.)

"privado", em contraste com um "público" definido não pela participação, como agente e sujeito, no exercício da alguma autoridade particular, mas pela identificação com a humanidade como um todo. Assim colocado numa escala universal, o uso público da razão contrasta, termo por termo, com o uso privado exercido em uma relação de dominação especifica e limitada. Kant entende "por uso público da própria razão aquele que qualquer um, enquanto, *erudito*, dela faz perante o grande público do *mundo letrado*":[7] "como erudito", ou seja como membro de uma sociedade sem distinção de hierarquia ou condição social; "perante o grande público do mundo letrado", ou seja dirigindo-se a uma comunidade não definida como parte de uma instituição. O "público" necessário para o advento do Iluminismo, e cuja liberdade não pode ser limitada, constitui-se assim de indivíduos que têm os mesmos direitos, que pensam por si próprios e falam em seu próprio nome e que se comunicam escrevendo para seus pares. Não deve existir nenhum domínio inacessível à sua atividade crítica – nem as artes, nem as ciências, nem tampouco as "questões religiosas" ou a "legislação". O príncipe esclarecido é esclarecido precisamente porque permite que esse uso público da razão se desenvolva sem constrição ou restrição, permitindo assim que os homens atinjam sua maioridade plena.

Neste texto Kant rompe com duas tradições. Primeiro, propõe uma nova articulação da relação do público com o privado não só equiparando o exercício público da razão a julgamentos produzidos e comunicados por indivíduos privados atuando como eruditos ou leitores, mas também definindo o público como a esfera do universal e o privado como o domínio de interesses particulares e "domésticos" (que podem ser até mesmo os de uma igreja ou Estado). Segundo, Kant modificou a maneira pela qual os legítimos limites para as atividades críticas deveriam ser concebidos. Assim, tais limites não mais

---

7   *Ibidem*

Cultura e Poder entre o Império e a República

residiam nos próprios objetos do pensamento, como no raciocínio cartesiano, que começa por postular que existem domínios proibidos para a dúvida metódica; eles residem na posição do sujeito pensante legitimamente constrangido ao executar os deveres de seu cargo ou de seu *status*, necessariamente livre quando age como membro da "sociedade civil universal".

Tal sociedade é unificada pela circulação dos escritos que autorizam a comunicação e discussão de pensamentos. Kant insiste nesse ponto, sistematicamente associando o "uso público da razão" com a produção ou leitura de matéria escrita. Como pessoa educada, todo cidadão deve "na qualidade de erudito, fazer publicamente, isto é, por escrito, as suas observações sobre o que há de errôneo nas instituições anteriores".[8] O "público" não é construído com base nas novas formas de sociabilidade intelectual tais como clubes, cafés ou lojas, porque esses grupos sem dúvida retinham algo das "assembleias domésticas", reunindo uma comunidade específica. Tampouco o "público" é constituído com referência ao ideal da cidade antiga, que pressupunha ser capaz de escutar a palavra falada e discutida em comum, e precisava da proximidade física de todos os membros do corpo político. Para Kant, apenas a comunicação escrita, que permite intercâmbio na ausência do autor e cria uma área autônoma para debate de ideias., é admissível como uma figura para o universal.

A concepção que Kant tem do uso público da razão derivava da noção e funções da República literária, um conceito que unia os letrados e cultos, por meio da correspondência e da imprensa antes mesmo do Iluminismo. Baseada no livre engajamento da vontade, na igualdade entre seus interlocutores e no exercício absolutamente desinteressado do intelecto, a República das letras (inventada não pelos *Philosophes*, mas pelos eruditos no século precedente) fornecia um modelo e um apoio para a livre investigação pública de questões rela-

---

8　*Ibidem*, p. 6.

18   Ana Beatriz Demarchi Barel e Wilma Peres Costa (orgs.)

tivas à religião e à legislação. Ao mesmo tempo, a referência à noção de vontade livremente engajada assinala a distancia que separa a universalidade teórica do conceito de público e a composição real desse corpo. Na época de Kant, o "publico leitor" não era de maneira nenhuma o todo da sociedade, e o público capaz de uma produção escrita era ainda menor. Kant explicava a distância que implicitamente reconhecia entre o público e o povo inteiro escrevendo: "Falta ainda muito para que os homens tomados em conjunto, da maneira como as coisas agora estão, se encontrem já na situação ou nela se possam apenas vir a, em matéria de religião, se servirem bem e com segurança do seu próprio entendimento, sem a orientação de outrem"[9] (ou, poderíamos acrescentar, bem como em questões referentes às artes, às ciências ou à legislação). O mundo letrado constituía apenas potencialmente "a sociedade civil universal". Só quando essas duas entidades coincidissem, poder-se-ia reconhecer o advento de "a ilustração geral ou saída dos homens da menoridade de que são culpados".

Habermas e Foucault, leitores de Kant

É conhecido o uso que Jürgen Habermas fez da referência a Kant no seu famoso livro, publicado em 1962, onde define a "esfera pública burguesa" como a "esfera em que as pessoas privadas se reúnem na qualidade de público" para exercer o "uso público da razão". O que se deve sublinhar é a distorção operada por Habermas na sua matriz kantiana. De facto, ele identifica a esfera pública burguesa, em primeiro lugar literária e depois política, com as sociabilidades ou instituições que estabeleceram o público como uma instância da crítica estética ou filosófica: os salões, os cafés, os clubes ou os jornais. Diferentemente do texto de Kant, Habermas realça a importância da palavra viva, da conversa, do debate. Esta modalidade da "publicidade", que retira às autoridades tradicionais (a corte, as academias, os *virtuosi*) o monopólio da avaliação das produções literárias ou artísticas, amplia a

---

9   *Ibidem*

Cultura e Poder entre o Império e a República 19

comunidade crítica já que incluiu "todas as pessoas privadas às quais, como leitores, ouvintes e espectadores, se lhes pressupõe patrimônio e instrução suficientes para apropriar-se do mercado dos objetos em discussão". Daí, a caracterização como "burguesa" desta esfera que excluiu todos os que, sem patrimônio nem instrução, bens ou cultura, estejam desprovidos do saber e do ócio que, só eles, permitem a constituição de "um público composto por pessoas privadas raciocinantes".[10]

A perspectiva de Habermas, que permanece mais fiel que a de Kant às definições clássicas dos termos "privado" e "público", pensa a produção dos discursos "públicos" a partir das práticas privadas situadas em todas as formas de sociabilidade subtraídas ao controle do Estado. Não se trata, então, da produção como resposta ao confisco absolutista da *res publica* como no livro de Koselleck de 1959,[11] mas da produção de um novo público a partir da socialização das práticas do privado. Mas será legítimo designar como "burguês" este novo espaço público? Num tempo em que este adjetivo não parece muito adequado quer para caracterizar a Ilustração quer para qualificar a Revolução Francesa, o seu uso por Habermas parece implicar um retorno à mais rígida e anacrônica conceptualização marxista. Daí a crítica partilhada por historiadores tão diferentes como Robert Darnton ou Keith Baker à pertinência do livro de Habermas para pensar a relação entre privado e público no século XVIII.

Parece-me que devemos evitar as armadilhas das palavras – e das traduções. Por um lado, o uso da palavra "burguês" no singular esconde a pluralidade das burguesias distinguidas por Habermas: em primeiro lugar, a definição medieval que remete para a residência citadina e inclui "os velhos estamentos profissionais dos artesãos e tendeiros

---

10 HABERMAS, Jürgen. *Mudança estrutural da esfera pública. Investigações quanto a uma categoria da sociedade burguesa*, Rio de Janeiro. Tempo Brasileiro, 1984.

11 KOSELLECK, Reinhart. *Crítica e crise. Uma contribuição à patogênese do mundo burguês*, Rio de Janeiro: Editora Contraponto, 2009.

Handweker und Krämer]"; em segundo lugar, a definição capitalista que designa "os comerciantes, banqueiros, editores e manufatureiros [Händler, Bankiers, Verleger und Manufakturisten] ; em terceiro lugar, a definição burocrática que abarca "a nova capa burguesa" de todos aqueles que exercem cargos e ofícios ao serviço do Estado [eine neue Schicht der Bürgerlichen entstanden]; e, finalmente, a definição cultural que identifica o público que lê como o novo estrato dos sábios [der neue Stand der Gelehrten]. A taxinomia social de Habermas evita a reificação do conceito de burguesia e sugere uma nova forma de dicotomia entre o privado e o público já que são os servidores do Estado os que maioritariamente construíram a nova esfera pública e crítica. Como escreve Anthony La Vopa quanto às formas de sociabilidade do Aufklärung, "foi precisamente a elite da administração, muito estratificada e mais ou menos implicada na atividades do absolutismo, a que constituiu o centro de gravidade da nova sociabilidade da Ilustração. O novo conceito social, e sobretudo, as lojas maçônicas, foi maioritariamente ocupado pelos grupos que constituíam o 'Estado'. Ainda que fossem espaços de reunião privada, à margem do absolutismo, foram também as suas extensões informais".[12]

Por outro lado, no livro de Habermas, o termo "burguês" não tem sempre um sentido sociológico. Utiliza-o para designar uma relação distanciada e crítica com a autoridade, expressa graças às práticas de sociabilidade que se situam à distância do Estado, excluem o vulgo e implicam todos os que, qualquer que seja seu estatuto ou condição, participam na discussão pública nos lugares onde ela se desenvolve. Na França do século XVIII as opiniões intercambiadas nas formas de sociabilidade mudam-se no conceito de "opinião pública" – identificada por Condorcet com este "tribunal independente

---

12   LA VOPA, Anthony. "Conceiving a Public : Ideas and Society in Eighteenth-Century Europe", Journal of Modern History, 64, 1992, p. 76-116.

Cultura e Poder entre o Império e a República   21

de todo poder humano, ao qual resulta difícil ocultar algo e ao qual é impossível subtrair-se".[13]

A relação entre o Iluminismo e a Revolução está no centro do comentário que Foucault fez em 1983 de dois textos de Kant: *O que é o iluminismo?* de 1784 e a segunda dissertação do *Conflito das faculdades* de 1798.[14] Analisando este último texto, Foucault segue passo a passo a demonstração através da qual Kant pretende mostrar que a Revolução Francesa constituiu o signo histórico indiscutível de que existe uma causa permanente garantindo o progresso constante do gênero humano. Para fazê-lo, Kant distingue a Revolução como acontecimento grandioso, como empreendimento voluntário, e a Revolução como produzindo em todos os povos "uma simpatia de aspiração que beira o entusiasmo". Como acontecimento histórico a Revolução que acumulou misérias e atrocidades pode tanto ter êxito quanto fracassar e, de qualquer maneira, seu preço é tal que dissuade para sempre de recomeçá-lo: não pode, portanto, ser tida como demonstração da inelutabilidade do progresso humano – bem o contrário. Mas a acolhida dada ao acontecimento atesta a força da "tendência moral da humanidade" que leva os homens a se dotarem de uma constituição livremente escolhida, em harmonia com o direito natural ("ou seja, àqueles que obedecem à lei devem também, reunidos, legislar") e "própria a evitar por princípio uma guerra ofensiva. Nisso, as reações que a Revolução desencadeou revelam na natureza humana uma "faculdade para progredir " mais fundamental que as eventualidades do acontecimento que a manifesta. Daí a constatação de Kant: "Eu sustento que posso predizer ao gênero humano, sem espirito profético, a partir das aparências e signos precursores de nossa época, que alcançará este fim, isto é, chegará a um estado tal que os homens possam se ar a constitui-

---

13   CONDORCET, *Esquisse D'un Tableau Historique des Progrès de L'Esprit Humain*, Paris: Librairie Philosophique, J. Vrin, 1970, p. 117.

14   FOUCAULT, Michel. *O que é o Iluminismo?* Traduzido por Wanderson Flor de Nascimento, www.filoesco.unb.br/foucault.

ção que eles querem e a constituição que impedirá a guerra ofensiva, de tal modo que, a partir de então estes processos serão recolocados em questão. Um tal fenômeno na história da humanidade não se pode mais esquecer, posto que revelou na natureza humana uma disposição, uma faculdade de progredir".

Com esse comentário Foucault pretende mostrar que Kant não está somente na origem da tradição filosófica que estabelece como central a questão das condições de possibilidade do conhecimento verdadeiro (que ele designa como uma "analítica da verdade") senão também que ele foi o primeiro a construir o presente como objeto de interrogação filosófica. Voltando a *O que é o Iluminismo?*, Foucault escreve: "Parece-me que se viu aparecer no texto de Kant a questão do presente como acontecimento filosófico ao qual pertence o filósofo que fala. Se se considera a filosofia como uma forma de prática discursiva que tem sua própria história, parece-me que com esse texto sobre a *Aufklärung* vê-se a filosofia – e penso que não forço as coisas demais ao dizer que é a primeira vez – problematizar sua própria atualidade discursiva: atualidade que ela interroga como acontecimento, como um acontecimento do qual ela deve dizer o sentido, o valor, a singularidade filosófica e no qual ela tem que encontrar ao mesmo tempo sua própria razão de ser e o fundamento daquilo que ela diz". Em seu esforço para situar o lugar da filosofia em seu próprio presente (o que é, para Foucault, a característica singular da *Aufklärung*), o texto de Kant fundamenta a modernidade filosófica: "Tudo isso: a filosofia como problematização de uma atualidade e como interrogação para o filósofo dessa atualidade da qual faz parte e em relação à qual tem que se situar, poderia caracterizar a filosofia como discurso da modernidade e sobre a modernidade". Mas fornece também um instrumento para compreender como a Revolução inscreve-se no processo de maior duração que construiu um espaço crítico e público onde podiam se voltar contra a razão de Estado as exigências éticas que esta

Cultura e Poder entre o Império e a República

havia relegado ao foro da consciência individual graças ao uso da razão pelas pessoas privadas.[15]

Do homem de letras ao intelectual

Se uma forte continuidade existe entre o uso crítico da razão do Iluminismo e o espaço público da política moderna, a relação entre a definição dos homens de letras e o intelectual do fim do século XIX é mais problemática. Na *Encyclopédie*, o artigo *"Homme de lettres"* é um artigo de Voltaire.[16] Sua definição do homem de letras especifica, antes de mais nada, que "não merece semelhante título aquele que, com escassa doutrina, cultiva apenas um gênero de estudos". Para ele, "a ciência universal deixou de estar ao alcance do homem, mas os verdadeiros letrados encontram-se na situação de deslocar os seus passos pelos diversos campos, apesar de não os poderem cultivar todos". Neste aspecto, o homem de letras representa uma figura moderna do gramático antigo que "era não só um homem versado na gramática propriamente dita, que é a base de todos os conhecimentos, mas um homem a quem a geometria, a filosofia, a história geral e particular não eram estranhas; que fazia sobretudo da poesia e da eloquência seu estudo". A definição do homem de letras apresentada na *Encyclopédie* é, então, a de um enciclopedista: não é um erudito que adquiriu um saber profundo sobre uma determinada disciplina, mas um homem que possui conhecimentos em todas a as áreas do saber.

Segundo Voltaire, duas mudanças principais transformaram profundamente o papel e a condição dos homens de letras. A primeira converteu a crítica filológica em espírito filosófico. Durante muito tempo reservada ao estudo ou edição dos textos antigos, a atividade crítica apropriou-se das crenças e das doutrinas. Logo "destruiu todos os pre-

---

15 CHARTIER, Roger, *Origens culturais da Revolução Francesa*, tr. George Schlesinger, São Paulo: Editora UNESP, 2008.

16 CHARTIER, Roger, "O homem de letras". In: *O homem do Iluminismo*, Direção de Michel Vovelle, Lisboa: Editorial Presença, 1997, p. 117-153.

24   Ana Beatriz Demarchi Barel e Wilma Peres Costa (orgs.)

conceitos de que a sociedade estava infectada: previsões de astrólogos, adivinhações de magos, sortilégios de todo o tipo, falsos prodígios, falsas maravilhas, costumes supersticiosos; baniu das escolas mil disputas pueris, que chegaram a ser perigosas e que, graças aos homens de letras são agora desprezadas: e com isso revelaram-se verdadeiramente uteis ao Estado". A crítica do espírito filosófico subjugou, deste modo, não só as superstições vulgares, mas também, como o texto o deixa antever através de palavras veladas, os dogmas da religião.

A segunda mudança indicada por Voltaire reveste-se da forma de um paradoxo, na medida em que associa a necessária independência dos homens de letras à tutela que o mecenato dos soberanos implica: "Possuem geralmente mais liberdade de espírito do que os outros homens: e aqueles que nasceram sem meios encontram facilmente nas fundações de Luís XIV o modo de poder manter viva em si esta liberdade". Para todos aqueles que não puderam viver das suas propriedades, dos seus cargos ou da suas rendas, apenas as pensões e as gratificações atribuídas pelo príncipe conseguem evitar a dependência humilhante do vínculo de clientela. Em vez de destruir a liberdade crítica que é o próprio dos homens de letras, a generosidade do soberano torna-a possível já que ela subtrai os menos afortunados às prepotências dos protetores únicos. Daí, no *Século de Luís XIV*, publicado em 1751, a celebração da magnanimidade do grande soberano. Daí no *Dicionário filosófico* de 1765 a crítica da opressão do mecenato privado: "Escrevei odes em louvor de monsenhor Superbus Fadus, madrigais em honra de sua amante, dedicai ao seu grande guarda-portão um livro, sereis bem tratados. Mas, se procurais iluminar os homens, sereis espezinhados".

As exigências do mecenato dos particulares não constituem a única ameaça que pesa sobre os homens de letras. Existe outra que oprime todos aqueles que consideram as letras como uma "profissão", como um estado que deve garantir a própria existência. Ver-se reduzido a viver da própria pena, a tornar-se um "autor", significa expor-se a inúmeras contrariedades: à ganância dos livreiros, à inveja dos colegas, ao juízo dos

Cultura e Poder entre o Império e a República 25

néscios. Contrário à profissionalização do oficio de escritor, que implica uma dependência em relação às regras do mercado literário, Voltaire exalta a liberdade e tranquilidade trazidas pelo mecenato do príncipe. O artigo de Voltaire recusa assim a identificação da atividade dos homens de letras com uma "profissão" porque, se a procura da proteção aristocrática leva os letrados a submeter-se aos caprichos ridículos do seu protetor, a condição de autor deixa-o à mercê dos pedidos fúteis dos livreiros e do público. Em inúmeros artigos do *Dicionário filosófico*, Voltaire arrasa aqueles que considera como "a espécie desgraçada que escreve para viver". A fim de sobreviver, estes multiplicam os escritos inúteis: "cem autores compõem para ganhar o pão, e vinte escrivães fazem o resumo, a crítica, a apologia e a sátira destas composições, com o fim de também eles terem o necessário, pois não possuem qualquer ofício". O ideal do homem de letras delineado, em negativo, pela sátira da "canalha da literatura" associa sem qualquer contradição a proteção do soberano ao espírito filosófico Uma vez que isenta das obrigações do clientelismo, protege das perversões do mercado, reconhece os verdadeiros estudiosos, o mecenato monárquico, tal como foi concebido por Luís XIV, é a condição através da qual os homens de letras que merecem assim ser chamados podem, livremente, sem constrangimentos nem censura, exercer a liberdade de espírito.

Em face deste discurso surge, no entanto, um outro que define o autor como proprietário de sua obra. Ele é particularmente precoce na Inglaterra, suscitado pelos livreiros editores preocupados com a defesa dos seus privilégios. Como escreveu Mark Rose, "poder-se-ia afirmar que os livreiros londrinos inventaram o autor-proprietário, construindo-o à semelhança de uma arma na sua luta contra os livreiros das províncias".[17] Em 1709, uma lei votada pelo parlamento veio revigorar o antigo processo de publicação que garantia aos livreiros e impressores de Londres a propriedade plena e inviolável (portanto,

---

17 ROSE, Mark. *Authors and Owners. The Invention of Copyright*, Cambridge, Mass: Havard University Press, 1995.

transmissível, divisível e cedível) das obras que publicavam. A lei de 1709 desmantela duplamente este sistema, limitando a duração do *copyright* a catorze anos (mais catorze se o autor ainda for vivo) e autorizando os autores a pedirem para si próprios um *copyright*. Os livreiros londrinos perdem, simultaneamente, o monopólio de obtenção dos *copyrights* e a duração perpétua destes últimos. fato que deixa livre o caminho aos seus colegas escoceses e irlandeses para reimprimirem livremente os títulos cujo privilégio acabou.

Para reafirmar seus direitos tradicionais, os livreiros da *Stationer's Company* só tinham uma escolha: fazer reconhecer a propriedade perpétua do autor sobre a sua obra e, consequentemente, a propriedade perpétua de quem adquiriu essa obra. Assim inventou-se o homem de letras como autor-proprietário. Através de uma serie de processos levantados aos livreiros que reeditam títulos sobre os quais pretendem ter um privilégio imprescritível, os livreiros londrinos (ou seus advogados) desenvolvem uma argumentação dupla. A primeira baseia-se na teoria da propriedade derivada de Locke que defende que o homem, sendo dono de si próprio, também o é de todos os produtos de seu trabalho, literários ou não. A segunda assenta numa teoria estética da originalidade própria das criações literárias, que as torna incomparáveis às invenções mecânicas, sujeitas ao regime das *"patents"* que limita a duração do monopólio a catorze anos. William Blackstone justificou a identificação da propriedade literária como imprescritível, cuja duração perpétua se transmite do autor ao editor porque "o estilo ou o sentimento são os elementos essenciais de uma composição literária. Só eles constituem a sua identidade. Assim cada exemplar de uma obra, sejam dez ou dez mil, se transmite o mesmo estilo, o mesmo sentimento, é exatamente a mesma obra que se transmite". A desmaterialização das obras permite, produzidas pelo gênio invisível do autor, fundamentar assim uma definição da propriedade intelectual, que é própria do autor que pode transmitir sem que se altere seu carácter.

Criada pelos editores como uma arma polêmica, a nova representação do homem de letras dificilmente se insere na realidade. Até aos últimos anos do século XVIII, são raros os escritores que podem viver de suas obras literárias. A prática da cedência definitiva do manuscrito ao livreiro editor, sem compartilhar das vantagens advenientes de um eventual êxito do livro, e o preconceito aristocrático ou "voltairiano" que leva a desprezar aqueles que escrevem por dinheiro fazem com que o autor-proprietário seja frequentemente um proprietário sem rendas. As únicas exceções a tal situação dependem da particularidade ou do êxito de alguns gêneros: o teatro, as traduções ou, no final do século, na Inglaterra, os livros de história de grande difusão cujos autores se encontram entre os primeiros a receber direitos proporcionais às vendas. Mas a única verdadeira profissionalização literária está ligada a uma atividade que quase não reconhece o autor como proprietário e raramente lhe confere a qualificação de homem de letras: o jornalismo. Por isso se verifica um grande desnível entre a construção do homem de letras como dono soberano perpétuo de sua obra, tal como é apresentada pela argumentação a favor dos livreiros editores, preocupados com a defesa de seus privilégios, e a realidade de uma condição que só autoriza a profissionalização da atividade literária em regime de precariedade e muitas vezes de anonimato.

Portanto, tinha a França do século XVIII seus "intelectuais alienados"? Advogados sem causa e escritores sem rendas haviam organizado seus futuros com base em uma representação do mundo social ou da República das letras que prometia o êxito à quem tinha um título universitário ou um talento literário. Mas a monopolização dos cargos ou das rendas pela elite social ou o "establishment" do Iluminismo fez com que as posições às quais essas pessoas aspiravam se revelassem além do alcance delas, forçando-as a aceitar empregos ou tarefas menos prestigiosas e mal pagas. Ambos os grupos desempenharam um papel decisivo no processo pré-revolucionário – os escritores pelo crescente número de panfletos e libelos escritos, os advogados

28 Ana Beatriz Demarchi Barel e Wilma Peres Costa (orgs.)

demonstrando liderança em campanhas do partido patriota e na preparação dos *Etats généraux*. Essa observação não implica qualquer retorno a uma interpretação antiga que vê no desejo de vingança social dos letrados malsucedidos uma causa da Revolução, simplesmente enfatiza que em um grande segmento dos grupos mais intensamente envolvidos na crítica às autoridades, uma consciência ferida de um destino infeliz pode ter provocado uma desvinculação radical de uma sociedade considerada responsável por seus infortúnios. O colapso de uma ordem tão contrário à justa recompensa ao mérito e ao talento era facilmente aceito e até mesmo ardentemente desejado.

Mas é possível designar os homens de letras do século XVIII como "intelectuais" (frustrados ou não)? Talvez não. Pierre Bordel no seu livro de 1992 *Les règles de l'art* enfatizava as condições que permitiram a "invenção do intelectual", entendido como alguém intervindo na política, somente no fim do século XIX.[18] A primeira condição foi a autonomização previa do campo literário. Evocando o papel de Zola no Affaire Dreyfus, Bourdieu escreve: "Levando a seu termo a evolução do campo literário no sentido da autonomia, Zola tenta impor até em política os próprios valores de independência que se afirmavam no campo literário. (...) Assim, paradoxalmente, é a autonomia do campo intelectual que torna possível o ato inaugural de um escritor que, em nome das normas próprias do campo literário, intervém no campo político, constituindo-se, assim, como intelectual". A invenção do intelectual supõe a constituição previa do campo literário como autônomo, libertado das dependências que o caracterizavam até o século XIX. Só esta autonomia permite que o intelectual possa "afirmar-se, contra as leis específicas da política, as da *Realpolitik* e da razão de Estado, como o defensor de princípios universais que não são mais que o produto da universalização dos princípios específicos de seu universo próprio".

---

18 BOURDIEU, Pierre. *As Regras do arte. Gênese e estrutura do campo literário*, São Paulo: Companhia das Letras, 1996.

Cultura e Poder entre o Império e a República

A segunda condição de constituição da definição moderna do intelectual engajado foi a ruptura com uma hostilidade à política por parte dos escritores: "Assim, por uma estranha reviravolta, é apoiando-se na autoridade específica que fora conquistada contra à política pelos escritores e pelos artistas puros que Zola e os pesquisadores nascidos do desenvolvimento do ensino superior e da pesquisa poderão romper com o indiferentismo político de seus antecessores para intervir, por ocasião do caso Dreyfus, no próprio campo político, mas com armas que não são as da política". Neste sentido o "intelectual" não se define só pela sua atividade, oposta nos trabalhos manuais, senão que supõe a presença de condições históricas que ligam no século XIX autonomia do campo literário e politização da vida intelectual. Contra a tentação de universalizar a noção, Bourdieu sublinha que "o intelectual constitui-se como tal intervindo no campo político em nome da autonomia e dos valores específicos de um campo de produção cultural que chegou a um alto grau de independência em relação aos poderes".[19]

A revolução da leitura

Uma última genealogia é a que vincula as transformações da circulação da escrita no século XVIII, descritas como uma "revolução da leitura", e a constituição no século XIX de campos culturais polarizados entre a "arte pela arte" reservado aos *"happy few"* de Stendhal e o mercado da "literatura industrial", segundo a expressão de Sainte-Beuve.

Numerosos textos do século XVIII (relatos de viagem, descrições das cidades, memórias) insistem sobre a nova universalidade da leitura, presente em todos os meios sociais, em todas as circunstâncias da vida, em todos os lugares do cotidiano. Segundo eles, uma verdadeira "mania de leitura", transformada numa "febre de leitura" ou "fúria de ler" (os textos alemães falam de *Lesesucht, Lesefieber* ou *Lesewut*) se haveria apoderado das populações. Nos discursos médicos, o exame

---

19 *Ibidem*, p. 51

toma a forma de um diagnóstico inquietante, ressaltando os efeitos destrutivos do excesso de leitura, percebido como um desregramento individual ou uma epidemia coletiva; pois ela é associada à imobilidade do corpo e à excitação da imaginação e conduz ao esgotamento do corpo, à recusa da realidade, à preferência pela fantasia. Daí sua proximidade com outras práticas solitárias, como as sexuais, e o parentesco estabelecido nos tratados médicos como nos romances eróticos, entre a leitura e o onanismo. As duas práticas levam aos mesmos sintomas: à palidez, à inquietação, à indiferença, à prostração. O perigo torna-se maior quando a leitura é a do romance e quando o leitor é uma leitora, que lê na solidão de seu recolhimento, escapando aos olhares dos outros. Mas o excesso dela ameaça todos os leitores e, em particular, os mais ávidos, já que as razões que a tornam perigosa (obstrução do estômago e dos intestinos, perturbação dos nervos) são também aquelas que produzem a hipocondria – que é a doença por excelência dos homens de letras. Dessa forma, a teoria da imaginação usada pela psicologia sensualista, emprega uma nova formulação, mais radical, às denúncias antigas dos perigos da ficção.

Outras representações devem ser levadas em conta. O discurso filosófico também levanta um ponto de vista negativo sobre o excesso da leitura. Estigmatiza a leitura de divertimento e do passatempo como um verdadeiro "narcótico" (a palavra é de Fichte) ou como um "ato de alta traição para com a humanidade porque deprecia um meio destinado a alcançar objetivos superiores", segundo a opinião de Bergk. Por outro lado, o imaginário proposto pelos pintores, desenhistas e gravadores faz proliferar as representações da leitura nos quadros e nas gravuras nos adornos das louças de faiança ou de porcelana, nas telas ou relógios de bolso, sob a forma de silhuetas e figurinhas. Esse imaginário mostra novos leitores – mulheres, crianças, artesãos, camponeses – e novos hábitos, tais como a leitura ao ar livre, no jardim ou na natureza, a leitura feita caminhando, a leitura na cama, que prepara ou substitui o encontro erótico, a leitura para outros, na sociabilidade

Cultura e Poder entre o Império e a República   31

dos salões ou em reuniões de família. Todas essas representações indicam, à sua maneira, que as práticas mudaram, que os leitores são mais numerosos e fanáticos ou apaixonados pela leitura.

Devemos traduzir essas percepções com o conjunto das noções construídas por Rolf Engelsing, que opõe uma leitura tradicional, dita "intensiva", a uma leitura moderna, qualificada de "extensiva"?[20] Segundo essa dicotomia, o leitor "intensivo" era confrontado a um corpus limitado e fechado de textos, lidos e relidos, memorizados e recitados, compreendidos e conhecidos de cor, transmitidos de geração em geração. O leitor "extensivo" é completamente diferente: consome em profusão os impressos novos, efêmeros, ele os lê com rapidez e avidez, aproxima-os com um olhar distanciado e crítico. À uma relação com a escrita, que era comunitária e respeitosa, teria sucedido, por conseguinte, uma leitura livre, desenvolta e irreverente.

Contra essa tipologia, organizada numa cronologia que distingue um "antes" e um "depois" da leitura, separados por uma verdadeira "revolução", as críticas foram múltiplas. De fato, numerosos são os leitores "extensivos" na época da suposta leitura "intensiva". Pensemos nos letrados humanistas. Ao contrário, é no próprio momento da revolução "extensiva" da leitura que, com os leitores de Richardson, Rousseau ou Goethe, se manifesta a mais "intensiva" das leituras, aquela pela qual o romance apodera-se do leitor, prende-o ao texto, governa seus pensamentos e condutas. A leitura de *Pamela* e *Clarissa*, *La Nouvelle Héloïse* ou *Werther* muda numa forma literária nova os gestos antigos. O romance é lido e relido, decorado, citado, recitado. Seu leitor é invadido por um texto que o habita; ele se identifica com os heróis da história, decifra sua própria vida por meio da ficção e da intriga. Nessa leitura "intensiva" de um novo modelo, é a sensibilidade inteira que se encontra empenhada e comprometida.

---

20 ENGELSING, Rolf. "Die Perioden der Lesergeschichte in der Neuzeit. Das statistische Ausmass und die soziokulturelle Bedeutung der Lektüre", *Archiv für Geschichte des Buchwesens*, X, 1970, p. 944-1002.

Isso basta para invalidar a ideia de uma "revolução da leitura"? Talvez não. Em toda Europa do século XVIII, apesar da estabilidade das técnicas e do trabalho tipográfico, profundas mudanças transformaram a produção impressa e as condições de acesso aos livros. Em todos os lugares, o crescimento e a laicização da oferta impressa, a circulação de livros pro*ibid*os, a multiplicação dos periódicos, o triunfo dos pequenos formatos e a proliferação dos gabinetes de literários e sociedades de leitura, onde é possível ler sem comprar, permitem e impõem novas maneiras de ler. Para os leitores mais instruídos, as possibilidades de leitura parecem expandir-se, propondo práticas diferenciadas segundo os tempos, lugares e gêneros. Cada leitor é, assim, sucessivamente, um leitor "intensivo" e "extensivo", absorto ou desenvolto, estudioso ou divertido. Por que não pensar que a "revolução da leitura" do século XVIII reside justamente na capacidade de mobilizar múltiplas maneiras de ler? Daí, seus limites, já que a possibilidade não é dada a todos, longe disso, e que ela ganha apenas os leitores mais cultos e abastados. Daí, igualmente, sua natureza complexa, já que é preciso reconhecê-la, não na generalização de um novo estilo, hegemônico e específico, da leitura, mas em um estilo que recorre a uma pluralidade de práticas, tanto antigas quanto novas.

Com os progressos da alfabetização e a diversificação de produtos impressos, o século XVIII e, ainda mais, o XIX conheceram uma grande dispersão dos modelos e das práticas de leitura. Forte é o contraste entre, por um lado, a imposição das normas escolares que tendem a definir um modelo único, codificado e controlado de leitura e, por outro lado, a extrema diversidade das práticas de várias comunidades de leitores, tanto as que estiveram anteriormente familiarizadas com a cultura impressa como as formadas por recém-chegados ao mundo da escrita: crianças, mulheres, trabalhadores. O acesso de quase todos à capacidade de ler, tal como estabelecido no final do século XIX em várias partes da Europa, instaurou uma forte fragmentação das práticas de leitura.

Essa fragmentação levou a reforçar dois elementos encontrados nos primeiros séculos da modernidade. Por um lado, se multiplica-

Cultura e Poder entre o Império e a República   33

ram produtos impressos dirigidos aos leitores populares: coleções baratas, publicações por entregas, folhetins, revistas ilustradas, etc. Desse ponto de vista, a produção e a circulação da cultura impressa mostra as mesmas mudanças fundamentais em todas as partes da Europa e das Américas: a entrada em uma economia de mercado que produz um novo público leitor a partir da oferta de novos produtos editoriais, e a multiplicação das bibliotecas escolares e públicas, vinculadas ou não ao fenômeno associativo dos gabinetes de leitura.

Nas sociedades do século dezenove, a persistência de altos níveis de analfabetismo, tal como se apresentam nas estatísticas, baseadas nos percentuais de assinaturas, não devem fazer esquecer a crescente presença de impressos efêmeros e baratos dentro das classes populares, incluindo analfabetos. Nas cidades, pelo menos, a grande circulação dos periódicos, folhetos, calendários, almanaques e brochuras permitiu uma grande familiaridade com a cultura impressa, possivelmente transmitida através da leitura em voz alta. Então, não devemos limitar a população de "leitores" unicamente aos alfabetizados. Não devemos tampouco isolar os objetos impressos (livros ou revistas) das outras formas de presença da escrita: os cartazes manuscritos, as inscrições gravadas, os escritos pintados encontrados nas ruas, nos cemitérios, nos edifícios públicos, nas casas. Na paisagem escrita urbana, esta onipresença dos textos escritos produz uma espécie de aculturação por impregnação ambiental.

Outra característica comum em toda a Europa é a constituição, no século XIX, de um "campo literário" polarizado entre a "literatura industrial", dirigida ao mercado crescente de leitores, e as formas cultas, da "arte pela arte", ou do saber erudito cujas criações circulam dentro do público restrito dos "*happy few*". Estabelece-se um vínculo forte entre a reinvindicação de uma cultura "pura", subtraída das leis econômicas de produção, distanciada do entretenimento "popular", governada pela cumplicidade estética e intelectual entre autores e leitores, e, por outra parte, os progressos de uma literatura comercial, dominada pelo capitalismo editorial e dirigida ao "grande público".

Esta polarização introduziu uma forte diferença entre os escritores que tentaram viver de sua pena e que não poderiam sobreviver sem se porem a serviço dos editores que publicavam os gêneros mais populares, e autores cuja existência não dependia da escrita, mas de sua própria fortuna ou outro trabalho (professor, advogado, empregado da administração) e que eram assim libertados do mercado editorial.

Convém, no entanto, matizar essas oposições entre normas escolares e diversidade das práticas tão fortemente percebidas pelos contemporâneos. Em primeiro lugar, a definição escolar das obras legítimas multiplicou a leitura por parte de leitores populares de obras transformadas em patrimônio comum. Antologias e coleções deram uma forma editorial a uma série de obras e autores que identificavam a produção literária nacional. Isto foi feito a partir de eleições e exclusões que compuseram um repertório literário canônico. Graças às bibliotecas populares e às coleções baratas de obras clássicas ou recentes, os leitores populares compartilharam, ainda mais que nos séculos XVI e XVII, os mesmos textos que os membros da elite. Mas, como mostram as autobiografias operárias, liam essas obras canônicas de uma forma intensiva baseada na repetição e na memorização. Reliam mais que liam, compartilhavam ao menos os textos lidos em voz alta; e os copiavam e memorizavam. Mobilizavam-se para apropriar a literatura sábia com as práticas de leitura que haviam duradouramente caracterizado sua relação com os livros de *"colportage"* ou os folhetos de cordel. Multiplicou-se também a edição de livros instrutivos dirigidos a esses mesmos leitores e com as mesmas características materiais: capas e papel resistentes, formato manejável, tendência ao agrupamento de títulos em coleções, o estímulo das ilustrações que orientam a leitura. Em toda a Europa, essas "bibliotecas" sem muros propuseram aos leitores volumes de divulgação científica ou histórica.

Essa diversificação das leituras se tornou uma das condições de possibilidade da constituição dos campos literários e intelectuais no século XIX. Sua autonomia foi uma consequência e uma condição de

Cultura e Poder entre o Império e a República   35

sua estruturação. Essa estrutura teve a forma de um quiasmo entre duas lógicas governando a produção e circulação cultural. Bourdieu as descreve assim no seu livro *As regras da arte*: "Em um polo, a economia anti-'econômica' da arte pura que, baseada no reconhecimento indispensável dos valores de desinteresse e na denegação da 'economia' (do 'comercial') e do lucro 'económico' (a curto prazo), privilegia a produção e suas exigências específicas, oriundas de uma história autônoma; essa produção que não pode reconhecer outra demanda que não a que ela própria pode produzir, mas apenas a longo prazo, está orientada para a acumulação de um capital simbólico, como capital 'econômico denegado, reconhecido, portanto legítimo, verdadeiro rédito, capaz de assegurar, sob certas condições e a longo prazo; lucros 'econômicos'". Então, no polo mais autônomo de cada campo cultural ou intelectual, a lógica da arte pela arte implica a distância em relação com os princípios que governam a lógica da economia, mas pode também, a longo prazo, produzir valores e lucros econômicos. E uma relação invertida que caracteriza a lógica da "literatura industrial": "no outro polo, a lógica 'econômica" das industrias literárias e artísticas que, fazendo do comércio dos bens culturais um comércio como os outros, conferem prioridade à difusão, ao sucesso imediato e temporário, medido, por exemplo, pela tiragem, e contentam-se em ajustar-se à demanda pré-existente da clientela (contudo, a vinculação desses empreendimentos ao campo assinala-se pelo fato que apenas podem acumular os lucro econômicos de um empreendimento econômico ordinário e os lucros simbólicos assegurados aos empreendimentos intelectuais recusando as formas mais grosseiras do mercantilismo e abstendo-se de declarar completamente seus fins interessados)".[21] Então, no polo da cultura comercial, o lucro imediato, na lógica comercial, supor uma justificação própria emprestada na lógica estética ou intelectual. A tensão entre o ajustamento à uma demanda preexistente e o risco

---

21 BOURDIEU, P. *Op. cit.* p. 163

das propostas de ruptura é relevante tanto para a literatura como para os discursos intelectuais e políticos.

As genealogias apresentadas nessa conferência permitem, talvez esboçar três hipóteses: pensar o espaço público político como baseado no uso crítico da razão tal como o define Kant; definir o intelectual a partir da ruptura do modelo, das práticas e das experiências do homem de letras do Iluminismo; e, finalmente, descrever os campos culturais modernos como uma nova articulação entre as práticas da cultura escrita produzidas pela revolução da leitura no século XVIII e as transformações ou a polarização do mercado dos bens culturais no século XIX. Da vinculação entre essas três mutações dependem as relações entre Estado, cultura e elites, não somente no Brasil entre 1822 e 1930, mas também em todas as sociedades contemporâneas.

O relato de viagens como objeto de autorreflexão historiográfica de alemães entre os séculos XVIII e XIX

Luiz Barros Montez

Queremos inicialmente tratar os inúmeros textos que enfeixamos aqui sob a designação genérica de "relatos de viagens" como documentos da história da cultura e da literatura. Para tanto, é necessário situar historicamente o período em que esses relatos se tornaram eles próprios objetos de autorreflexão historiográfica, o que faremos aqui de forma sumária.

Como ponto inicial deste período podemos vincar o momento em que a linguagem consolida-se como elemento fundamental no processo de constituição do campo do conhecimento histórico. Naquele período, na virada do século XVIII para o XIX, cristaliza-se uma autoconsciência historiográfica que redefine e requalifica o trabalho de escolha dos objetos e fontes para o trabalho prático do historiador tomando para tanto a linguagem (que consideraremos neste texto doravante como linguagem verbal) como referência fundamental. O advento da chamada "filosofia clássica alemã" (para utilizarmos expressão de Friedrich Engels) põe em relação filosófica, com mais profundidade e amplitude que em qualquer período precedente, os objetos, os modos e os resultados das práticas linguísticas e historiográficas até então sistematizadas como campos de saber, e com isso estabelecem conceitos como os da "filosofia da linguagem"

38   Ana Beatriz Demarchi Barel e Wilma Peres Costa (orgs.)

e da "filosofia da história". Não é de forma alguma casual que em ambas as "filosofias", consideradas como áreas do saber, destacam-se sucessivamente as personalidades de Johann Gottfried Herder e Wilhelm von Humboldt, como bem assinala Bakhtin em sua obra já clássica de 1929.[1]

O processo de aproximação desses dois campos do saber tem como um de seus momentos determinantes o advento de uma nova semântica do termo "revolução", gerado pelas drásticas transformações históricas enfeixadas sob o que conhecemos como "Revolução Francesa". Como observou Reinhart Koselleck, verifica-se com estas transformações uma clara percepção de "aceleração do tempo".[2] Nesse interregno, a historiografia passa a tematizar com crescente interesse aquilo que hoje chamamos de "tempo presente". Uma de suas principais consequências metodológicas foi a necessidade de se repensarem as relações entre o historiador e suas fontes históricas. A formação de uma nova consciência historiográfica derivou da clara percepção de que se vivia à época uma "nova era" (neste aspecto, a frase de Goethe em *Campanha na França* serve-nos como um dos melhores testemunhos *in loco*).[3] Esta percepção reorienta as atividades historiográficas de observação, catalogação e preservação dos vestígios materiais e simbólicos, que passam a ser redefinidos em termos "discursivos". Com esta consciência, os historiadores da primeira metade do século XIX passam a desempenhar um novo papel institucional, com a autoridade que a nova ciência lhes conferia, e

---

1   Sobre as duas filosofias ver BAKHTIN, Michail. *Marxismo e filosofia da linguagem.* 9ª. ed. Trad. de Michel Lahud e Yara Frateschi Vieira. São Paulo: Hucitec, 1999, p. 69-89 e WEHLING, Arno. *A invenção da história. Estudos sobre o historicismo.* 2ª. ed. Rio de Janeiro: Editora Gama Filho, 2001, p. 83-96.

2   KOSELLECK, Reinhart. *Futuro passado. Contribuição à semântica dos tempos históricos.* Trad. de Wilma Patrícia Maas e Carlos Almeida Pereira. Rio de Janeiro: PUC/Contraponto, 2006, p. 267-303.

3   "Aqui e hoje inicia-se uma nova época da história mundial" ("Von hier und heute geht eine neue Epoche der Weltgeschichte aus". In GOETHE, Johann Wolfgang von. *Campagne in Frankreich.* München: Deutscher Taschenbuchverlag, 1988, Hamburger Ausgabe, vol. 10, p. 235).

Cultura e Poder entre o Império e a República 39

começam a determinar quais, dentre aquelas fontes e vestígios, são mais ou menos relevantes para os fins da interpretação do passado, quais instrumentos e teorias poderiam arrancar estes vestígios de sua condição de objetos "mudos", e através de que modos e associações poderiam investi-los de sentido, a ponto de "fazê-los narrar", tendo como finalidade emprestar o máximo de racionalidade ao novo período histórico em que o mundo ingressava.

Essa nova atitude parte de uma concepção do fazer historiográfico que arranca da capacidade subjetiva do historiador, ao lhe atribuir a "tarefa" – essencialmente linguística – de complementar o "que realmente aconteceu" com o "que (...) chamamos de parte invisível do fato". Wilhelm von Humboldt, em discurso público em 1821, sentencia:

> o historiador é autônomo, e até mesmo criativo; e não na medida em que produz o que não está previamente dado, mas na medida em que, com sua própria força, dá forma ao que realmente é, algo impossível de ser obtido sendo meramente receptivo. De um modo diverso ao do poeta, mas ainda assim guardando com esse semelhanças, o historiador precisa compor um todo a partir de um conjunto de fragmentos.[4]

Desse modo, a "historiografia Romântica" reconceitualiza o *ethos* do historiador. Em meio a esse processo, os relatos de viagens são radicalmente requalificados como objetos historiográficos, porquanto ficam nítidos na teorização humboldtiana por um lado o potencial "poético" dos textos historiográficos, e por outro a necessidade da intervenção subjetiva no reconstituição totalizante daquilo que "realmente é" na história, mas que se apresenta (em nosso caso também ao viajante) como "um conjunto de fragmentos" sem nexo aparente ou evidente entre si.

Se nos séculos anteriores ao período aqui considerado as narrativas de viagens eram percebidas como textos subjetivos, mais próxi-

---

4 HUMBOLDT, Wilhelm von. "Sobre a tarefa do historiador" in: *Anima. História, Teoria e Cultura*. Ano I, número 2, Rio de Janeiro: PUC, 2001, p. 80.

mos do conceito de "mentira" do que como construções correspondentes à realidade objetiva, nos séculos XVII e XVIII acentuou-se essa impressão com o decisivo advento do racionalismo – embora os viajantes com frequência também louvassem em seus relatos a ciência e a empiria. O Iluminismo ampliou a percepção de que esses relatos eram o resultado da observação de sujeitos que descreviam e interpretavam as regiões percorridas a partir de angulações e modos pessoais. Paradoxalmente, ao longo do século XVIII – durante o qual se verificou o auge da popularidade dos relatos de viagens – estas narrativas foram aos poucos sendo de tal modo carregadas e saturadas de informações factuais que, quando examinadas hoje, temos a impressão de serem mais "objetivas" que "subjetivas", haja vista o grau de consistência do conteúdo informativo de que são portadoras.

Quando hoje examinamos de forma retrospectiva o período entre fins do século XVIII e inícios do século XIX percebemos que a historiografia Romântica de Humboldt representa uma espécie de reação às questões historiográficas emergidas na era das revoluções burguesas e apontadas por Koselleck. E – o que aqui nos interessa nas páginas seguintes – essa virada se consubstancia também nos próprios relatos de viagens enquanto objetos de fruição literária, que ganham uma dimensão linguística diferenciada.

Podemos divisar claramente diversos elementos dessa "virada discursiva" já nos primeiros anos da Revolução Francesa. Grandes inovações em narrativas de viagens alemãs foram aportadas pelos relatos das viagens de Georg Forster [1778-1780] e Alexander von Humboldt [1799-1804]. Em seus textos ambos discorrem sobre suas próprias impressões estéticas no confronto com o novo mundo observado, e essa dimensão estética carreia novas possibilidades de recepção literária junto ao leitor de seu tempo. Mas é com Goethe e a *Viagem à Itália* (1786-1788) que podemos vincar uma virada radical no gênero,

Cultura e Poder entre o Império e a República   *41*

porquanto no relato de Goethe o saber se coloca visivelmente atrás das impressões do narrador-viajante.[5]

Fato até certo ponto curioso, os relatos de viagens não assumiram uma dimensão relevante no período Romântico alemão. Ao contrário, ele somente vai ser realmente valorizado como forma literária preeminente pela geração do chamado *"Vormärz"*. Esta palavra designa o período imediatamente anterior aos eventos revolucionários de março de 1848 ocorridos em Frankfurt, e marca com precisão o momento mais agudo de crise – não somente na Alemanha, mas em diversas regiões da Europa Ocidental – dos regimes profundamente reacionários e repressivos que resultaram dos acordos político-estatais pós-napoleônicos, pactuados nos Congressos de Viena entre 1814 e 1815. Para os revolucionários do *Vormärz* os relatos de viagens serviam como uma das poucas formas possíveis de crítica e denúncia ao alcance do leitor, com os quais denunciavam, de forma quase sempre velada e marcadamente irônica, as condições de opressão e de miséria intelectual na Alemanha, na medida em que a comparavam com condições menos opressivas de outras nações e regiões.[6]

Em decorrência do rápido desenvolvimento industrial propiciado pela União Aduaneira Alemã (Deutscher Zollverein) implantada em 1834 e da rápida expansão das estradas de ferro na Prússia e Estados coligados a partir da mesma época, os relatos de viagens passam progressivamente e de forma cada vez mais explícita a se subordinar à tematização da ciência e do intercâmbio comercial. Vale dizer, perdem paulatinamente seu apelo estético-literário junto ao público leitor. Evidentemente, a isso correspondeu uma nova recep-

---

5   A primeira edição de *Viagem à Itália* é de 1816/1817. Póstumos também são seus textos autobiográficos *Campanha na França* e *Ocupação de Mainz*, respectivamente vivenciados nos anos de 1792 e 1793 e publicados em 1822.

6   O relato poético de Heinrich Heine, *Alemanha, um conto de inverno* (*Deutschland, ein Wintermärchen*, 1844) é certamente um dos exemplos mais bem-acabados de funcionalização político-literária do gênero.

42   Ana Beatriz Demarchi Barel e Wilma Peres Costa (orgs.)

ção dos relatos de viagens pelo público leitor na Alemanha e em todo o público leitor europeu em fins do século XIX. O mundo passava a ser então interligado não somente por redes de navegação a vapor cada vez mais rápidas e eficientes, mas também pelo telégrafo, pelo telefone e, já no alvorecer do século XX, pelo avião. Por fim, o surgimento e o desenvolvimento das técnicas fotográficas certamente contribuíram para o esgotamento dos relatos de viagens como fontes quase exclusivas de informação ao leitor do "velho continente" sobre civilizações e culturas exóticas e estranhas.

Com isso, os relatos de viagens veem-se também na Alemanha drasticamente esvaziados em uma de suas funções discursivas centrais: a de autoafirmação identitária de uma civilização e de uma cultura específica, que até então lançara mão de narrativas sobre "os outros" como formas de afirmação de sua identidade cultural nacional ou local. O contraste com outras culturas, possibilitado pelas viagens intercontinentais e a rápida expansão das mesmas na primeira metade do século XIX forneceram novos recursos à intelectualidade burguesa alemã, cuja busca por sua identidade cultural em um mundo pós-feudal já vinha se evidenciando na obra de alguns de seus mais proeminentes autores da segunda metade do século XVIII.[7]

Além das questões historiográficas: as traduções

Antes de passarmos ao exame de aspectos específicos da pesquisa sobre Natterer, gostaríamos, de forma um pouco mais concreta, de pontuar a natureza interdisciplinar da pesquisa histórica que envolva a análise de relatos de viagens de alemães no Brasil Oitocentista. Esse campo de trabalho têm como um de seus principais momentos o processo tradutório, geralmente realizado em primeiro lugar, e com algu-

---

7   Como o demonstram Lessing, que em seu drama *Minna von Barnhelm* (1767) tematiza o choque da cultura alemã do norte com a do sul, e Goethe, que em seu ensaio *Literarischer Sanscullotismus* (1795) queixa-se da falta de condições objetivas para a emergência de uma cultura literária nacional alemã, para ficarmos em dois de seus mais ilustres intelectuais.

Cultura e Poder entre o Império e a República   *43*

ma frequência abstraído pelos historiadores. Por desconhecimento da língua alemã, cremos que grande parte dessas investigações tenha se desenvolvido, segue se desenvolvendo e ainda hoje se desenvolve com base em traduções para o português. Daí entendemos ser necessário algum entendimento dos aspectos metodológicos envolvidos nesse processo. São aspectos que não se esgotam na clássica reflexão sobre a "veracidade" e a "ficcionalidade" do documento, mas que vão além, e envolvem outros campos de reflexão teórica.

Ainda que desde sempre os relatos de viajantes possuam em sua constituição genética traços claramente subjetivos, acentuados à medida que o gênero se consolidou na era "moderna" como tipo textual específico, eles sempre se ofereceram, em diferentes modos e intensidades, igualmente como "discursos de veracidade", isto é, como testemunhos que se propunham a repassar experiências, relatar acontecimentos *realmente* acontecidos no passado. Sejam atuando como entretenimento literário, sejam como substitutos estéticos para os desejos de aventura destes últimos, sejam como alimento para matar a curiosidade diante de novos mundos etnológicos que se descortinavam ao público europeu em função do extraordinário aumento da mobilidade humana, sejam como advertência a futuros viajantes, entre outras qualidades, os relatos de viagens têm representado para o investigador uma fonte abundante de informações históricas em geral.

Contudo, um traço discursivo específico dos relatos de viagens – como de resto de todo e qualquer documento – nem sempre bem observado pelos historiadores é a natureza atuante, modificadora da realidade concreta, da linguagem. Em decorrência de sua constituição ao mesmo tempo objetiva e subjetiva, o gênero das narrativas de viagens possui em sua constituição discursiva um caráter performativo específico: constatamos com Jonathan Culler que os textos narrativos *reproduzem* um acontecimento, enquanto que os líricos se esforçam por *serem* acontecimentos.[8] É precisamente este traço híbrido de subjetividade e objetividade, esta condição limítrofe entre história e ficção própria dos relatos de viagens o que torna imperativo ao historiador contemporâneo o conhecimento e o manejo de uma moldura teórica e uma metodologia de trabalho específica no trato com estes *corpora*, considerando-os, portanto, também em sua dimensão performativa.

Neste aspecto, chamamos a atenção para a necessidade de uma reavaliação crítica de todas as traduções feitas para o português brasileiro de relatos de viagens alemães (como de resto, de todas nos outros idiomas). De modo anedótico, mencionemos aqui um exemplo surpreendente. Em minhas pesquisas na Biblioteca Nacional no Rio de Janeiro, quando iniciei a procura pelo relato da passagem da austríaca Ida Pfeiffer no Rio de Janeiro, deparei-me com o livro de Affonso Taunay intitulado *No Brasil de 1840* (1935). Nele, a passagem de Pfeiffer no Rio de Janeiro é recontada pelo autor na terceira pessoa, como se o importante no texto fossem exclusivamente as "informações" contidas no texto, como a água contida num recipiente! Com isso, toda a possível pesquisa sobre a dimensão estética e as condições de surgimento do relato de Pfeiffer, *Viagem de uma mulher ao redor do mundo* (*Eine Frauenfahrt um die Welt*, de 1850), a circulação e recepção da obra junto aos contemporâneos, seu papel na criação de estereótipos eurocêntricos – numa palavra: seu caráter performático – são sumariamente desconsiderados. Sem desmerecer o enorme e excelente trabalho de nossos grandes pesquisadores e tradutores, basta-nos esta anedota para tornar evidente a necessidade de reavaliarmos criticamente essas "traduções" do passado.

É fundamental reconhecer o documento textual como prática social concreta em meio aos conflitos e interesses econômicos, políticos e ideológicos da época em que foi produzido. Contudo, o que não é tão claro é que, para se levar a cabo esse reconhecimento, não basta o

---

8   Cf. CULLER, Jonathan. *Literaturtheorie. Eine kurze Einführung*. Trad. de Andreas Mahler. Stuttgart: Phillip Reclam, 2002.

Cultura e Poder entre o Império e a República 45

levantamento das condições históricas em que o texto em questão foi escrito – aí incluída a biografia do autor, ou mesmo a investigação de suas motivações psicológicas – desvinculados dos seus aspectos linguísticos constitutivos particulares. É imprescindível o reconhecimento prévio do texto como prática discursiva específica.

Um estudo de caso: Johann Natterer e a expedição científica austríaca no Brasil (1817-1835)

Trazemos então, a título de ilustração, a investigação dos relatos de viagem do austríaco Johann Natterer, personagem-chave na expedição científica austríaca no Brasil.

Moldado por sua trajetória singular, ao longo de 18 anos em que viajou pelo Brasil (de 1817 a 1835), o legado textual de Natterer possui em seu conjunto uma dimensão complexa, cuja análise requer um repertório teórico bastante específico.

Quando aqui chegou em 1817, a arquiduquesa Maria Leopoldina, recém-casada com o príncipe D. Pedro, trouxe consigo da Áustria e da Baviera vários "sábios" de alto gabarito nos campos do saber correspondentes aos "três reinos da natureza", isto é, da botânica, zoologia e mineralogia, além de um competente *staff* para apoio logístico e material. Separados pelos quatro navios da comitiva que a trouxe, vieram o zoólogo Johann Baptist Natterer (1787-1843), o botânico Heinrich Wilhelm Schott (1794-1865), o ajudante de caça e embalsamador Dominik Sochor (? – 1826), o médico e mineralogista Johann Emanuel Pohl (1782-1834), Johann Buchberger (? – 1821), designado para pintar espécimes vegetais, e o botânico Giuseppe Raddi (1770-1829). No Rio de Janeiro, juntaram-se aos membros da equipe outros cientistas e expedicionários que já os aguardavam havia alguns meses: Johann Mikan (1769-1844), professor de História Natural na Universidade de Praga, Thomas Ender (1793-1875), pintor de paisagens, o zoólogo Johann von Spix (1781-1826) e o botânico Carl Philipp von Martius (1794-1868), os dois últimos cientistas bávaros.

Considerada em toda a sua duração, a expedição científica austríaca aqui desenvolveu entre 1817 e 1835 atividades de largo alcance, em função das vastas extensões percorridas, e não somente em termos da quantidade de objetos coletados, preparados e catalogados nos três domínios assinalados, mas também no campo da etnologia. Em atividades que consistiram, entre outros aspectos, no mapeamento de dezenas de grupos indígenas, no registro e na comparação de diversos aspectos linguísticos dessas etnias, além do trabalho de levantamento de sua incidência territorial, contam-se em vários milhares os objetos coletados pelos naturalistas.

Podemos dividir a expedição austríaca em duas fases claramente distintas, do ponto de vista de sua consecução: a fase inicial, de 1817 a 1821, que compreende os preparativos para a expedição, a viagem ao Brasil, o engajamento de todos em atividades exploratórias pelas terras brasileiras, e o retorno de quase todos a seus países de origem em obediência às instruções emanadas pessoalmente pelo imperador e por Metternich; e a segunda fase, em que Johann Natterer desenvolve de forma praticamente isolada suas atividades, entre 1821 e 1835.[9]

Ao chegarem ao Rio de Janeiro em 1817, os integrantes da expedição puseram-se imediatamente em atividade, percorrendo inicialmente diferentes regiões do atual Estado do Rio de Janeiro. Já em fins de maio de 1821, ao termo do que denominamos de "fase inicial" da expedição, a atividade dos naturalistas já contabilizava êxitos extraordinários. Àquela altura já haviam sido remetidos a Viena uma quantidade assombrosa de elementos botânicos, zoológicos e mineralógicos, coletados em centenas e centenas de quilômetros percorridos por distintos grupos de naturalistas.

Os últimos membros da expedição retornaram à Europa em 15 de abril de 1821 no navio *Northumbria*, juntamente com o barão von Stürmer que os viera buscar por ordem de Metternich. No mês seguinte, somente Natterer e Sochor ainda permaneciam em terras brasileiras.

---

9   Dominik Sochor falece em 1826, quando, àquela altura em Mato Grosso, ele e Natterer eram os últimos remanescentes da expedição.

Em 1821, o Brasil atravessava grande instabilidade política, com a formação dos dois partidos antagônicos – o português e o brasileiro. Enquanto aquele apoiava o retorno do Brasil à condição de colônia de Portugal anterior a 1815, e pleiteava o retorno imediato da família real à Europa, este não aceitava em nenhuma circunstância o retorno à condição de colônia. Tais circunstâncias representavam um desafio à diplomacia de Metternich. No complexo jogo que envolvia Portugal, Áustria e Inglaterra, no qual o chanceler austríaco pretendia a princípio fazer reverter o controle da Inglaterra sobre Portugal, mas ao mesmo tempo evitar a todo custo a derrocada das forças "legitimistas" também no Brasil (como consequência do retorno da família real a Portugal, que podia resultar no desaparecimento do único Império no continente americano e na perda de uma importante área de influência), Metternich optou pela prudência, e ordenou o retorno de todos os naturalistas à Europa. Por motivo de doença de Sochor, que se encontrava acamado em São João de Ipanema (atualmente entre Sorocaba e Curitiba), Natterer obteve permissão de permanecer no Brasil. Algumas semanas após o retorno dos seus companheiros, logrou a permissão para continuar sua viagem ao interior do Brasil. Empreendeu pela quinta vez uma viagem a Ipanema, para buscar o então já restabelecido Sochor, partindo ambos em outubro para Mato Grosso com passagem por Goiás.[10]

Com a morte de Sochor, após um ataque agudo de febre em 12 de dezembro de 1826, Natterer viu-se sozinho em Mato Grosso, mas ainda assim prosseguiu com suas atividades, deslocando-se em direção aos pontos mais extremos da Amazônia brasileira, nas fronteiras com a Venezuela e Colômbia. Não obstante, prosseguiu por mais nove anos, em condições por vezes dramáticas, com suas explorações através das regiões centro-oeste e norte do território brasileiro.

---

10 AUGUSTAT, Claudia (org.) *Além do Brasil. Johann Natterer e as exposições etnográficas da expedição austríaca de 1817 a 1835 ao Brasil.* Viena: Museum für Völkerkunde, 2013, p. 186.

Em 1835, com o retorno de Natterer em consequência dos tumultos e destruições causados por cabanos no Pará, que visavam exatamente a liquidação de todos os estrangeiros[11] e inviabilizavam a continuidade de suas atividades, encerrou-se formalmente a expedição austríaca no Brasil. Natterer chegou a Londres em 9 de novembro de 1835. E agosto de 1836 voltou a pisar novamente o chão de Viena, onde se dedicou, até sua morte, em 17 de junho de 1843, a classificar e a catalogar as inúmeras espécies que coletara em solo brasileiro ao longo dos 18 anos em que aqui esteve.

Natterer foi, portanto, o único expedicionário a permanecer no Brasil ao longo de todos os 18 anos do empreendimento. O naturalista, que a partir de 1821 passou a acumular as funções de zoólogo, botânico, mineralogista e etnólogo, concebia as suas atividades científicas essencialmente nos marcos do colecionismo, e não na esfera das sínteses narrativas. Desde o início, não se propôs a registrar sistematicamente suas atividades científicas em livros ou tratados abrangentes, como irão fazê-lo seus companheiros de viagem Spix, Martius e Pohl. Sem embargo, Natterer deixou um acervo expressivo de rascunhos de cartas, fragmentos de diário e de anotações que, avaliados em seu conjunto e submetidos a análise de discurso textualmente orientada, abrem diversos e importantes caminhos para a interpretação das relações científicas entre a Alemanha e o Brasil, pois elucidam diversos aspectos vinculados direta e indiretamente a estas relações.

Por um lado, as anotações registram as dificuldades encontradas por Natterer em seu cotidiano, e as estratégias adotadas com vistas a sua superação. Ao fazê-lo, Natterer desenha o contorno daquilo que almeja em termos científicos e profissionais. Esses percalços e contratempos ficam evidentes, por exemplo, no contraste entre o que lemos em suas cartas formais e protocolares a Carl von Schreibers (responsável em Viena pela expedição científica e imediatamente subordinado a

---

11 RAMIREZ, Ezekiel Stanley. *As relações entre a Áustria e o Brasil (1817-1889)*. São Paulo: Companhia Editora Nacional, 1968, p. 145.

Cultura e Poder entre o Império e a República

Metternich), e nas cartas pessoais ao irmão, Joseph, em que menciona abertamente os seus desafetos, suas agruras pessoais, doenças e dificuldades de toda ordem, silenciadas em sua correspondência institucional. Por outro lado, as anotações não se limitam aos aspectos cotidianos de seus percursos e de suas atividades de colecionador. Ao contrário do que sugere na carta ao irmão, quando afirma não ser "um Humboldt",[12] Natterer exercita plenamente – ainda que de forma epistolar, e, por conseguinte, fragmentária e esparsa – algumas sínteses narrativas vigorosas, fixando discursivamente, em cenários bem delineados, as suas impressões sobre as terras, gentes e costumes no Brasil.

Nessas impressões e registros observam-se os inúmeros aspectos eurocêntricos de sua ideologia. Mas é precisamente aí, na fixação discursiva de seus objetos, de sua disposição espacial, suas funções sociais, e na explicitação do estranhamento do naturalista em face desse estado de coisas, que podemos decifrar concretamente o substrato ideológico da expedição em geral e do colecionismo de Natterer em particular: a afirmação da supremacia do modelo civilizacional e técnico que emerge da ordem capitalista emergente. A necessidade da expansão desse modelo sobre as terras e regiões até então ignotas e "atrasadas" do continente americano é o ambiente ideológico que ao mesmo tempo justifica e é justificado pela expedição que esquadrinha, descreve, recolhe amostras do que vê e as disponibiliza publicamente em museus e gabinetes científicos em Viena, epicentro político da nova ordem pós-napoleônica. A atividade de colecionar e expor sistematicamente amostras dos reinos mineral, vegetal, animal (aí incluindo exemplares da própria espécie humana como objetos museológicos) reveste-se, assim, de uma dimensão simbólica que ultrapassa sua dimensão material imediata.

A nosso ver é um equívoco interpretativo tentar explicar a obstinação de Natterer como movida essencialmente "por amor à

---

12 Carta a Joseph Natterer em 25 de junho de 1821.

50 Ana Beatriz Demarchi Barel e Wilma Peres Costa (orgs.)

história natural", como o faz Kurt Schmutzer em sua excelente biografia intitulada *Por amor à natureza. As viagens de Johann Natterer no Brasil entre 1817 e 1836* (2011).[13] Diversas evidências textuais demonstram como o naturalista percebeu claramente e valorizou o prestígio social e profissional que suas atividades iriam lhe conferir, uma vez retornado a sua terra natal.

Dissemos há pouco que em algumas cartas e anotações Natterer realizou sínteses narrativas vigorosas de suas impressões sobre as terras, gentes e costumes no Brasil, ainda que nunca tenha se proposto a fazê-lo sistematicamente. Em vista de seus escritos e rascunhos de cartas, salta à vista que a decisão de não assumir essa tarefa narrativa não foi de forma alguma decorrência da falta de talento e repertório linguístico, e sim de outras circunstâncias objetivas. A principal delas talvez tenha sido a constatação da magnitude e a necessidade de priorização do trabalho de obtenção de amostras naturais e etnográficas, e depois – como o compreendeu ainda no Brasil – da tarefa de sua classificação, organização e estudo. No contato com Langsdorff em Mato Grosso, Natterer pôde constatar as consequências do desentrosamento da equipe do eminente diplomata-naturalista, que se refletia no estado lamentável dos objetos preparados para o transporte, dos preparados apodrecidos e dos desenhos sem "exatidão histórico-natural". Tudo isso dava-lhe a clara dimensão de suas prioridades.

A "renúncia" narrativa de Natterer acompanhava uma tendência objetiva da época: a da divisão dos papeis e do trabalho científico nas expedições dos naturalistas. Em decorrência dessa divisão, os relatos de viagens transformavam-se rapidamente. Como exemplos dessa transformação, duas grandes expedições imediatamente anteriores são referências notáveis: as viagens de Alexander von Humboldt (1799-1804) e de Georg von Langsdorff (1803-1807). Em seu livro *Observações durante uma viagem em volta do mundo* (1812)

---

13 SCHMUTZER, Kurt. "Der Liebe zur Naturgeschichte halber". Johann Natterers Reisen in Brasilien (1817-1835). Viena: ÖAW, 2011.

Cultura e Poder entre o Império e a República 51

Langsdorff proclama a intenção, inspirada em Humboldt, de "tudo apreender, nada deixar inobservado". Como sabemos, Humboldt sugere em *Cosmos*, sua obra-síntese (escrita entre 1845 e 1858), um princípio narrativo totalizante. Mas logo Langsdorff deu-se conta da impossibilidade da realização empírica dessa narrativa; o seu livro já expõe a heteronomia entre o narrativo e o factual. Podemos supor que Natterer o percebera, e sua consciência narrativa cristalizou a necessidade da divisão do trabalho científico, antevista de modo crepuscular no relato de Langsdorff. A postulação da separação entre as atividades colecionistas e narrativas em indivíduos distintos representou apenas um passo adiante naquela divisão, e representou tão somente um momento no processo que, afinal, atravessou todas as expedições científicas no século XIX. Entre outras manifestações daquela divisão do trabalho, ganhava importância crescente nesse processo a colaboração de naturalistas leigos (não-universitários, como no próprio caso de Johann Natterer), e a dependência de redes de informantes e não-especialistas autóctones nas regiões percorridas. O trabalho de elaboração narrativa das observações históricas, naturais e etnológicas passou com isso a ganhar a forma de diários organizados de modo não estritamente sistemático.

Do ponto de vista da representação das variedades do mundo natural, as anotações de Natterer – em que pese sua fragmentação – seguem também um princípio narrativo de fundo: procura combinar as informações e descrições de espécies singulares, enfeixando-as numa perspectiva orgânica de uma realidade harmonicamente ordenada. Em diversas passagens epistolares e anotações Natterer segue a máxima de Humboldt, que em seu *Cosmos*. *Esboço de uma descrição física do mundo* prega o esforço de síntese ordenadora e totalizante como forma de escapar do excesso de empiria.

Em suma, a "renúncia narrativa" de Natterer não nos deve induzir ao erro de subestimar os seus escritos para efeito do estudo historiográfico de sua trajetória no Brasil. Para isso, torna-se necessário

52   Ana Beatriz Demarchi Barel e Wilma Peres Costa (orgs.)

submeter o seu legado textual a uma análise que o articule e possibilite novas explicações sobre as atividades colecionistas do austríaco. Nesta perspectiva há que se reinterpretar suas diversas autodescrições, e abandonar a perspectiva ingênua de adesão à certeza discursiva de uma consciência que se autodefine, como, por exemplo, na seguinte passagem da carta a Langsdorff de 23 de setembro de 1827:

> Meus outros planos de viagem (isso eu confesso com muita dor) foram assim bastante abreviados, pois Sua Majestade me deu a entender a sua elevadíssima vontade de não prolongar mais do que o necessário minha estada no Brasil. Pareceu-me que teria sido mais adequado fortalecer um tolo como eu, que abandonou a sua felicidade e paz doméstica, seus parentes, para, *por amor à história natural*, pôr em jogo diariamente num país quente, inculto, sua vida ou sua saúde e envelhecer precocemente sob muitas privações e dificuldades; como eu dizia, pareceu-me mais vantajoso fortalecer-me naquela vontade de novas descobertas e naqueles esforços de alçar as coleções imperiais a um alto grau de riqueza e perfeição no que concerne a este país. Infelizmente, porém, a minha dor, o meu lamento íntimo não serviu para nada, pois são frias e sem sentimentos as letras que anunciam o meu destino [grifo meu, L. M.].[14]

O lamento do naturalista é a expressão de uma consciência subjetiva que não compreende as razões de estado que o atropelam, vindo na contramão do avanço científico. Seu "amor à ciência natural" é real e sincero, e é a expressão individualizada mais significativa e pungente da colisão de duas forças que atravessam todo o empreendimento científico no Brasil: a crença de Natterer no caráter objetivo do conhecimento produzido pela expedição e as determinações políticas de que a dirige. Mas o lamento traduz, ao mesmo tempo, uma crise que não

---

14   Natterer risca toda esta passagem de seu rascunho. Provavelmente, portanto, este trecho nunca chegou a ser lido por Langsdorff!

Cultura e Poder entre o Império e a República

se explica com o exame da aventura de um personagem singular, por mais grandioso que seja, como Natterer.

A disputa do Estado austríaco pela ampliação de suas esferas de poder no período pós-napoleônico – que apenas nos limitamos a mencionar aqui – impôs à expedição científica no Brasil severas limitações, e Natterer foi, sem dúvida, sua vítima mais evidente. Após 1835, interpretamos o eclipse historiográfico que envolveu sua expedição, verificável tanto na Áustria como no Brasil, como parte da crise maior do projeto de dominação do Império austríaco e de sua dinastia governante, os habsburgos.

Conclusão

Como em diversos outros casos, a investigação sobre as atividades de Johann Natterer no Brasil é eminentemente interdisciplinar, e exige uma abordagem que vai além dos aspectos exclusivamente contextuais e biográficos do autor – ainda que tais aspectos sejam fundamentais e incontornáveis na metodologia de trabalho adotada. Como esperamos ter evidenciado, mesmo que de forma muito breve, a pré--condição para o sucesso desta e de outras investigações depende do emprego resoluto e efetivo de teorias e metodologias que articulem em cada caso específico as disciplinas da História e da Linguística – ainda que considerando a enorme pluralidade formada por cada um desses campos específicos do saber.

À medida que se for confirmando a tese – que defendo – segundo a qual estes relatos de viajantes do passado ainda hoje informam e determinam direta ou indiretamente – entre outros aspectos não menos importantes – as construções discursivas com as quais os brasileiros constroem e reproduzem a sua própria imagem na contemporaneidade, a análise interdisciplinar desses objetos discursivos tenderá a ocupar lugares acadêmicos crescentemente relevantes. Mas também, e principalmente, assim espero, junto a círculos mais amplos das pessoas letradas em ambientes não universitários que se propõem a combater os estereótipos etnocêntricos amplamente difundidos entre nós, através de uma prática acadêmica crítica e persistente.

O recorte específico que seleciona e põe em relação as narrativas de viajantes alemães no Brasil mostra-se produtivo para a investigação da pré-história das relações científicas e culturais entre os alemães e o Brasil, por diversos aspectos que não cabem ser tratados em detalhe no presente texto. Mencionemos apenas que o legado textual dos viajantes alemães, que aqui estiveram a partir de interesses diversos, representam um desafio historiográfico e linguístico de largo espectro acadêmico, pois seu legado textual é, além de extenso, em boa medida desconhecido por sequer ter sido traduzido para o português. Ele dá testemunho do trabalho em redes de cooperação solidamente enraizadas e ativas em diversas regiões do Brasil, e da ingente atividade dos viajantes alemães, com repercussões não somente sociais, econômicas e políticas, como também culturais e discursivas.

História e poder: as experiências do passado, o domínio do presente e as possibilidades futuras do Estado Imperial (1838-1850)

Lucia Maria Paschoal Guimarães[1]

"(...) História e poder são como irmãos siameses – separá-los é difícil; olhar para um sem perceber a presença do outro é quase impossível".[2] A premissa sustentada por Francisco Falcon, no livro *Domínios da história*, serve de mote para este trabalho que procura examinar a atuação do Instituto Histórico e Geográfico Brasileiro (IHGB) nas primeiras décadas do Segundo Reinado.

Fundado em 21 de outubro de 1838, sob os auspícios da Sociedade Auxiliadora da Indústria Nacional, o Instituto Histórico inscreve-se no panorama cultural euro-americano das primeiras décadas do século XIX, no âmbito das chamadas *sociétés savantes* ou *corps savants* – organizações formadas por homens de notório saber e talento, que se reuniam para discutir aspectos da literatura, da história, das ciências e das artes. Aliás, no *Dictionnaire Générale de la Politique*, editado por Maurice Block em 1863, no verbete "*corps*

---

1   O trabalho tem apoio do programa Cientista do Nosso Estado/FAPERJ.
2   FALCON. Francisco. "História e poder". In: CARDOSO, Ciro Falamarion & VAINFAS, Ronaldo (orgs.) *Domínios da história. Ensaios de teoria e meodologia*. Rio de Janeiro: Campus, 1997, p. 61.

savants", entre outras corporações do gênero, menciona-se o: "(...) Instituto Histórico, da capital do Brasil, do qual o Imperador é um dos membros mais assíduos e mais ativos".[3]

Essas agremiações floresceram na Europa no século XVII, ao lado das academias nacionais. Multiplicaram-se no correr do século XVIII e cumpriram papel relevante no mundo letrado oitocentista. Para se ter uma ideia, na França, entre 1830 e 1870, estabeleceram-se oitenta e três sociedades, das quais quarenta eram voltadas para estudos históricos e arqueológicos.[4] Patrocinadas por regimes políticos, desfrutavam de grande prestígio junto à opinião culta, uma vez que acolhiam e consagravam celebridades, identificavam novos talentos, definiam regras estéticas ou ambições de investigação científica, além de estimularem o esforço criativo.[5]

A vaga das *sociétés* cruzou o Atlântico e tomou impulso no continente americano à medida que o processo de descolonização ensejou a formação de novos Estados nacionais. Depois da independência norte-americana, por exemplo, surgiram diversas entidades dedicadas à pesquisa, à preservação e à divulgação de fontes para o estudo dos Estados Unidos, tal qual a *Massachussets Historical Society*, estabelecida em 24 de janeiro de 1791.

No Brasil, o surgimento do IHGB ocorreu dezesseis anos após o rompimento político com a metrópole. Sua estrutura e funciona-

---

3   BLOCK, M. Maurice (dir). *Dictionnaire géneralle de la poltique.* Tome Premier. Paris: O. Lorenz Libraire- Edicteur, 1863, p. 571. Disponivel em: http://archive.org/stream/fre_b1886157#page/n582/mode/1up. Acesso em 23/04/2014.

4   Cf BOURDÉ, Guy & MARTIN, Henri. *As escolas históricas.* Tradução de Ana Rabaça. Lisboa: Publicações Europa América, [s.d.], p. 79.

5   Ver, GERBOD, Paul. *L'Europe culturelle et religieuse de 1815 a nos jours.* Paris: Presses Universitaires de France, 1977, p. 77. Ver, também, WEHLING, Arno. "Prefácio - Uma revista entre a historia e a memória". In: GUIMARÃES, Lucia Maria P. *Debaixo da imediata proteção imperial. Instituto Histórico e Geográfico Brasileiro* (1838-1889). 2ª edição. São Paulo: Annablume, 2011, p. 10.

Cultura e Poder entre o Império e a República 57

mento inspiravam-se no modelo do Instituto Histórico de Paris, fundado em 1834, cujos quadros contavam com associados brasileiros, na classe dos correspondentes,[6] inclusive o cônego Januário da Cunha Barbosa e o marechal Raimundo da Cunha Mattos, os dois principais idealizadores do IHGB.

Justificava-se o novo órgão, salientando-lhe o caráter pedagógico, já que "(...) em uma monarquia constitucional, (...), são as letras de uma absoluta e indispensável necessidade, principalmente aquelas que versando sobre a história e a geografia do país devem ministrar grandes auxílios à administração pública e ao esclarecimento de todos os brasileiros".[7] Cabia ao Instituto coligir, metodizar, publicar ou arquivar os documentos necessários para a história e a geografia do Império; difundir o conhecimento destes dois campos do saber, por meio do ensino pblico e da publicação de uma revista trimensal; promover a abertura de filiais por todas as províncias do Império, bem como manter intercâmbio com associações estrangeiras similares.[8]

Na sessão inaugural do Instituto Histórico, o cônego Januário da Cunha Barbosa traçou um quadro sombrio dos estudos da história pátria, até então, entregues às interpretações de autores estrangeiros. Do alto da sua condição de testemunha dos sucessos de 1822, Januário deplorava ver nessas obras: "(...) relatados desfiguradamente até mesmo os modernos fatos da nossa gloriosa independência (...), ainda ao alcance das nossas vistas (...)". E, embora reconhecesse a existência de escritores talentosos espalhados por tão vasto território, Januário ponderava que tais narrativas limitavam-se a histórias particulares das províncias, não constituindo, pois, uma "(...) história geral, [do

---

6   Ver, FARIA, Maria Alice de Oliveira. Os brasileiros no Instituto Historico de Paris. *RIHGB*, Rio de Janeiro, 266: 68-148, jan./mar. 1965.

7   Cf. BARBOSA, Januário da Cunha. "Discurso". *RIHGB*. Rio de Janeiro, 1(1): 9-18, 1839.

8   IHGB. Extrato dos estatutos. *RIHGB*, Rio de Janeiro. 1(1): 18, 1839. Reimpressão de 1908.

58 Ana Beatriz Demarchi Barel e Wilma Peres Costa (orgs.)

Brasil] encadeados os acontecimentos com esclarecido critério, com dedução filosófica e com luz pura da verdade".[9]

A meta, por conseguinte, era dotar o país de uma história nacional, compondo uma narrativa única e coerente. Mas, o esforço por articular melhor o presente (e também o futuro) ao passado estava intimamente ligado à necessidade de oferecer sustentação à "monarquia constitucional", expressão, aliás, bastante recorrente na retórica de Cunha Barbosa.[10]

Para dar curso à missão que fora reservada ao Instituto, no número de lançamento da *Revista Trimensal do Instituto Histórico e Geográfico Grasileiro*,[11] em março de 1839, Januário publicou o ensaio "Lembranças do que devem procurar nas províncias os sócios (...) para remeterem à sociedade central". Tratava-se de um extenso programa de investigação a ser cumprido: em primeiro lugar, deveriam ser providenciadas cópias autênticas de documentos e extratos de notas compulsadas em secretarias, arquivos, cartórios civis e eclesiásticos, seguindo-se a pesquisa de biografias de brasileiros ilustres. Além desses materiais, constavam do programa as seguintes fontes a serem levantadas: descrições do comércio interno e externo das Províncias, seus principais produtos, rios, montanhas, campos, portos, navegação e estradas; fundação, prosperidade e ou decadência de vilas, arraiais e suas populações.[12]

Meses mais tarde, esse programa seria ampliado por indicação do sócio José Silvestre Rebelo, que sugeriu a designação de um funcionário, adido às legações do Império em Madrid e Lisboa, incumbido de investigar e reproduzir manuscritos existentes nos arquivos

---

9   BARBOSA, Januário da Cunha. "Discurso", *RIHGB*, Rio de Janeiro. 1(1): 18-21, 1839. Reimpressão de 1908.

10 Ver, GUIMARÃES, Lucia Maria P. "O tribunal da posteridade". In: PRADO, Maria Emilia (org.). *O Estado como vocação: ideias, e práticas políticas no Brasil oitocentista*. Rio de Janeiro: Access, 1999, p. 33-58,

11 Daqui por diante denominada apenas *Revista*.

12 BARBOSA, Januário da Cunha. "Lembrança do que devem procurar nas províncias os sócios do Instituto Histórico e Geográfico Brasileiro para remeterem à sociedade central". *Revista do IGHB*, Rio de Janeiro, 1(4): 128-130, 1839.

Cultura e Poder entre o Império e a República

ibéricos de interesse para a escrita da história do Brasil. O Ministério dos Estrangeiros acatou a sugestão e o primeiro pesquisador nomeado para exercer aquelas funções foi o diplomata José Maria Amaral, depois substituído por Francisco Adolfo de Varnhagen.[13]

Para além das preocupações expressas com a pesquisa documental, Januário e Silvestre Rebelo mostravam-se atentos às formas correntes de fazer história, pois, se o século XIX ficou conhecido como o século da história, tratava-se, sobretudo, da história do Estado-Nação.[14] E, no caso brasileiro, com justa razão. Recém saído da condição de colônia, o Estado monárquico que se estabelecera nos antigos domínios portugueses da América mostrava-se politicamente frágil e carente de unidade. Era preciso fixar suas origens e construir um passado comum que o legitimasse.[15]

O trabalho desenvolvido nos primeiros anos do Instituto Histórico não ficou restrito à organização da "memória de papel", de acordo com a expressão cunhada por Leibiniz.[16] Nem se limitou às atividades de um mero "atelier de trabalhos científicos", em que pesem a erudição e o cuidado que ali se dispensava à pesquisa de fontes. Construiu-se a memória nacional, consoante os moldes definidos por Pierre Nora, ou seja, "a formação gigantesca e vertiginosa de estoque de material, um *repertório insondável daquilo que poderíamos ter necessidade de recordar*" (o grifo é meu).[17]

---

13 Entre os comissionados para aquelas funções, também se destacaram, Antonio Gonçalves Dias, João Francisco Lisboa e Joaquim Caetano da Silva. Este último compulsou os arquivos holandeses e franceses.

14 Ver, BERGER, Stefan, DONOVAN, Mark & PASSMORE, Kevin. "Apologias for the nation-state in Western Europe since 1800". _____ (eds.). *Writing National Histories. Western Europe since 1800*. London and New York: Routledge, 1999, p. 3-14.

15 GUIMARÃES, Lucia Maria P. *Debaixo da imediata proteção imperial. Instituto Histórico e Geográfico Brasileiro* (1838-1889). 2ª edição. São Paulo: Annablume, 2011, p. 1: 459-613, jul./set. 1995.

16 LEIBNIZ *apud* NORA, Pierre. "Entre mémoire et histoire". In: _____ (org.) *Les lieux de mémoire. La Republique*. Paris: Gallimard, 1984, t. 1, p. XXVI.

17 NORA, Pierre. *Idem*.

A ideia de acumular capital arquivístico aparece externada tanto nas "Lembranças" do ensaio de Januário, quanto na designação de missões de pesquisadores aos arquivos ibéricos, conforme já se evidenciou. Já a *necessidade de recordar* seria orientada pelas condições originais em que os integrantes do IHGB dialogaram com as circunstâncias históricas (o grifo é nosso). Afinal, dos 27 fundadores do Instituto, 15 eram políticos de nomeada! Vultos cujas trajetórias de vida se entrelaçavam com a própria história da formação do Estado imperial.

Quadro nº 1

IHGB, Fundadores	
1. Alexandre Maria de Mariz Sarmento 2. Antonio Alves da Silva Pinto 3. Antonio José de Paiva Guedes de Andrade 4. Aureliano de Sousa e Oliveira Coutinho 5. Bento da Silva Lisboa 6. Caetano Maria Lopes Gama 7. Candido José de Araújo Vianna 8. Conrado Jacob Niemeyer 9. Emilio Joaquim da Silva Maia 10. Francisco Cordeiro da Silva Torres e Alvim 11. Francisco Gê de Acaiaba Montezuma 12. Inácio Alves Pinto de Almeida 13. Januário da Cunha Barbosa	14. João Fernandes Tavares 15. Joaquim Caetano da Silva 16. Joaquim Francisco Vianna 17. José Antonio da Silva Maia 18. José Antonio Lisboa 19. José Clemente Pereira 20. José Feliciano Fernandes Pinheiro 21. José Lino de Moura 22. José Marcelino da Rocha Cabral 23. José Silvestre Rebelo 24. Pedro de Alcântara Bellegarde 25. Raimundo José da Cunha Matos 26. Rodrigo de Sousa Silva Pontes 27. Tomé Maria da Fonseca

Fonte: GUIMARÃES, Lucia Maria P. *Debaixo da imediata proteção imperial. Instituto Histórico e Geográfico Brasileiro* (1838-1889). 2ª edição. São Paulo: Annablume, 2011, p. 40.

A relação dos fundadores mescla três gerações de homens públicos.[18] Na primeira, ombreavam-se o senador José Feliciano Fernandes

---

18 O conceito de geração aqui empregado inspira-se definição proposta por Pierre Nora. Para Nora, a geração deve ser entendida como uma reunião

Pinheiro (visconde de São Leopoldo) e os militares Raimundo da Cunha Mattos e Francisco Silva Torres Alvim, os quais prestavam serviços à Casa de Bragança desde o tempo de D. João VI. A segunda geração era formada por indivíduos que iniciaram a carreira política por ocasião da Independência: junto das figuras emblemáticas de Januário da Cunha Barbosa e José Clemente Pereira, notam-se parlamentares que tomaram assento na Assembléia Constituinte de 1823: Caetano Maria Lopes Gama, Cândido José de Araújo Vianna, José Antonio da Silva Maia e Francisco Gê de Acaiaba Montezuma. A estes nomes devem ser acrescentados José Silvestre Rebelo, encarregado por d. Pedro I de negociar o reconhecimento da independência junto à república dos Estados Unidos – e de José Antonio Lisboa, Ministro da Fazenda, no 11º Gabinete do Primeiro Reinado. A terceira geração ascendera ao aparato de governo após a Abdicação, como é o caso de Aureliano de Sousa e Oliveira Coutinho, de Bento da Silva Lisboa, de Joaquim Francisco Vianna e de Rodrigo de Sousa da Silva Pontes.

À luz do conturbado panorama político do período regencial, o grupo congrega elementos do antigo "partido restaurador", que perdera o sentido ao final de 1834, após a morte do duque de Bragança, e "liberais moderados", remanescentes da Sociedade Defensora da Liberdade e da Independência Nacional do Rio de Janeiro, extinta em 1836.[19] Não obstante, embora partilhassem de experiências de vida diversas e se houvessem confrontado, frequentemente, no jogo político-partidário, existia entre eles um denominador comum: a defesa do ideário monárquico.

---

de classes de indivíduos de idade aproximada, homens e mulheres, cujas ideias, sentimentos, modos de vida são semelhantes e se apresentam nas mesmas condições físicas, intelectuais e morais em relação aos fatos maiores que afetam a sociedade na qual se inserem. CF. NORA, Pierra. "La génération". In: In: _____ (org.). *Les lieux de mémoire III. Les France*. Paris: Gallimard, 1992, v. 3, p. 938.

19 GUIMARÃES, Lucia M. P. "Liberalismo moderado: postulados ideológicos e práticas políticas no período regencial. In: _____ & PRADO, Maria Emilia. *O liberalismo no Brasil imperial*. Origens, conceitos e práticas. Rio de Janeiro: Editora Revan, 2001, p. 125-126.

A questão, por conseguinte, se desloca da esfera acadêmica, para se situar no plano das representações políticas. Foi deste patamar que a oficina da história avaliou a conveniência de divulgar certas fontes ou de arquivar aquelas cuja veiculação prejudicava a imagem pública de determinados sócios, até que os mesmos fossem julgados pelo "tribunal da posteridade". Censurar obras cujas versões sobre episódios históricos recentes se mostrassem incompatíveis com o fortalecimento do regime. Ou, ainda, de instituir a *arca do sigilo*, idealizada por Francisco Freire Allemão, para receber "(...) notícias históricas que alguém queira enviar, lacradas em cartas (...) que só serão abertas no tempo em que seu autor determinar".[20]

Embora a documentação compulsada pelos sócios sofresse os rigores da crítica erudita, a seleção do material pesquisado para figurar na *Revista* conferia aos testemunhos um alcance político e ideológico, tornando distorcida a visão do tempo pretérito, devido à sua utilização por aqueles que estavam no poder. O passado acabaria então por converter--se em ferramenta para legitimar as ações do presente. A publicação de fontes do período colonial privilegiou a continuidade, a centralização e a legitimidade, de maneira semelhante ao que foi observado por Pierre Nora, no que diz respeito à organização dos arquivos franceses da primeira metade do século XIX, na época da Restauração.[21]

Reatando os fios da continuidade, o Estado brasileiro começou a "inventar suas tradições". Melhor dizendo, a construir a memória nacional. Na contramão dos países recém emancipados do continente, cujo marco inaugural fixava-se, justamente, na ruptura dos laços com as respectivas metrópoles, na genealogia estabelecida pelo Instituto o Estado brasileiro transformou-se no genuíno herdeiro e sucessor do Império ultramarino português. Legado que se sustentava, inclusive, com a presença de um representante da Casa de Bragança no

---

20 Cf. *R. IHGB*. Rio de Janeiro, 9(4): 567, 1847.
21 Cf. NORA, Pierre. "L'histoire de France de Lavisse". In: _____ (org.) *Les lieux de mémoire. La Nation*. Paris: Gallimard, 1986, t. III, v. 1, p. 337-338.

trono. Subjacente a essa ideia, forjou-se, ainda, a noção de que a independência fora um processo natural, caracterizado pela ausência de traumas e confrontos. Este traço singular diferenciava a situação do Brasil das repúblicas vizinhas: o Império era percebido como uma exceção, uma espécie de ilha de ordem e tranqüilidade, cercada pela "anarquia" e pelos "furores democráticos", que haviam fracionado a América Espanhola. A esta memória, por certo, correponde uma história. E quem melhor desenvolveu suas premissas foi Francisco Adolfo de Varnhagen, na *História geral do Brasil*, publicada em 1854-1856.

Mas, não bastava apenas reordenar o passado. Era preciso também dominar o presente e idealizar o futuro. A intenção em consignar os acontecimentos contemporâneos fora manifestada em diferentes ocasiões por Januário da Cunha Barbosa. No seu "Relatório", relativo ao exercício de 1841, lê-se que:

> (...) O Instituto por seus trabalhos acompanha a marcha gloriosa de seu Governo e, dando luz a seus atos fará chegar ao conhecimento da mais remota posteridade os memoráveis acontecimentos do Império de Santa Cruz, felizmente regido por um príncipe nascido no seu solo, e reconhecido desde seus primeiros anos como Augusto Protetor das Letras Brasileiras (o grifo é meu).[22]

Januário se reportava a uma das atividades mais importantes desenvolvidas no atelier da história. Seu valor, dizia ele, "só será apreciado nas futuras gerações". Tratava-se da anotação sistemática das ocorrências "que mais interessem à história e a geografia do Brasil". Fatos que na percepção sagaz do Cônego poderiam fugir "da nossa lembrança no correr dos tempos". Registros, nos quais os "escritores da história do Brasil encontrariam suficiente matéria sobre a qual possam trabalhar".[23]

---

22 BARBOSA, Januário. "Relatório do Secretário Perpétuo". RIHGB. Rio de Janeiro, 3 (Suplemento): 537, 1841.

23 *Idem.*

64   Ana Beatriz Demarchi Barel e Wilma Peres Costa (orgs.)

Em 1839, por iniciativa do próprio Cunha Barbosa, fora nomeado um comitê, composto de dois membros, Domingos Ataíde Moncorvo e Alexandre Maria Mariz Sarmento, encarregado de consignar diariamente o que o Cônego denominava de "Efemérides". Logo após a Maioridade, mais um fundador do Instituto também se mostraria preocupado com a posteridade. O deputado José Clemente Pereira, outro representante da geração da independência e participante ativo do golpe palaciano-parlamentar de 1840, sugeriu que a corporação desse uma atenção especial aos "fatos memoráveis" do Segundo Reinado, por meio da organização de um livro denominado "Crônica do Senhor D. Pedro II".[24]

As duas iniciativas se fundiram e a escrituração das "Efemérides" ganhou maior notoriedade, passando para a responsabilidade do orador oficial do Instituto Histórico, o Dr. Diogo Soares da Silva de Bivar. A Terra de Santa Cruz, seguindo o legado da mãe-pátria, parecia haver encontrado o seu Fernão Lopes.[25]

As anotações do nosso cronista oficial, a princípio, seriam muito heterogêneas: compreendem desde pequenas ocorrências do cotidiano da Corte, como fugas de escravos, até notas sobre a movimentação do corpo diplomático estrangeiro, passando por informes acerca dos negócios públicos.[26]

Pouco a pouco, porém, o critério de seleção dos fatos alterou-se, vindo a prevalecer os registros de episódios políticos, sobretudo os que se referiam aos "sucessos do governo". Na "Crônica do ano de 1842", por exemplo, as prosaicas narrativas sobre o dia-a-dia da capital do Império cederam lugar aos relatos da trajetória das tropas imperiais, empenhadas no combate aos insurretos de São Paulo e Minas

---

24   *RIHGB*. Rio de Janeiro, 2 (8): 401, 1840.

25   Sobre Fernão Lopes, CF. MARQUES, A. H. de Oliveira, "Fernão Lopes". In: SERRÃO, Joel (dir.), *Dicionário de História de Portugal*. Porto: Livraria Figueirinhas, 1985, vol. IV, p. 56-58.

26   BIVAR, Diogo Soares da S. *Efemérides brasileiras*. Ms. Arquivo IHGB. Lata 45, pasta 3, março de 1838 a março de 1841.

Gerais, que se rebelaram em meados daquele ano contra o governo central. Numa caligrafia impecável, Bivar registrava para as gerações vindouras a vitória sobre um movimento político que contestava o excesso de poder do gabinete do Rio de Janeiro, em detrimento das chamadas "franquias provinciais".[27]

Salvo o "Apêndice", contendo uma série de estatísticas, relativas ao exercício de 1842, a "Crônica" não ganhou as páginas da *Revista do IHGB*.[28] Mas, da obra de Diogo de Bivar restaram os cadernos manuscritos, tal qual um diário. Fontes que, por certo, devem ter sido consultadas por muitos estudiosos. Tal como foram as narrativas de um outro "cronista" da consolidação do Estado monárquico, Domingos José Gonçalves de Magalhães.

Médico, poeta de prestígio e mais tarde diplomata, Gonçalves de Magalhães pertencia ao quadro efetivo do Instituto Histórico. Acompanhou o futuro Duque de Caxias, na qualidade de Secretário do Governo, em duas missões. A primeira, quando Luis Alves de Lima e Silva foi nomeado presidente da Província do Maranhão, com a finalidade de sufocar a insurreição denominada de "Balaiada". A segunda quando Caxias ocupou cargo semelhante no Rio Grande do Sul, incumbido de por fim à chamada "Guerra dos Farrapos". Em ambas as ocasiões essa parceria inusitada se mostraria bastante fecunda. Por um lado, Caxias desembainhava a espada e usando da anistia submetia os rebeldes, abrindo caminho para a alcançar a tão almejada estabilidade política do Império. Por outro, Magalhães, armado da pena, registrava-lhe os "sucessos políticos e militares", em relatórios circunstanciados, dirigidos às autoridades da Corte.

Em 1847, o Instituto conferiu uma medalha de ouro, a Gonçalves de Magalhães, em razão da "Memória Histórica e Documentada da

---

27 BIVAR, Diogo Soares da S. de. *Crônica de 1842*. Ms. Arquivo IHGB, Dl 33. 21, p. 78 e verso.

28 BIVAR, Diogo Soares da S. de. Apêndice à Crônica de 1842. *RIHGB*. Rio de Janeiro, 5 (20): p. 385-402, 1843.

Revolução da Província do Maranhão entre 1838 e 1840", monografia julgada como o melhor trabalho histórico, apresentado naquele exercício. Ao que parece, o "tribunal da posteridade" concedera um "habeas corpus" ao futuro visconde do Araguaia, pois o seu trabalho foi julgado um testemunho irrepreensível, modelo de imparcialidade, digno de figurar na *Revista*.[29]

Porém, basta passar uma rápida vista dolhos sobre os chefes da "Balaiada", para se compreender a benevolência dos censores do IHGB, sempre implacáveis, quando se tratava de avaliar o mérito de obras e manuscritos que abordavam acontecimentos políticos contemporâneos. O relato da insurreição maranhense – liderada por um vaqueiro cafuzo – Raimundo Gomes, um fazedor de cestos, apelidado de "o Balaio" e um negro apelidado de Dom Cosme, que liderava escravos fugidos – dificilmente iria transgredir as rígidas leis do dito "tribunal", ao contrário do que poderia suceder, se o Instituto viesse a divulgar alguma narrativa sobre as operações militares na província do Rio Grande de São Pedro do Sul.

Nos rincões meridionais, a "República de Piratini" envolvera estancieiros e charqueadores, com complicações internacionais. "Briga de brancos", nas palavras de José Murilo de Carvalho.[30] Por motivos óbvios, os relatos do cronista oficial da última fase da Farroupilha não seriam impressos na *Revista*. No entanto, sabe-se que esses testemunhos existiram. E mais. Tal como idealizara Januário da Cunha Barbosa, no citado documento de 1841, foram servir de referência a um outro sócio do Instituto, o historiador Tristão de Alencar Araripe, que escreveu um longo trabalho, editado no periódico do IHGB, entre 1880 e 1883, sob o título "Guerra civil do Rio Grande do Sul".[31]

---

29 IHGB, Ata da sessão de 2 de setembro de 1847. *RIHGB*. Rio de Janeiro, 9 (7): 440, 1847.

30 CARVALHO, José Murilo de. *Teatro de sombras: a política imperial*. São Paulo: Vértice, Editora dos Tribunais; Rio de Janeiro: IUPERJ, 1988, p. 15.

31 ARARIPE, Tristão de Alencar. "Guerra civil do Rio Grande do Sul". *R. IHGB*. Rio de Janeiro, t. 43, v. 61: 115-191, 1880. *RIHGB*, Rio de Janeiro, t.

Cultura e Poder entre o Império e a República 67

A conflagração nos pampas, contudo, não deixou de ser alvo das atenções do Instituto Histórico. Há extensas referências às campanhas do governo, para reprimir os sublevados. No "Relatório" do ano de 1844, lido na sessão magna de aniversário, o Segundo Secretário Manoel Ferreira Lagos, em meio ao inventário das atividades, abriu uma brecha e começou a discorrer sobre o panorama político do país, dando especial destaque ao exame daquele conflito, que já se estendia por quase uma década. Felicitou D. Pedro II pelas recentes vitórias alcançadas e previu a capitulação dos revoltosos em um futuro próximo.[32]

Nenhum acontecimento, porém, deu margem a uma interpretação política tão tendenciosa, quanto a morte prematura do Príncipe D. Afonso, herdeiro da Coroa, desaparecido em 1847. Aliás, pouco se conhece a respeito dessa criança. Sua memória perdeu-se no esquecimento, apesar do empenho do IHGB, sempre atento, a registrar todos os eventos que envolvessem os membros da família imperial.

D. Afonso veio ao mundo em 24 de fevereiro de 1845. No dia seguinte, o Instituto enviou uma deputação para cumprimentar o Imperador, liderada pelo brigadeiro José Joaquim Machado de Oliveira, o qual procurou dar um sentido político-providencialista ao nascimento do primogênito de D. Pedro II: "(…) o seguro penhor do mais próspero futuro da nossa pátria" (…) expressão da Bondade Divina, e com que o Céu premiou as altas virtudes de V. M. I., o seu amor para com os Brasileiros, e a dedicação que V. M. I. consagra ao bem estar do seu país natal, e aos gozos dos seus leais súditos".[33]

Cerca de dois anos depois, a mesma conotação se repetiria na "Oblação (…) à memória do Sr. D. Afonso, Augusto Primogênito de Suas Majestades Imperiais". Entre as diversas manifestações de pesar,

---

45, v. 65: 33-236, 1882. *RIHGB*. Rio de Janeiro, t. 46, v. 67: 156-564, 1883. R. IHGB,. Rio de Janeiro, t. 47, v. 69: 47-238, 1883

32 LAGOS, Manoel Ferreira. "Relatório do Segundo Secretário". *R. IHGB*. Rio de Janeiro, 6 (Suplemento): p. 34-35, 1844.

33 OLIVEIRA, José Joaquim Machado de. "Discurso". *R. IHGB*. Rio de Janeiro, 7 (25): p. 124, 1845.

dois discursos se destacam: o de Cândido José de Araújo Vianna e o de Manoel de Araújo Porto-Alegre. São peças de retórica em que o elogio ao menino falecido servia de pretexto para que ambos externassem seus receios diante da situação política do país

Araújo Vianna, dono de uma larga folha de serviços prestados à monarquia e presidente do IHGB, identificou a morte do menino como uma "(...) *punição do céu* à nossa desunião, às nossas dissensões internas, denunciando a ingratidão com que insensatos recebemos os benefícios da Providência..." (o grifo é meu).[34] Araújo Porto-Alegre, por sua vez, qualificou-a de um "(...) *grande sacrifício*, para que os brasileiros soubessem apreciar a sua ventura na América (...)" (o grifo é meu). Para Porto-Alegre, o falecimento do herdeiro deveria ser tomado como uma amarga lição, para que os habitantes da Terra de Santa Cruz "(...) se abraçassem, se unissem e recuassem do abismo medonho".[35] Como se constatava, os dois oradores faziam uma alusão clara aos regionalismos, que no seu entender conspiravam contra a integridade da única monarquia do continente.

É oportuno salientar que nessa época a conjuntura política do país ainda era turbulenta. A Farroupilha já havia sido debelada, mas no nordeste as crises e sedições se sucediam, fruto das práticas políticas centralizadoras dos gabinetes imperiais, que insistiam na nomeação de presidentes de província estranhos aos quadros locais. Tal como já ocorrera na cidade de Maceió, em 1844, envolvendo dois sócios efetivos do Instituto Histórico, os senadores Bernardo de Sousa Franco e Caetano Maria Lopes Gama. E aconteceria novamente, quatro anos mais tarde, em Pernambuco, com a Revolução Praieira.

De qualquer modo, no reduto letrado patrocinado por d. Pedro II, as preocupações com o domínio do presente e as projeções para o

---

34 VIANNA, Candido de Araújo, "Discurso". "Oblação (...) à memória do Sr. D. Afonso, Augusto Primogênito de Suas Majestades Imperiais". *RIHGB*. Rio de Janeiro, 11 p. 9, 1848.

35 PORTO-ALEGRE, Manoel de Araújo, "Discurso". *Idem, Op. cit.*, p. 12.

Cultura e Poder entre o Império e a República 69

futuro ainda receberiam mais um magnífico estímulo, desta feita vindo do seu próprio patrono. Na cerimônia de inauguração das novas instalações do IHGB, no terceiro andar do Paço da Cidade, em 15 de dezembro de 1849, o Imperador dirigiu uma expressiva recomendação aos sócios do IHGB:

> (...) Sem dúvida, Srs., que a vossa publicação trimensal tem prestado valiosos serviços (...), mas para que esse alvo se atinja perfeitamente, *é de mister que não só reunais os trabalhos das gerações passadas, ao que vos tendes dedicado quase que unicamente, como também pelos nossos próprios, torneis aquela a que pertenço digna, realmente dos elogios da posteridade* (o grifo é meu).[36]

A incisiva advertência parecia desnecessária. Desde a primeira hora, o Instituto Histórico cuidava com zelo de tecer a memória do Segundo Reinado. Neste sentido, as atas das reuniões ordinárias, os relatórios anuais e os discursos proferidos nas sessões magnas, tanto quanto os resultados das iniciativas acadêmicas ali tomadas testemunham o esforço empreendido pela corporação. Mas, ao mesmo tempo, também refletem o processo de consolidação do Estado imperial. A prova disto é que as habituais manifestações políticas, subjacentes às deputações, aos pronunciamentos e aos inventários de atividades começariam a ser deixadas de lado, à medida que as tensões políticas se abrandavam e o país alcançava a estabilidade interna. Na década de 1850, o Estado monárquico se consolidara, centrado em uma aliança onde, de um lado, estavam o soberano e a alta magistratura, na qual se incluíam os integrantes do IHGB, e de outro, "o grande comércio e a grande propriedade".[37] Neste sentido, o horizonte de expectativas da corporação dos historiadores já apontava para novos

---

36 D. PEDRO II. "Discurso do Imperador ". *RIHGB*. Rio de Janeiro, 12: 552, 1849.

37 CARVALHO, José Murilo de. *Teatro de sombras: a política imperial. Op. cit.* p. 15.

domínios, por certo, inspirados no clima de "conciliação" entre os partidos políticos e na promessa de modernidade propiciada pela crescente riqueza do café.

Seja como for, nas suas primeiras décadas, o Instituto Histórico desenvolveu um programa de trabalho bem-sucedido, que amalgamou história e poder. A consecução deste projeto viabilizou-se graças a uma militância intelectual homogênea, caracterizada não apenas pela observância dos cânones da escola metódica, o que garantia cientificidade ao conhecimento histórico ali produzido, mas também pelo compromisso político do Instituto com o regime e sua fidelidade ao Imperador.[38]

---

38 Ver, GUIMARÃES, Lucia Maria P. "O tribunal da posteridade". In: PRADO, Maria Emilia (org.). *O Estado como vocação: ideias, e práticas políticas no Brasil oitocentista*. Rio de Janeiro: Access, 1999, p. 33-58.

A revista do IHGB e a construção do cânone literário do Império do Brasil

Ana Beatriz Demarchi Barel

Esse texto é parte de um projeto que tem como objetivo primeiro compreender a iniciativa alavancada pelos idealizadores do Instituto Histórico e Geográfico Brasileiro quando da criação da *Revista do Instituto Histórico e Geográfico Brasileiro – RIHGB* e a missão desta publicação. Neste sentido, faz-se necessária uma contextualização dos caminhos que nos levaram ao interesse por esse objeto, pouquíssimo estudado tanto por historiadores quanto por literatos.

***

O estudo da *Revista do IHGB* dá continuidade a vários resultados a que chegamos em pesquisas anteriores e que se voltaram para as relações entre a França e o Brasil no século XIX e a complexidade de sua natureza. Realizadas em diferentes níveis, estabelecidas por razões diversas e em campos do conhecimento os mais díspares, as relações entre França e Brasil se fizeram, nos oitocentos, dando sequência a momentos anteriores de contato, que, ainda que aparentemente esparsos, descontínuos e desconectados, definem um universo de características singulares para o diálogo entre os dois países. Desde o século XVI, com a tentativa de fundação da França Antártica, colônia nos trópicos que garantia a presença geopolítica francesa no Atlântico Sul, passando pelos grandes esforços de, no século XVII, estender os braços do sistema colonial francês, criando em São Luís uma feitoria equinocial, até a subterrânea e fecunda moldagem do imaginário insurrecto do século XVIII, da Vila Rica de Ouro Preto.

Neste sentido, realizando um recorte e centrando nosso interesse no século XIX, podemos compor um grande sistema de relações franco-brasileiras que vai assumindo contornos mais nítidos e tomando corpo como espaço bilateral de troca, produção, circulação e ressignificação de códigos culturais.

Assim, desde a chegada (ou a transferência) da Família Real, em 1808, determinada em grande parte pela campanha de Napoleão, a nova sede do Império, agora fixada do outro lado do Atlântico, na cidade do Rio de Janeiro, será cenário de muitos encontros e realizações de projetos, quer sejam eles um relato de viagem ou a criação de instituições encomendadas pela Coroa.

Formam-se, então, diversas redes transatlânticas que serão responsáveis pela materialização de projetos literários, missões diplomáticas, científicas, artísticas, mas também de acordos comerciais e políticos. Toda uma plêiade de escritores, artistas, cientistas, diplomatas circulam entre as duas margens do Atlântico, realizando releituras de códigos culturais, elaborando discursos estrangeiros, reconstruindo imagens – de si próprios e do outro.

Neste sentido, podemos evocar algumas iniciativas de grande envergadura e que deixarão para nós, seus leitores e construtores de sentidos, dois séculos depois, uma herança que toma forma no patrimônio material e imaterial de uma cultura híbrida como se configura a brasileira. Em 1816, desembarcando no calor tropical e úmido de um Rio de Janeiro desconhecido e de miragem, os Taunay chegam, a chamado da Família Real portuguesa, para atuar em frentes múltiplas. Dando provas de sua formação multifacetada, a família Taunay – seus

Cultura e Poder entre o Império e a República   73

membros viajantes, pintores, escultores, militares, escritores – é incumbida de fundar, dez anos depois, uma Academia Imperial de Belas Artes, nos moldes neoclássicos franceses.

Também em 1816, contemporâneo das ações da Missão Francesa, liderada por Jean-Baptiste Debret, Ferdinand Denis, filho de um pequeno funcionário do Ministério das Relações Exteriores francês cuja família sofria os reveses da Restauração dos Bourbon, embarcará para o Brasil, em busca de um dote para a irmã. Aos dezoito anos, Denis trabalhará, na esfera diplomática, junto a Monsieur Plasson, deslocando-se entre o Rio de Janeiro e Salvador, recolhendo informações sobre o país em suas viagens. De volta à França, publicará obras sobre o Brasil e sobre nossa Literatura, dentre as quais *Le Brésil ou l'histoire des moeurs, usages et coutumes des habitants de ce royaume*, de 1822, ilustrada por Hippolyte Taunay, além de nossa primeira História Literária compreendida como distinta da de Portugal e não apenas como um ramo exótico das letras portuguesas, o *Résumé de l'histoire littéraire du Portugal suivi du résumé de l'histoire littéraire du Brésil*, de 1826. Durante sua estada no Brasil, Ferdinand Denis enviará ao Museu de História Natural de Paris exemplares de insetos, aves e plantas, o que revela a existência de redes transatlânticas e transdiciplinares e o interesse intenso e concreto de apreender o Brasil, decodificando nossa realidade e etiquetando-a, a partir de um sistema de códigos que nos é alheio.

Em 1836, Domingos José Gonçalves de Magalhães, Francisco Torres Homem e Manoel de Araújo Porto-Alegre, adidos da Delegação brasileira em Paris, representam o Brasil na esfera diplomática, e são apresentados à intelectualidade francesa por Ferdinand Denis e também por um dos fundadores do Instituto Histórico de Paris, Eugène de Monglave, que os convidará para as sessões do Instituto, uma das instituições mais importantes para a cultura letrada na França e que reunia membros correspondentes de inúmeros países, dentre os quais o Imperador Pedro II que, em 1842, é convidado a tornar-se seu membro.

Desde 1822, com o processo de independência, ganhará força no país um movimento de busca e leitura de códigos culturais de origem francesa, cristalizando nossa postura de rejeição ao modelo luso-ibérico e insuflando a aquisição do processo civilizatório liderado pela França. Assim, o Brasil integra o grupo dos países que tomará a cultura francesa como guia e paulatinamente assistiremos à chegada de teorias e objetos que materializam valores franceses. Exemplo disso são os romances-folhetim que desembarcam no Rio, sendo consumidos em francês pelas novas elites francófilas e francófonas em formação ou rapidamente traduzidos para o português; os figurinos, objetos de moda e perfumes, meias, chapéus, botas e lingeries que inundam as lojas e o imaginário nacionais.

No campo literário e das artes, além dos folhetins e das peças de teatro, da música, da gastronomia que se sofistica e da etiqueta que se decora, encontram seu lugar e seu público um novo objeto, fruto das primeiras experimentações das artes da imprensa então em forte ebulição com o sucesso dos jornais, os periódicos e as revistas. Estas últimas nos interessam de muito perto pois nossas elites, não ficando indiferentes a estas novidades, se lançam em iniciativas interessantes do ponto de vista estético e também ideológico. Dentre as várias revistas surgidas no século XIX, dedicamo-nos a duas com mais atenção, a *Nitheroy: Revista Brasiliense – Sciencias, Lettras e Artes*, de 1836 e a *Revista do Instituto Histórico e Geográfico Brasileiro*, de 1839.

Poderíamos evocar ainda vários outros exemplos de encontros, trocas, acordos ligando França e Brasil no século XIX. Estes são os necessários para abordar o tema privilegiado por nossa investigação. Integrando um movimento internacional e tentando a duríssimas penas inserir-se no cenário das nações independentes e promissoras, assistiremos ao surgimento, no Brasil, de interesses por temas existentes também em vários países europeus o que configura um sistema de influências mútuas que são armazenadas, decodificadas e transmitidas através de intituições-pilares do aparelho do Estado na área da cultura

Cultura e Poder entre o Império e a República   75

e do saber letrados do século XIX. Este sistema e suas principais estratégias de funcionamento passamos a detalhar a seguir.

***

O surgimento, em 1834, do Instituto Histórico de Paris se insere num movimento presente em vários países da Europa, e que traduz uma das inquietações do homem do século XIX, a busca e o registro da memória nacional. A criação dos Estados Nacionais e o desejo de centralização que ela implica, trazendo como prioridade a consolidação de uma identidade nacional que simbolize – no plano político e no nível do imaginário coletivo – uma 'alma do povo' trarão para o centro do debate a premência de preservar material mas também simbolicamente a memória da Nação. Desta forma, antiquários, eruditos e historiadores se reúnem para fundar sociedades e institutos que têm como principal objetivo a busca, coleta, pesquisa e salvaguarda de documentos sobre a História do país. O projeto de criação de um Instituto Histórico e Geográfico Brasileiro, filial da Sociedade Auxiliadora da Indústria Nacional, em 1838, pode ser compreendido, por um lado, dentro deste contexto e da vaga intensa, espraiada por todo continente europeu, de valorização da matéria histórica e, por outro lado, por um conjunto muito específico de fatores da conjuntura brasileira ligados ao processo de independência do país e que trará em seu bojo as estratégias encetadas pelas elites políticas do Império para a consolidação do Estado conduzido por Pedro II. No tomo I do primeiro semestre de 1839, vêm assim explicitadas as missões do IHGB, no texto de Januário da Cunha Barbosa. A primeira, que podemos identificar como histórica

> ...este Instituto Histórico e Geográfico Brasileiro se ocupará desveladamente em erguer à glória do Brasil um monumento que lhe faltava, e do qual emanará não pequena honra aos que

76 Ana Beatriz Demarchi Barel e Wilma Peres Costa (orgs.)

agora aqui reunidos se oferecem às vistas da nação como do majestoso edifício da nossa história....[1]

E a segunda, como didática

> Os literatos de todo Brasil saberão, pela leitura de nossos estatutos, que os sócios deste Instituto não só meditam organizar um monumento de glória nacional, aproveitando muitos rasgos históricos que dispersos escapam à voragem dos tempos, mas ainda pretendem abrir um curso de história e geografia do Brasil, além dos princípios gerais, para que o conhecimento das cousas da pátria mais facilmente chegue à inteligência de todos os brasileiros.[2]

Várias medidas são tomadas nas primeiras décadas do século XIX, num momento de particular turbulência que sacudia o edifício do Estado Imperial recém-criado, deixando à mostra a fragilidade da unidade do Império, que sofria pressões centrípetas de vária ntaureza. Um território vasto, uma formação étnica heterogênea, a coexistência não-pacífica entre nações indígenas, conflitos sociais em diferentes pontos do país ameaçam fazer pulverizar a unidade do Império, estilhaçando-o em microimpérios com características regionais fortes e díspares. O esforço de manutenção da liga que mantinha o edifício estável e intacto será titanesco, obrigando as elites políticas a operarem em várias frentes e rapidamente.

Assim, compreende-se que em 1826 seja fundada a Academia de Belas Artes, que em 1827 surjam as duas Faculdades de Direito do país, uma em São Paulo e outra no Recife, que em dezembro de 1837 o Colégio Pedro II seja inaugurado com a missão explícita de formar os filhos das elites do Império, e alguns meses depois, em 1838, Bernardo Pereira de Vasconcelos apresente seu Arquivo Público do Império.

---

1   BARBOSA, Januário. *RIHGB*, tomo I, 1839, p. 15
2   *Idem, ibidem.*

Cultura e Poder entre o Império e a República 77

Todas essas iniciativas apontam para uma visível agilidade das elites políticas e por uma forte capacidade de organização dos instrumentos que permitem aparelhar o Estado dando esteio aos atos do Imperador. O projeto de criação do IHGB e sua organização interna contam com estudos de fôlego por parte de alguns teóricos como Lúcia Paschoal Guimarães, em seu 'Debaixo da Imediata Proteção de Sua Majestade Imperial': O Instituto Histórico e Geográfico Brasileiro (1838-1889)[3], Manoel Salgado Guimarães em 'Nação e Civilização Nos Trópicos: O Instituto Histórico e Geográfico Brasileiro e O Projeto de Uma História Nacional',[4] Arno Wheling, em As Origens do Instituto Histórico e Geográfico Brasileiro,[5] Lilia Schwarcz e Os Guardiões da Nossa História Oficial: Os Institutos Históricos e Geográficos Brasileiros e o Projeto de uma História Nacional,[6] José Murilo de Carvalho em A Construção da Ordem. A Elite Política Imperial.[7] Tomamos estas pesquisas como fonte principal para, compreendendo o momento de criação do Instituto, podermos realizar um estudo sobre uma particularidade desta Instituição-símbolo do poder de Pedro II e que até o momento

---

3   GUIMARÃES, Lúcia Paschoal.'Debaixo da Imediata Proteção de Sua Majestade Imperial': O Instituto Histórico e Geográfico Brasileiro (1838-1889), São Paulo, Annablume, 2011

4   GUIMARÃES, Manoel Salgado. 'Nação e Civilização Nos Trópicos: O Instituto Histórico e Geográfico Brasileiro e O Projeto de Uma História Nacional', Rio de Janeiro, in Estudos Históricos 1(1) 1988, P. 5-27

5   WHELING, Arno. As Origens do Instituto Histórico e Geográfico Brasileiro in RIHGB, Rio de Janeiro, V. 338, p. 7-16, jan./mar. 1983

6   SCHWARCZ, Lilia. Os Guardiões da Nossa História Oficial: Os Institutos Históricos e Geográficos Brasileiros, São Paulo, Instituto de Estudos Econômicos, Sociais e Políticos de São Paulo, 1989

7   CARVALHO, José Murilo de. A Construção da Ordem. A Elite Política Imperial, São Paulo, Editora Campus, 1980

mereceu muito menos a atenção dos pesquisadores: a organização da *Revista do IHGB* e seus propósitos.

Se consultarmos os estatutos do IHGB, assim como alguns textos que compõem a *Revista do IHGB* – atas de reuniões, relatórios de membros e sócios – encontraremos, em vários trechos, explicitados, os objetivos da publicação. Porém, ao nos aprofundarmos na leitura da revista, constatamos que, para além da reunião de documentos que recuperam a memória nacional, através da compilação colossal de uma massa documental acerca da História e da Geografia do Brasil, a *RIHGB* cumpre outros papéis nunca evidenciados por seus organizadores. Dentre eles, o que nos interessa, o de estabelecer um cânone literário para o Império do Brasil.

A *Revista do IHGB* define, no seu interior, uma lista de autores que resume um conjunto de obras literárias consideradas como válidas do ponto de vista estético, o que aponta para a realização de outro objetivo por esta publicação: o de salvaguardar a memória literária do país, o de ser, simultaneamente, receptáculo e transmissor de um cânone literário muito particular, o cânone do IHGB.

Quais os autores avaliados como dignos de integrar este seleto grupo de autores representativos para a memória das Letras nacionais, quem os traz para o interior do cânone e quais hipóteses para estas escolhas são algumas das ideias que apresentamos.

***

É importante lembrar dos parâmetros utilizados para a realização de nossa pesquisa. Por se tratar de um estudo que prioriza um objeto literário, procedemos à leitura simultânea de exemplares constantes de dois acervos: o Acervo Plínio Doyle, de propriedade desta Fundação Casa de Rui Barbosa – FCRB e o acervo digitalizado existente no site do IHGB e disponível para consulta on line. Cada exemplar correspondente a cada ano foi analisado em paralelo, simultaneamente. Estabelecemos alguns critérios comparativos como nome da casa de edição do exemplar, ano de edição do exemplar e, sobretudo,

Cultura e Poder entre o Império e a República   79

a exatidão do conteúdo em ambos os exemplares observados. Tanto o acervo Plínio Doyle como o acervo digitalizado do IHGB apresentam exemplares cuja impressão muitas vezes não correponde ao ano da revista. Assim, a revista de 1839 disponível nestes acervos não necessariamente terá sido impressa no ano de 1839. O mesmo se verifica quanto às editoras em que as revistas foram publicadas, havendo uma mudança frequente no editor entre os anos de 1839 e 1855. Imprensa Nacional, Typographia de D. L. dos Santos, Typographia Universal de Laemmert & C., Imprensa Americana de L. P. da Costa, Typographia de João Ignacio da Silva, Kraus Reprint, as casas de edição em que se imprimem a *RIHGB* oscilam o que aponta ou para uma instabilidade na escolha dos impressores ou uma inconstância na disponibilidade das casas de impressão e de seus artífices em garantir a continuidade do fornecimento de seus serviços.

Nosso recorte cronológico foi definido tendo como balizas o ano de criação da revista, 1839 e o ano de 1855, pois será neste momento que haverá uma mudança nos estatutos do Instituto, e uma reorientação em sua forma de conduzir suas atividades. A *Revista do Instituto Histórico e Geográfico Brasileiro – RIHGB* tem seu primeiro número em 1839, portanto, no ano seguinte à fundação do Instituto e é publicada ainda hoje. Seu surgimento deve ser compreendido num alargamento de visão que inclui vários acontecimentos nos anos imediatamente anteriores e posteriores. Em que contexto surge a *Revista do IHGB*? Evidentemente, ligada à fundação dessa instituição que nasce 'sob a imediata proteção de Pedro II', e ao projeto maior de existência de um 'lugar de memória', como nos ensina Pierre Nora. Um dos lugares-monumento maiores de nosso país, neste momento histórico de fundação de uma nação independente. Fundação, refundação. Camadas de significação que incluem a gestação de um livro do IHGB, sua revista. Um ponto de referência para o qual todos os olhos do Império convergem, uma vez que se trata de uma iniciativa de uma das mais prestigiosas instituições do Império que abriga apenas representantes das elites políticas e culturais. Redesenhando os contornos do contexto histórico do nascimento das revista, pelo lado da Historiografia Literária, entre 1829 e 1831, Januário da Cunha Barbosa publica seu *Parnaso Brasileiro*, claramente inspirado de um outro Parnaso, o *Parnaso Lusitano*, escrito em 1826, por Almeida Garrett. Das narrativas estrangeiras, sobressai-se o *Résumé de l'histoire littéraire du Portugal, suivi du résumé de l'histoire littéraire du Brésil*, também de 1826, de Ferdinand Denis. Em 1840, será a vez de Joaquim Norberto escrever seu *Bosquejo da História da Poesia Brasileira*, publicado no *Despertador* e constante, em 1841, das *Modulações Poéticas*.

Focalizando as publicações literárias, desta vez, a *RIHGB* surge em 1839, três anos depois do ano considerado pela Historiografia literária como o ponto a partir do qual identificamos o investimento de nossos intelectuais na estética Romântica. Três anos após a escritura por Gonçalves de Magalhães, de *Suspiros Poéticos e Saudades*, obra poética que inaugura, na Literatura, o movimento Romântico no Brasil. 1836 será também o ano de lançamento de outra revista crucial para nossa historiografia literária, a já citada *Nitheroy: Revista Brasiliense*, que contém o texto do mesmo Gonçalves de Magalhães, 'Ensaio sobre a História da Literatura no Brasil'. Em 1843, Gonçalves Dias escreverá a 'Canção do Exílio', poema emblemático da lírica Romântica. 1844 será o ano de publicação de *A Moreninha*, de Joaquim Manuel de Macedo, romance considerado pela crítica como o primeiro romance Romântico brasileiro e 1849 verá vir à luz a *Revista Guanabara*, fundada por Gonçalves Dias, Joaquim Manuel de Macedo e Manuel de Araújo Porto-Alegre.

Estes alguns dos principais marcos literários no período que elegemos para analisar o surgimento da *RIHGB* e suas características nesta primeira fase do Instituto.

A revista é composta por artigos escritos por sócios ou sócios correspondentes, sobre temas propostos pelos membros do Instituto, por memórias, dissertações, necrológicos, relatórios, atas de reuniões, juízos sobre obras e pareceres, traduções, programas a serem desen-

Cultura e Poder entre o Império e a República

volvidos no próximo número, notícias e por uma seção intitulada 'Biographia dos Brasileiros Distintos por Letras, Armas, Virtudes, &'. Esta seção nos chamou a atenção pois nela podemos indentificar um fio condutor que define uma História Literária Brasileira sem, no entanto, atribuir-lhe este nome.

Nela, membros do Instituto tratam de personagens que desempenharam papel relevante para o país, e dividem o espaço da seção, escritores, religiosos, padres, advogados, juízes, diplomatas, militares, donatários, navegadores, inquisidores.

O cânone estabelecido pelos autores dos textos que tratam dos homens distintos por letras não segue o critério cronológico o que aponta para a eleição de outro ou de outros critérios de apresentação dos nomes. Assim, a sequência de escritores que forma o cânone da *RIHGB* é a seguinte:

José Basílio da Gama
Bento da Silva Lisboa
Gregório de Mattos
Manoel Ignacio da Silva Alvarenga
Bernardo Vieira Ravasco
Frei Francisco Xavier de Santa Thereza
João Fernandes Vieira
Padre Antonio Vieira
José de Anchieta
Frei José de Santa Rita Durão
Eusébio de Mattos (filho de Gregório)
António José da Silva
Manoel Botelho de Oliveira
João de Brito e Lima
Frei Manoel de Santa Maria Itaparica
Frei Francisco de São Carlos
Thomaz Antonio Gonzaga
Sebastião da Rocha Pitta (ainda que a rigor não seja um literato)
Ignacio José de Alvarenga Peixoto
Claudio Manoel da Costa

Bento Teixeira Pinto
Antonio de Moraes Silva (lexicólogo)

Nem todos os textos vêm com indicação de autoria, mas assinam as biografias, frequentemente, Januário da Cunha Barbosa, Francisco Adolpho de Varnhagen, Roquete, João Manuel Pereira da Silva, Manuel de Araújo Porto-Alegre, Joaquim Norberto de Sousa e Silva.

Como podemos constatar, o aparecimento dos nomes dos autores na seção não segue um critério cronológico, o que nos fez ler estes textos com mais cuidado, na tentativa de captar o tom e a mensagem ideológica de que são portadores. Neles, ainda que se trate de autores de textos literários, predominam observações e análises de fatos relacionados à rede de poder em que se insere a produção do saber e das letras. Desta forma, mais do que destacar as características do estilo das obras, os temas abordados, os estudos de personagens, o que se priorizam são reflexões e fatos reveladores de uma confraria letrada e as particularidades de seu funcionamento, visceralmente político. Este espaço da revista se configura, portanto, como um ponto muito particular no interior da própria publicação e de valor absolutamente nada anódino. Expõe a entranhada relação entre poder e cultura, traz à luz sem rebuços o poder das elites ao relatar o degredo de Gonzaga ou os conflitos de Vieira. Envia olhares de simpatia iluminista aos atos de Pombal. Caracteriza-se como um *loco* de autorreflexão discursiva, instaurando uma dobra interna no grande livro que passa a ser a *Revista do Instituto Histórico e Geográfico Brasileiro*. A *RIHGB* irradia o poder das elites políticas do Império, absorve e refrata intenções e movimentos estéticos internacionais absorvidos nos contatos entre membros, sócios e correpondentes dos quais sobressaem-se, em importância, os diplomatas, emissários de todos os Impérios ainda existentes neste início dos Oitocentos. A *RIHGB*, livro das elites reunidas em nome da memória da nação que se constrói, em nosso país, de cima, de fora do lugar/ em seu lugar para forjar uma identidade que responda pelo nome do Império de Pedro II.

Cultura e Poder entre o Império e a República   *83*

Objeto de múltiplas camadas de significação, quase amuleto de uma nação que se tece em pontos certos e errados, em nós e laçadas soltas, a *RIHGB* conforma-se como instrumento de propaganda da política alavancada pelas elites e do poder de um monarca ilustrado nos trópicos. Discurso sobre o discurso, a Revista do Instituto, pedra sagrada sobre a qual lançam o verbo do poder homens políticos do primeiro escalão do Império, escritores, diplomatas, militares, é portadora da memória histórica do país que se quer construir mas também da lista litúrgica dos nomes das Letras que contam este mesmo país. Espaço protegido da memória da História, local de eleição dos senhores da palavra.

Não esquecendo da promessa do início desta fala, aproximamos duas publicações fulcrais do século XIX brasileiro e que carregam as inquietações de seu tempo: *Nitheroy* e *RIHGB*, duas revistas, dois objetos complexos que apresentam uma proximidade estreita. Ambas são articuladas por homens políticos, a primeira pelos jovens intelectuais enviados a Paris como adidos da Delegação brasileira, Domingos José Gonçalves de Magalhães, Francisco Torres Homem e Manoel de Araújo Porto-Alegre e a segunda por dois homens que integram o alto escalão do Império. Organizada em apenas dois tomos, *Nitheroy* tem vida efêmera mas constitui um marco irrefutável para a Historiografia Literária brasileira por conter o texto que será considerado pela crítica como o fundador da estética Romântica no Brasil.

Os estudos acadêmicos, no entanto, ainda devem a *Nitheroy* uma leitura de mais alento, que demonstre o entendimento deste objeto em toda sua complexidade. Tomada, então, de outro ponto de vista – e de partida – *Nitheroy* representa mais do que apenas uma publicação que guarda o artigo que inicia o Romantismo na Literatura Brasileira. Objeto que articula múltiplas camadas de siginificação – histórica, literária, política – por sua pertença a uma zona de imbricamento de diferentes áreas de conhecimento e de organização social em que se situam os personagens históricos envolvidos em seu projeto, ainda há uma lacuna historiográfica sobre *Nitheroy*. *Nitheroy* explicita a adoção dos valores político-culturais franceses e se configura como documento de natureza diplomática e da política externa do Império do Brasil. Situação semelhante é a que constatamos nos estudos sobre a *Revista do IHGB*, revista concebida no interior do Instituto Histórico e Geográfico Brasileiro e que reúne um conjunto de características também presentes na publicação dos jovens do 'Grupo de Paris'. Revista de natureza política, idealizada por homens que atuam na política, a *RIHGB* realiza de forma efetiva um papel de galvanizador de propaganda e divulgação do poder de Pedro II, age como instrumento do IHGB, revelando-se o braço armado das elites que conduzem estratégias para a consolidação do Estado em sua esfera interna.

Ensinando os nomes dos brasileiros ilustres por letras e armas, 'a todos os brasileiros' como preconiza Januário da Cunha Barbosa no texto dos estatutos, o IHGB vai cumprindo sua missão. A explícita, de preservar a memória nacional através da acumulação documental de fontes sobre a História do Brasil e a não explicitada em nenhum momento por seus idealizadores, mas realizada com maestria, de deixar como herança os grandes nomes merecedores de integrar uma Literatura portadora de nossa identidade nacional.

Seu sucesso é inquestionável, do que nos dá prova sua perenidade até os dias atuais, sendo a revista mais antiga do Ocidente, publicada sem interrupção desde que veio a lume.

As ideias sobre a música no mecenato imperial

Avelino Romero Pereira

*Quando nascemos não foi dentro de uma bolsa
de dinheiro; foi no solo do Brasil;
a nossa pátria é esta e por ela faremos todos os
sacrifícios que pudermos;
porque é nosso dever e obrigação.*

Manuel de Araújo Porto-Alegre[1]

Em ano de campeonato mundial de futebol, não deve soar despropositada uma associação de ideias: a entrada do estádio do Maracanã ostenta a estátua de Hilderaldo Bellini, o capitão da seleção brasileira campeã de 1958. A estátua o representa no gesto de erguer a taça conquistada. Na explicação do próprio, apenas a intenção de a fazer visível aos fotógrafos que registravam a cena da premiação. Desde então, um gesto que simboliza vitória e consagração pública de um ídolo das multidões. A um apreciador de ópera, um *diletante*, como

---

1 PORTO-ALEGRE, Manuel de Araújo. Uma palavra ao Ilmo. Sr. Brasileiro Nato. *Minerva Brasiliense*, Rio de Janeiro, p. 311, 15 mar. 1844.

se diria no século XIX, não escapa a correlação entre o futebol, como espetáculo esportivo para as massas, e a ópera italiana, espetáculo dramático de amplo alcance e ressonância cultural no passado oitocentista. A ópera, como o futebol, despertava paixões e consagrava grandes ídolos entre as multidões. E se, como dizem hoje, todo brasileiro é um técnico de futebol, no século XIX, bastava escrever em jornais e revistas para fazer-se crítico de teatro e música.

Outro Bellini, Vincenzo, compositor siciliano que viveu entre 1801 e 1835, foi responsável por obras que conquistaram consagração e verdadeira idolatria. Melodista incomparável, parâmetro para compositores de orientações tão distintas como Verdi, Chopin e Liszt. Até mesmo o intransigente Wagner foi capaz de reconhecer a extraordinária capacidade do siciliano ao associar texto, música e expressão psicológica. Bellini compôs grandes sucessos de crítica e público, que fascinaram auditórios por toda a Europa, projetando-se de Nápoles e Milão para Londres e Paris e daí até o Rio de Janeiro. Não era um orquestrador brilhante, mas sabia fornecer à voz uma base segura, que, somada a inventividade melódica incomparável e ornamentação refinada, elevava a arte do *bel canto* a um máximo de tensão expressiva que parecia compensar a fraqueza de sua concepção dramática. Bellini era o canto, a voz, e só. Mas isso parecia bastar. No dizer de Jean-François Labie, historiador da música francês, "Bellini soube, como nenhum outro na época, fazer belas mulheres chorarem em meio aos aplausos que dirigiam a seus favoritos".[2] Seu segredo era saber "situar os maravilhosos voos de árias etéreas, em que a voz se transforma no mais sublime dos instrumentos".[3] Referindo-se à *Norma*, culminância do período italiano de Bellini, antes de se radicar em Paris, o musicólogo, e também crítico de ópera, Paul Henry Lang diz que "nela não há

---

2   LABIE, Jean-François. A ópera italiana: Bellini, Donizetti, Verdi. In: MASSIN, Jean; MASSIN, Brigitte. *História da música ocidental*. Tradução de Ângela Ramalho Viana, Carlos Sussekind, Maria Teresa Resende Costa. Rio de Janeiro: Nova Fronteira, 1997, p. 673-687. A citação corresponde à p. 677.

3   *Ibid.*, p. 676.

Cultura e Poder entre o Império e a República 87

nada mais que canto, não há declamação ociosa, nem simples efeitos, só melodia que se derrama desde cada garganta e cada instrumento".[4]

A *Norma* foi uma dessas consagrações do século XIX, na Europa e no Brasil. Uma *tragédia lírica*, como definiu o compositor; um drama histórico ambientado na Gália sob ocupação romana. Estreou em 1831, no *alla* Scala de Milão, e seria encenada no S. Pedro de Alcântara, no Rio de Janeiro, em 1844. Na cronologia da ópera no Brasil, 1831 não era um ano propício: a queda do primeiro Imperador marcava o refluxo do movimento operístico e musical na Corte. 1844, por sua vez, é o ano da retomada das temporadas líricas regulares na cidade, e coube justamente à *Norma* inaugurar essa fase, tendo sido festejada com 20 récitas num único mês de janeiro. Sua estreia local marcou uma inflexão no gosto musical e dramático, que trazia Bellini em lugar de Rossini – o nome mais presente nas temporadas da década de 1820. A estreia da *Norma* consagrou também a soprano Augusta Candiani. É Machado de Assis quem, evocando a juventude, relembra o apogeu da ópera no Rio de Janeiro e o entusiasmo pela cantora: "A Candiani não cantava, punha o céu na boca e a boca no mundo. Quando ela suspirava a *Norma* era de pôr a gente fora de si. O público fluminense que morre por melodia, como macaco por banana, estava então nas suas auroras líricas".[5] Decerto, há um tanto de mito ou vaga lembrança nessas memórias do grande escritor. Quando a Candiani aqui estreou, ele contava apenas cinco anos de idade; quando afirma tê-la visto, aos 20, ou seja, em 1859, o mito já se sobrepunha à voz. Mas era o quanto bastava. Ou não, a julgar por sua morte, quase na miséria, no subúrbio de Santa Cruz, em 1890. Um tema nada secundário a estas ideias sobre a música: as trajetórias artísticas parecem oscilar entre consagrações e apuros financeiros.

---

4   LANG, Paul Henry. *La experiencia de la ópera*: una introducción sencilla a la historia y literatura operística. Tradução de Juan Mion Toffolo. Madrid: Alianza, 2011, p. 137.

5   Citado por ANDRADE, Ayres de. *Francisco Manuel da Silva e seu tempo*: 1808-1965: uma fase do passado musical do Rio de Janeiro à luz de novos documentos. Rio de Janeiro: Tempo Brasileiro, 1967, T. I, p. 201.

88 Ana Beatriz Demarchi Barel e Wilma Peres Costa (orgs.)

Entre consagrações e apuros foi também a trajetória da ópera na corte imperial, entre 1844 e 1865, ano que parece ter significado o fechamento de um ciclo. Nos primeiros tempos, a ópera se mantivera graças a generosas subvenções governamentais, que financiavam as temporadas líricas estrangeiras. Desde 1859, porém, como relata Ayres de Andrade, "o Governo estava disposto a ceder o teatro a uma empresa idônea que o quisesse explorar, como até ali vinha sendo feito. Mas, em matéria de favores, era só".[6] Em 1865, nem isso. O país estava em guerra contra o Paraguai e o financiamento à ópera tornava-se insustentável. É o mesmo Machado de Assis quem observa:

> Em matéria de música devemos contentar-nos agora com o ruído da guerra e os gritos vitoriosos dos nossos bravos batalhões que lá defendem no sul a honra nacional ultrajada. Se o governo tivesse concedido o teatro lírico a uma empresa em semelhante situação, teria cometido simplesmente um escândalo. Repartir os dinheiros públicos entre os defensores do país e as gargantas mais ou menos afinadas dos rouxinois transatlânticos era uma coisa que nenhum governo se devia lembrar, e eu folgo muito de ver que este se não lembrou.[7]

O esforço de guerra parece ter tido uma compensação à altura: o triunfo d'*O Guarani* de Carlos Gomes no mesmo *alla* Scala de Milão, em 1870. O compositor campineiro foi o fruto maduro das sementes plantadas por aquela encenação da *Norma* em 1844. Mas falar d'*O Guarani* de Gomes sem mencionar Alencar seria injusto. Também o escritor cearense havia sido tocado pelos encantos da sacerdotisa gaulesa, a ponto de querer nacionalizá-la nessa figura mítica que é Iracema. Ao correr da pena de Alencar, a virgem filha do druida converte-se na virgem dos

---

6   *Ibid.*, T. II, p. 65.
7   Citado por ANDRADE, Ayres de. *Francisco Manuel da Silva e seu tempo:* 1808-1965: uma fase do passado musical do Rio de Janeiro à luz de novos documentos. Rio de Janeiro: Tempo Brasileiro, 1967, T. II, p. 73.

lábios de mel, filha do pajé; a enamoradíssima representante do povo gaulês sob ocupação romana cede a vez à encantadora índia conquistada pelo colonizador português; por sua vez, a expiação da traição com a morte da heroína no desfecho da trama é a mesma. Na versão original, Felice Romani, o libretista de Bellini, mataria Pollione na mesma pira em que faz arder a Norma. Decerto, Alencar não podia querer matar o que lhe parecia simbolizar a civilização nascente no Brasil, representada por Martim, que leva consigo o primeiro filho mestiço da terra. No Brasil, nada se copia, tudo se apropria...

A sedução das amplas melodias não atingiu apenas Machado e Alencar, esses dois ídolos das letras do oitocentos brasileiro. Tocou também a Emile Adet, francês radicado no Brasil e acolhido nas páginas da *Minerva Brasiliense*, "jornal de ciências, letras e artes publicado por uma associação de literatos", ou seja, pela famosa trinca responsável pela introdução do Romantismo literário no Brasil, Gonçalves de Magalhães, Torres Homem e Araújo Porto-Alegre, acrescidos do chileno Santiago Nunes Ribeiro e ainda Joaquim Norberto, Teixeira e Sousa e Joaquim Manuel de Macedo. A edição de fevereiro de 1844 traz a crítica de Emile Adet àquela primeira encenação da *Norma* no Brasil. O escrito dá-lhe oportunidade para se expandir em considerações sobre os poderes da música: "A música, esta arte que comove os homens dotados de organização especial, não é porventura uma língua da alma descida do céu?"[8] É um modo peculiar de sentir que se pode ler aí, nesse poetizar e romantizar o caráter fugidio, inefável, nada prosaico da linguagem musical. Se a música revela aos homens o divino, então é o compositor seu porta-voz, e cabe cultuá-lo e dignificá-lo por sua capacidade de expressar a condição humana e conectar a tensão melódica aos sentimentos de quem o escuta, numa identificação entre a sensibilidade fruidora e o artista-herói responsável pela criação da obra:

---

8   ADET, Emile. Belas Artes: representação da Norma. *Minerva Brasiliense*, Rio de Janeiro, n. 7, p. 218-220, 1º fev 1844. A citação corresponde à p. 218.

> E quem, ao ouvir a Norma, se já na vida sentiu alguma grande dor moral, algum desengano imenso, que tenha num ente que se julgava santo e puro depositado todas suas mais belas e santas esperanças, e que o tenha manchado os hálitos impuros do mundo, não achará nesta música todos os gritos da sua alma sofredora, todas as angústias que germinam no seio da humanidade! Onde achaste, pobre poeta, toda esta harmonia de dor que mana do seu coração?[9]

A trajetória de vida do poeta-compositor torna-se a chave para a compreensão da carga emotiva transmitida pela obra:

> Porque se é verdade, como o acreditamos, que não tem o homem senão a medida dos sofrimentos que pode exprimir, quanto não deve ter estado ulcerado o coração que suspirou a *Norma* todas as outras harmonias que se assemelham a lágrimas de dores soltas no meio de uma atmosfera abrasada em que tudo perece! Mas a pobre lira da qual se tiram acentos mui pungentes e queixosos quebra-se logo, e assim quebrou-se Bellini, talvez o gênio mais musical do século, opresso com os sofrimentos cruéis do ciúme e do amor! Sim, quebrou-se e morreu como todas as cousas belas, grandes e nobres, antes do termo ordinário, antes do tempo em que o deveria Deus fazer morrer.[10]

Os biógrafos atestam que Bellini terá sofrido realmente as dores de amor, mas não foram essas que o mataram tão precocemente, aos 34 anos de idade. Na verdade, o compositor morreu de uma infecção intestinal, mas os olhos que romantizam o mundo preferem transformar a feiúra da realidade em algo mais fantasioso e belo.

Mas nem só de fantasia viviam esses intelectuais românticos. Podiam, quando lhes convinha, calcar os pés no chão e formular projetos político-estéticos e reivindicar junto ao poder os meios de os re-

---

9   *Ibid*, p. 218.
10 *Ibid*, p. 218.

Cultura e Poder entre o Império e a República   *91*

alizar. O artigo de Emile Adet desdobra-se em pretexto para fazer ver às autoridades a necessidade da construção de um teatro específico e o apoio à encenação da ópera italiana, certamente tendo por referência o parisiense Théâtre Italien, que fora dirigido por Rossini.

> Ouçam pois as autoridades a nossa fraca voz na sombra, visto que todas as artes são irmãs; a pintura liga-se à poesia, como estas à música; e já possui a capital do Império uma academia das belas-artes, teatros em que há de progredir a arte dramática; resta agora para completar a obra o estabelecimento aqui de uma companhia para a música.[11]

É a busca da chamada *obra de arte integrada* que se lê aí, a grande aspiração Romântica em torno da ópera, perseguida por todo o século XIX. A justa reunião de todas as artes numa expressão totalizadora, em que num mesmo espetáculo dramático a arte poética no texto, a arte musical no canto e as artes visuais no cenário comparecessem de maneira orgânica e harmoniosa. Lê-se aí também uma aspiração local, a que levaria à criação da Imperial Academia de Música e Ópera Nacional em 1857. Nacional, eis a palavra-chave. O artigo termina por criticar o texto com que se cantou a *Norma* naquele janeiro de 1844. Não se trata evidentemente de crítica ao italiano original do libretista Romani, mas, fato pouco observado por quantos se debruçaram sobre o episódio, de uma versão *em português*, que Adet toma por excessivamente literal e inadequada, propondo que se tomasse outra, escrita em Portugal. De fato, anos depois, em 1858, já instalada, pôde a Ópera Nacional dar uma nova versão em português da *Norma*, desta vez com versos de Quintino Bocaiúva. Mesmo antes da Iracema de Alencar, portanto, já se queria nacionalizar a *Norma*, ao menos por força do idioma. *Ópera nacional* queria dizer sobretudo ópera cantada em português.

---

11 *Ibid*, p. 218.

A defesa de uma arte nacional acha-se claramente delineada em diversos escritos de Manuel de Araújo Porto-Alegre, um dos intelectuais de mais forte militância nessa direção. Em seu trabalho clássico sobre a música no Brasil oitocentista, Ayres de Andrade data o início do movimento pela ópera nacional em 1852, com a *Véspera dos Guararapes*, escrita pelo próprio Porto-Alegre.[12] O projeto malogrou e terminou rendendo apenas a apresentação em 1856 de uma *cena histórica*. O compositor era Gioacchino Giannini, italiano professor do Conservatório, o cantor era o tenor, também italiano, Enrico Tamberlick, recém chegado e logo convertido em ídolo dos diletantes, mas os versos foram ouvidos em português e abordavam um tema histórico, um episódio marcante da história colonial, com que se queria marcar o início da formação da nacionalidade pela integração das raças na expulsão do estrangeiro invasor. Da ópera, o tema da *Batalha dos Guararapes* terminaria migrando para a tela de Victor Meirelles, apresentada no polêmico Salão de 1879.

Não só a ópera nacional aproxima Porto-Alegre do artigo citado de Emile Adet. Também a comunicação entre as diferentes formas de expressão artística compõe suas convicções estéticas e orientarão suas ações, além de seus textos. Numa de suas primeiras manifestações, o artigo "Ideias sobre a música", publicado em 1836, no primeiro número da *Nitheroy, revista brasiliense*, já proclamava: "A música é para a sociedade o que a boa distribuição da luz é para um quadro, ambas dão vida e alma às coisas a que se aplicam".[13] E mais adiante: "Onde há língua, há poesia; onde há poesia, há música".[14]

Anos depois, em 1850, Porto-Alegre retoma o princípio de forma mais explícita, ao escrever a respeito da encenação de outro grande

---

12 Citado por ANDRADE, Ayres de. *Francisco Manuel da Silva e seu tempo*: 1808-1965: uma fase do passado musical do Rio de Janeiro à luz de novos documentos. Rio de Janeiro: Tempo Brasileiro, 1967, T. II, p. 83-86.

13 PORTO-ALEGRE, Manuel de Araújo. Ideias sobre a música. *Nitheroy*, Paris, T. I, n. 1, p. 160-182, 1836. A citação corresponde à p. 164.

14 *Ibid.*, p. 165.

Cultura e Poder entre o Império e a República

sucesso de Bellini, a ópera *I Puritani*: "as musas do poeta, do músico e do pintor formam a trindade do gênio na ópera italiana, cuja criação pertence à civilização moderna".[15] Trata-se do artigo "Cenografia", publicado no número inaugural da *Guanabara, revista artística, científica e literária*, que Porto-Alegre codirigiu com Gonçalves Dias e Joaquim Manuel de Macedo. A crítica à cenografia da encenação serve-lhe de pretexto para uma longa digressão a respeito da arte nacional, em que não se esquece de exaltar a atuação do Imperador:

> Abre-te, oh templo das harmonias, debaixo do céu benigno e fecundo deste Império (...).

> Na aurora da paz, debaixo da proteção de um príncipe artista, abraça-te com uma ideia salvadora, com uma ideia fecunda de porvir, de lustre, e de respeito: — nacionaliza-te, que a conquista é certa.[16]

A menção ao mecenato exercido pelo imperador abre espaço a uma reflexão e a uma crítica ao modo como habitualmente o tema é tratado, em referência a um suposto caráter oficialista e meramente ornamental das expressões artísticas, segundo o qual esses intelectuais agiriam como marionetes a serviço do poder pessoal do Imperador e da construção de um projeto exótico de Império nos trópicos. Em lugar de conceber a ação estatal e o próprio Estado imperial como um ente abstrato que paira acima dos sujeitos históricos, apenas sofrendo mecanicamente a *determinação em última instância* do sistema escravista, entendo ser necessário abrir os olhos para identificar tensões, divergências e distintas formas de expressão literárias, pictóricas e musicais dentro do mesmo projeto de representação do nacional. As análises realizadas no campo das artes visuais têm apontado para

---

15 PORTO-ALEGRE, Manuel de Araújo. Cenografia. *Guanabara*, Rio de Janeiro, T. I, p. 19-22, 1850. A citação corresponde à p. 19.

16 *Ibid.*, p. 20.

isso.[17] Uma abordagem mecanicista ou focada numa generalização ideológica abstrata não dá conta de identificar, analisar e tentar compreender os meandros e as sutilezas dos complexos processos da ação cultural que têm nos intelectuais-artistas protagonismo, antes que passividade ou pura obediência. Os ataques à escravidão por exemplo são presentes – e lá estão num artigo de Torres Homem publicado no primeiro número da *Nitheroy*. Também o reconhecimento do papel dos artistas negros, pintores, escultores e músicos, é uma marca nos escritos de Porto-Alegre. E, sobretudo, a reivindicação constante de que o Estado, o governo, as elites socioeconômicas se conscientizem das dificuldades de sobrevivência que muitas vezes afetam os artistas. Seguramente, trata-se das contradições e limitações resultantes de um contexto social que parece oscilar entre uma *sociedade de corte* e um mercado artístico em constituição.[18]

Em suma, o mecenato imperial pode ser melhor compreendido, se tratado como uma via de mão dupla e não como um monolito. Mas é óbvio que não se pode esperar desses intelectuais nenhum gesto revolucionário, nenhum radicalismo, e que suas ideias e ações estão circunscritas por um conservadorismo *tout court*, mas tratar a eles e

---

17 Para Rafael Cardoso, "dizer que a produção artística que partiu da Academia Imperial de Belas Artes serviu como sustentáculo do sistema imperial não é apenas evidente; chega a ser redundante e, depois da constatação inicial do fato, torna-se tão simplista como explicação que sua reiteração constante é prejudicial a qualquer leitura histórica mais densa." O autor aponta como erro recorrente a "insistência em tomar a Academia como uma entidade uniforme, homogênea em composição e unânime em suas aspirações". Ver CARDOSO, Rafael. Ressuscitando um velho cavalo de batalha: novas dimensões da pintura histórica do Segundo Reinado. *19&20*, Rio de Janeiro, v. II, n. 3, jul. 2007. Disponível em: <http://www.dezenove-vinte.net/criticas/rc_batalha.htm>. Acesso em: 26 jun. 2014.

18 Parece-me mais pertinente considerar esse jogo entre dependência e relativa autonomia a partir das noções de campo intelectual, campo artístico, campo de poder, segundo Bourdieu. Ver BOURDIEU, Pierre. Campo do poder, campo intelectual e *habitus* de classe. In: _____. *A economia das trocas simbólicas*. 2. ed. São Paulo: Perspectiva, 1987, p. 183-202.

Cultura e Poder entre o Império e a República 95

a suas ideias e ações como mero automatismo contribui muito pouco para a compreensão das diferentes representações, convergentes ou divergentes, entre um poema e um romance, entre uma ópera e uma tela, para não mencionar as polêmicas, os conflitos, os embates. Tome-se por exemplo a desconfiança com que Varnhagen vê a valorização do elemento indígena na poesia de Gonçalves Dias, que deveria nos prevenir contra qualquer suposição de que o indianismo seja uma marca oficial da representação nacional que se queria construir.[19] E que dizer da famosa polêmica que opôs as telas de Victor Meirelles e Pedro Américo no Salão de 1879?[20]

No plano das tensões sociais e políticas, percebem-se algumas insistentes pressões que se podem encontrar nos escritos desses intelectuais. Em suas já referidas "Ideias sobre a música", de 1836, Porto-Alegre toca na situação social do músico:

> Entre nós ama-se em delírio a Música, mas despreza-se de alguma maneira os músicos: os ricos trocam de bom grado o seu dinheiro pelas lições do artista, recebem-nos com prazer em seu interior, mas talvez se envergonhem de ser seus amigos; os nossos músicos estão longe do labéu de imoralidade, ao contrário, são bons pais de família, vivem em harmonia recíproca, têm uma caixa filantrópica, conservam toda a independência que podem; têm um só defeito, e grande para o artista, neste século, serem pobres![21]

---

19 Ver CEZAR, Temístocles. A retórica da nacionalidade de Varnhagen e o mundo antigo: o caso da origem dos tupis. In: GUIMARÃES, Manoel Luiz Salgado (Org.). *Estudos sobre a escrita da história*. Rio de Janeiro: 7 Letras, 2006. p. 29-41.

20 Ver PEREIRA, Walter Luiz. *Óleo sobre tela, olhos para a história*: memória e pintura histórica nas Exposições Gerais de Belas Artes do Brasil Império (1872 e 1879). Rio de Janeiro: 7 Letras, Faperj, 2013 e COLI, Jorge. *Como estudar a arte brasileira do século XIX?* São Paulo: SENAC, 2005.

21 PORTO-ALEGRE, Manuel de Araújo. Ideias sobre a música. *Nitheroy*, Paris, T. 1, n. 1, p. 160-182, 1836. A citação corresponde à p. 180.

Como não ver aí uma crítica explícita às limitações impostas ao artista por aquela conformação social que Norbert Elias chamou de *sociedade de corte?* o apelo de Porto-Alegre é digno de um Mozart infeliz na corte de Salzburg.[22] O texto foi escrito nos anos difíceis da Regência, mas o fato é que as queixas de 1836 ressoam na década de 1850, pelas páginas da *Guanabara*, quando já instalado o Segundo Reinado. Num artigo intitulado "Conservatório de Música", Joaquim Manuel de Macedo relembra os esforços dos músicos para "esconjurar a miséria do artista" e denuncia as dificuldades para sua efetiva institucionalização: "o Conservatório de Música Brasileiro não progride, nem pode progredir, se não for melhor auxiliado; a indiferença, que é mil vezes pior que a perseguição, está ali para congelá-lo".[23] A razão, segundo o escritor, seria a "indiferença desesperadora para tudo que não é comércio ou política".[24]

De forma análoga, Porto-Alegre, ao propor "Algumas Ideias sobre as Belas-Artes e a Indústria no Império do Brasil", série de artigos publicados na *Guanabara*, observa que "o Brasil não pode ainda dar que comer a pintores e escultores".[25] O intelectual parece oscilar entre provocar a consciência dos representantes das elites socioeconômicas, seus potenciais leitores, e apelar para a ação do Estado, para que fossem criadas oportunidades de trabalho, diante da inexistência de um mercado que canalizasse a produção artística. Neste último sentido, parece fundar uma lógica que se projetará até a atualidade, no entendimento de que o desenvolvimento das artes seja resultado da ação

---

22 Ver ELIAS, Norbert. *A sociedade de corte*: investigação sobre a sociologia da realeza e da aristocracia de corte. Tradução de André Telles. Rio de Janeiro: Jorge Zahar, 2001 e ELIAS, Norbert. *Mozart*: sociologia de um gênio. Rio de Janeiro: Jorge Zahar, 1991.

23 MACEDO, Joaquim Manuel de. Conservatório de Música. *Guanabara*, Rio de Janeiro, T. I, p. 166-170, 1850. A citação corresponde à p. 169.

24 *Ibid.*, p. 166.

25 PORTO-ALEGRE, Manuel de Araújo. Algumas Ideias sobre as Belas-Artes e a Indústria no Império do Brasil. *Guanabara*, Rio de Janeiro, T. I, p. 305-310, 1850. A citação corresponde à p. 308.

Cultura e Poder entre o Império e a República   97

estatal e não da sociedade civil. De fato, embora insista em denunciar o desinteresse pelas artes, Porto-Alegre não demonstra esperar muito dos outros âmbitos sociais e sua queixa recai novamente sobre as elites: "a época é a do egoísmo, a do eu; a do *retrato* somente".[26]

Em 1854, seria a vez de o cônego Fernandes Pinheiro recorrer igualmente às páginas da *Guanabara*, para queixar-se do indiferentismo pelas questões literárias, observando que "ninguém vive entre nós de ser homem de letras" e que "a acumulação de empregos, indispensável entre nós em razão dos nossos mesquinhos ordenados, absorve-nos o tempo que poderíamos dedicar ao estudo, e daí a esterilidade de algumas penas que poderiam ser tão fecundas".[27] Na sequência, lembrava que a própria revista apenas sobrevivia "graças a uma Alta e Generosa Proteção".[28]

De forma semelhante, Porto-Alegre havia saudado a ação efetiva do imperador, ao apoiar o Instituto Histórico e Geográfico Brasileiro:

> Ao literato já não pertence essa existência secundária na ordem social, essa vida de um crepúsculo que só depois da morte se devia engrandecer: os serviços intelectuais do ministério das ideias foram nivelados com os outros elementos civilizadores, e a sua glória igualada à do general, do magistrado, do

---

26 *Ibid.*, p. 310. A queixa de Porto-Alegre ressoaria em 1875 no relatório do diretor da Academia Imperial de Belas Artes, Antônio Nicolau Tolentino: "as exposições desta Academia são sempre abundantes de retratos, os quadros de paisagens são poucos, e raríssimos os quadros históricos, e outros gêneros da produção das belas-artes. A razão deste fenômeno é intuitiva, os artistas em geral são pobres, trabalham para viver, e o retrato é quase o único gênero procurado entre nós, não só porque é o de mais fácil compreensão, como também por ser o que melhor nos satisfaz a vaidade, ou mitiga as saudades do coração." Citado por PEREIRA, Walter Luiz. *Óleo sobre tela, olhos para a história.* p. 48.

27 PINHEIRO, Joaquim Caetano Fernandes. Retrospecto Literário. *Guanabara*, Rio de Janeiro, T. II, p. 429-431, 1854. A citação corresponde à p. 429.

28 *Ibid*, p. 429.

98 Ana Beatriz Demarchi Barel e Wilma Peres Costa (orgs.)

estadista; os elos da cadeia civilizadora acham-se entrelaçados fraternalmente, e caminhando para a mesma direção.[29]

Quando leio os reiterados elogios que Porto-Alegre dirige ao Imperador, não enxergo aí simplesmente o reflexo de um automatismo oficialista e áulico, mas uma estratégia de ação política que se apoia no próprio Poder Moderador e no caráter ilustrado do chefe de Estado, numa tentativa, evidentemente que muitas vezes vã, de o pressionar quanto a um apoio mais efetivo e orgânico às instituições culturais. Não seriam esses elogios uma forma de o intelectual chamar a atenção do Imperador para seus deveres em relação à produção artístico-intelectual? Há um elo que une forçosamente exaltação e cobrança. Na trajetória específica de Porto-Alegre, que observo mais de perto, está implícito um desejo de que a Academia Imperial das Belas-Artes recebesse o mesmo tratamento privilegiado que recebia o IHGB, que contava com apoio financeiro permanente, a cessão de um espaço físico nas dependências do Paço Imperial e a presença do imperador em tantas de suas sessões.[30] Vale lembrar que o próprio IHGB resulta de uma iniciativa dos intelectuais encampada pelo Estado e não o oposto. Mas, como observa Letícia Squeff, em seu estudo sobre Porto-Alegre, suas expectativas terminavam frustradas, porque "apesar da fama de mecenas e de grande incentivador das atividades culturais no Império, dom Pedro fez muito pouco pela AIBA".[31]

---

29 PORTO-ALEGRE, Manuel de Araújo. Instituto Histórico e Geográfico Brasileiro: sessão do dia 15 de dezembro. *Guanabara*, Rio de Janeiro, T. I, p. 64-68, 1850. A citação corresponde à p. 66.

30 Ver GUIMARÃES, Manoel Luiz Salgado. Nação e civilização nos trópicos: o Instituto Histórico e Geográfico Brasileiro e o projeto de uma história nacional. *Estudos Históricos*, Rio de Janeiro, n. 1, p. 5-27, 1988, e SCHWARCZ, Lília Moritz. *As barbas do imperador*: D. Pedro II, um monarca dos trópicos. 2. ed. São Paulo: Companhia das Letras, 1999.

31 SQUEFF, Letícia. *O Brasil nas letras de um pintor*: Manuel de Araújo Porto Alegre: 1806-1879. Campinas: Unicamp, 2004, p. 191.

Num manuscrito conservado pelo IHGB, Porto-Alegre faz considerações sobre a reforma da Academia, por ele conduzida na década de 1850:

> Quando em 1853, fui chamado para reformar os estatutos da Academia de Belas Artes do Rio de Janeiro, fiz com que a ela se unisse o Conservatório de Música (...) para engrandecê-la e com a ideia de mais tarde adicionar-lhe um pequeno Conservatório Dramático.[32]

A reunião do Conservatório à Academia prometia resolver os problemas financeiros com que o primeiro se debatia desde sua criação e que já haviam sido denunciados no artigo de Joaquim Manuel de Macedo.[33] Ao mesmo tempo, obedecia àquela concepção de unificação das artes, a que a ópera era chamada a realizar. Em 1857, a Academia Imperial de Música e Ópera Nacional seria criada, mas não iria muito longe. Extinta em 1860, cederia a vez a uma Ópera Lírica Nacional, controlada pelo mesmo empresário que a presidira. Esta nova instituição faria as famosas estreias das primeiras óperas de Carlos Gomes e daquela que foi considerada a primeira encenação de uma ópera genuinamente brasileira, *A Noite de S. João*, com libreto de José de Alencar e música de Elias Álvares Lobo. A nova companhia também duraria pouco e em 1863 seria fundida a uma companhia italiana, passando a chamar-se Ópera Nacional e Italiana, fato por si revelador das dificuldades para se levar adiante o projeto.[34]

---

32 PORTO-ALEGRE, Manuel de Araújo. Comentários sobre a ópera e o teatro nacional e sobre sua atuação como diretor da Academia de Belas Artes. Texto manuscrito s.d. IHGB, Lata 653, pasta 16.

33 Sobre o Conservatório, ver AUGUSTO, Antonio José. *A questão Cavalier*: música e sociedade no Império e na República: 1846-1914. Rio de Janeiro: Folha Seca Funarte, 2010.

34 Ver ANDRADE, Ayres de. *Francisco Manuel da Silva e seu tempo*. T. II. p. 83-109.

As iniciativas de Porto-Alegre seriam alvo de incompreensão – e ele mesmo se queixa disso em manuscritos que o IHGB retém, fazendo severas críticas ao Marquês de Olinda, chefe de governo a quem apresentaria sua demissão do cargo de Diretor da AIBA, já em 1857. Com os anos, a própria reunião do Conservatório à Academia seria posta sob suspeição e a separação seria uma das primeiras medidas do governo provisório da República. Diga-se de passagem, a incompreensão da proposta é tamanha entre os músicos e musicólogos que se chega a afirmar ingenuamente que o Conservatório, ao contrário da Academia, não era alvo das atenções do Imperador por não ostentar o título de *Imperial*, esquecendo-se de que, sendo uma seção da Academia Imperial, ficava subentendido o título.

Mas o que gostaria de salientar nesta passagem desse trabalho é justamente a possibilidade de superar esse alheamento, que tende a isolar a música das outras práticas artísticas e sociais, propondo-se uma abordagem que a situe no contexto mais geral das ideias e das sensibilidades, aproximando-a da literatura e das artes visuais. O próprio interesse dos três autores comentados – Emile Adet, Porto-Alegre e Joaquim Manuel de Macedo –, nenhum dos quais especializado em música, demonstra o interesse pelas questões musicais em geral e pelo drama musical em particular e o enraizamento do debate em torno da música no debate mais geral sobre as artes. Música e drama integradas como belas artes era o entendimento proposto pela reforma de Porto-Alegre. E daí, chego ao que me parece ser o aspecto mais relevante dessas minhas ideias sobre a música no mecenato imperial: a possibilidade de traçar, como estratégia metodológica, uma analogia entre essas três formas de expressão artística, a literatura, a música e a pintura.

Foi a revisão da bibliografia sobre artes visuais no Segundo Reinado que me abriu os olhos para essa nova possibilidade. Os estudos sobre a pintura produzidos nas últimas décadas têm renovado o interesse pelas obras realizadas naquele contexto e o têm feito de forma esclarecedora, ao penetrar na análise concreta de exemplos significativos, fugindo às generalizações e abstrações de caráter puramente

Cultura e Poder entre o Império e a República   *101*

ideológico. O foco dessas análises tem sido o de revisitar exatamente a expressão privilegiada de uma pintura *oficial* no Segundo Reinado, que sempre serviu à correlação entre o resultado artístico e as motivações de um projeto imperial de afirmação nacional. Refiro-me à pintura histórica, entendida como um tipo dotado de especificidades, tal como se apresenta sobretudo nos dois grandes nomes ligados à Academia e cujas obras alcançariam enorme ressonância na construção de um imaginário nacional: Victor Meirelles e Pedro Américo.

Segundo Letícia Squeff, uma das marcas da reforma empreendida por Araújo Porto-Alegre na seção de pintura da Academia foi a valorização da pintura de paisagem e da pintura histórica que "deviam conformar, juntas, a autoimagem do Império".[35] Sem dúvida, uma proposta coerente com aquela crítica ao interesse exclusivo das elites pelo retrato como afirmação vaidosa e de baixo compromisso estético. No entendimento da autora, o Diretor tinha "uma concepção propriamente histórica do fazer artístico", que lhe permitiu delinear, "mesmo que de modo fragmentado, uma definição bastante precisa de arte 'brasileira'. Para ele, era o tema que determinava a produção de uma arte nacional, não o estilo artístico".[36] Assim, estilos, escolas e artistas do passado podiam conformar uma tradição nacional superposta à diversidade que os caracterizava. Esse era o sentido da recuperação, proposta por Porto-Alegre, de nomes como o mestre Valentim e também o padre José Maurício Nunes Garcia. A ênfase a esse aspecto histórico e, em particular, no caso da pintura, ao gênero de pintura histórica, trazia em seu escopo o apelo a uma forma artística de caráter monumental, no sentido que Jacques Le Goff atribui à noção, isto é, como herança do passado, parte da fixação de uma memória.[37]

---

35   SQUEFF, Letícia. *O Brasil nas letras de um pintor*: Manuel de Araújo Porto-Alegre: 1806-1879. Campinas: Unicamp, 2004, p. 220.

36   *Ibid.*, p. 221.

37   LE GOFF, Jacques. *História e memória*. Campinas, SP: Unicamp, 1990. p. 535ss. O historiador francês tem como objetivo as tarefas de uma história da história, observando que não só a produção histórica profissional deve

102 Ana Beatriz Demarchi Barel e Wilma Peres Costa (orgs.)

Nada mais pertinente, levando-se em conta aquele momento de constituição dos estudos históricos no Brasil, na esteira da ação dos intelectuais reunidos em torno do IHGB. Ao sinalizar a importância do desenvolvimento da pintura histórica na Academia, Porto-Alegre cumpria um programa duplamente pedagógico e político. No plano político, pela possibilidade de se construir uma poderosa representação visual do passado histórico nacional, convertido assim em memória. Ainda que se identifiquem fracassos na trajetória de Porto-Alegre em impor seus pontos de vista, há que se reconhecer a transcendência lograda com a enorme projeção dos dois pintores já referidos, Victor Meirelles e Pedro Américo, dois egressos da Academia e a ela incorporados, que contaram com o apoio veemente e constante do professor, e principais artífices dessa construção imagética da nação. E no plano pedagógico, pela amplitude e complexidade daquele gênero de pintura, que permitia fundir na mesma obra diversas técnicas e formas de trabalho, como o retrato e a paisagem. A pintura histórica como uma grande forma, a reunião de obras menores, portanto, é salientada por Jorge Coli: "gênero então considerado como hierarquicamente superior aos outros – retrato, natureza morta, paisagem – porque os engloba todos, numa articulação complexa, imposta pelo princípio de narração, e arduamente obtida".[38] Em acréscimo, ao comentar um estudo de personagem para *A Batalha do Avaí* (1875), de Pedro Américo, Elaine Dias observa a grande quantidade de personagens na tela e que "muitos deles mereceram um cuidado isolado do artista – algo típico

---

ser considerada, "mas um conjunto de fenômenos que constituem a cultura histórica, ou melhor, a mentalidade histórica de uma época" (*Ibid.*, p. 48). Por cultura histórica, entende "o tipo de relação que as sociedades históricas mantiveram com o seu passado" (*Ibid.*, p. 22), acrescentando que "o estudo da literatura e da arte pode ser esclarecedor sobre este ponto" (*Ibid.*, p. 48).

38 COLI, Jorge. *Como estudar a arte brasileira do século XIX?* São Paulo: SENAC, 2005, p. 15.

da grande pintura de história, na qual cada cena e figura recebem um tratamento de obra acabada".[39]

Ao discutir o gênero e sua prática no Brasil oitocentista, Jorge Coli refuta as acusações de imitação, academicismo e passadismo com que a geração modernista cunhou os representantes da Academia:

> Assim, a inovação e a especificidade do fazer não eram tidos, naqueles tempos, como valores tão fundamentais como para o público de hoje. O que importava era dar conta de um programa ambicioso: menos contava a novidade individual do que a felicidade em vencer os escolhos inerentes ao projeto. Nesse contexto, a citação e a referência ao passado não são, de modo algum, pastichos originados pela falta de imaginação, mas um modo de mostrar como aquele elemento preexistente ressurge numa outra interrelação.[40]

Domínio técnico, erudição, intertextualidade, portanto, e não falta de originalidade, seriam as marcas dessas obras. O resultado são obras vigorosas, dotadas de forte monumentalidade e espetacularidade, absolutamente comprometidas com uma dimensão pública da arte. Essa dimensão pública é ressaltada de outro modo por Sônia Pereira, ao identificar princípios Românticos na *Primeira Missa* de Victor Meirelles, como "a dinamização da narrativa e a maior aproximação com o espectador".[41] Esta é obtida pelo "deslocamento do tema principal para um dos lados da composição, a distribuição irregular entre massas e vazios, o apelo maior ao público, que se incorpora à cena, acompanhando os índios colocados de costas no primeiro plano".[42] Ao

---

39 DIAS, Elaine. *Pedro Américo*. São Paulo: Folha de S. Paulo: Instituto Itaú Cultural, 2013, p. 50.

40 COLI, Jorge, *Como estudar a arte brasileira do século XIX?* São Paulo: SENAC, 2005, p. 15.

41 PEREIRA, Sonia Gomes. *Arte brasileira no século XIX*. Belo Horizonte: C/Arte, 2008, p. 35.

42 *Ibid.*, p. 35.

104   Ana Beatriz Demarchi Barel e Wilma Peres Costa (orgs.)

comentar outras obras, particularmente as cenas de batalha pintadas por Victor Meirelles e Pedro Américo, a autora salienta ainda que uma mesma motivação, a encomenda oficial com clara intenção de representação política, podia resultar em obras de características absolutamente distintas, revelando a complexidade do fazer artístico que as abordagens generalistas tradicionais não foram capazes de alcançar e compreender.

Por sua vez, e também rebatendo a desqualificação de que foi alvo esse tipo de realização artística, Rafael Cardoso busca a compreensão de seu sentido na própria época e vê na pintura histórica "uma instância privilegiada de representação" no século XIX, não só pela tentativa de a tratar como "manifestação da identidade de uma nação e do nível de civilização de um povo", mas também por ser "o objeto artístico preferido das elites urbanas, que encontravam nela a satisfação das suas aspirações às formas da cultura aristocrática, mas de maneira mais adequada ao seu estilo de vida cada vez menos senhorial".[43]

No meu entender, não seria despropositado estabelecer uma correlação entre a pintura histórica e outros dois tipos de objeto artístico de grande aceitação entre as elites urbanas do século XIX, que também podiam servir ao propósito de representação nacional apelando à historicidade na escolha temática, que implicavam aquisição e experimentação da técnica e manipulação de formas complexas e que estavam igual e absolutamente comprometidas com a narrativa: o romance e a ópera. Ao analisar o impacto das narrativas de viagem sobre a construção do narrador na ficção brasileira do século XIX, Flora Süssekind já antecipa essa possível interrelação entre as diferentes linguagens e formas expressivas, apontando inclusive conexões en-

---

43   CARDOSO, Rafael. Ressuscitando um velho cavalo de batalha: novas dimensões da pintura histórica do Segundo Reinado. 19&20, Rio de Janeiro, v. II, n. 3, jul. 2007. Disponível em: <http://dezenove-vinte.net/critica/rc_batalha.htm>. Acesso em: 26 jun. 2014. A citação corresponde à p. 6.

Cultura e Poder entre o Império e a República   *105*

tre a escrita e a pintura de paisagem.[44] É a mesma autora que lembra o caráter histórico do romance em contraposição ao apelo à atualidade, como marca da novela. *Iracema, O Guarani, As Minas de Prata* são romances, enquanto *Lucíola, Diva* e *Senhora*, são novelas.

Quanto ao teatro lírico, embora a ópera italiana de princípios do século XIX, a exemplo da citada *Norma* de Bellini, já aborde temas históricos, de preferência aos mitológicos que haviam fornecido libretos à ópera barroca, caberá sobretudo à *grand opéra* francesa desenvolver essa marca específica. Trata-se de um novo gosto e novos valores, mais afeitos à sociedade burguesa, desenvolvidos especialmente na década de 1830. Mesmo avançando pela segunda metade do século, a *grand opéra* corresponde exatamente às aspirações da Monarquia de Julho, situada entre as revoluções de 1830 e 1848. Sua complexidade e sua monumentalidade, bem como a superposição de estilos e elementos diversos, são excessos típicos de um gosto que correspondia à própria consciência burguesa de progresso e domínio técnico.[45] Nesse gênero de ópera dá-se algo muito semelhante ao que se passa com a pintura histórica, quando esta incorpora o retrato individualizado, a natureza morta e a paisagem, e apoia-se na tradição técnica fortemente consolidada do desenho e do estudo da anatomia, do escorço, do panejamento, além do manejo da cor e da perspectiva. De forma análoga, a *grand opéra* absorve toda a experiência musical à sua volta: o manejo das pequenas formas contidas nas árias, cavatinas, romanças, baladas; o emprego dos recitativos acompanhados para as cenas; o recurso aos concertantes como números de peso em situações de força dramática; as fortes intervenções corais, representando a entrada do povo, em contraste com os números privados e intimistas, de caráter passional; o domínio da escrita vocal e dos contrastes harmônicos; o recurso a

---

44   Ver SÜSSEKIND, Flora. *O Brasil não é longe daqui*: o narrador, a viagem. São Paulo: Companhia das Letras, 1990.
45   Ver MICHELS, Ulrich. *Atlas de música*. T. II: parte histórica: del barroco hasta hoy. Tradução espanhola de Rafael Banús. Madri: Alianza, 1992, p. 447.

uma grande orquestra com forte detalhamento timbrístico na instrumentação; e a inclusão de bailados, conforme o gosto francês. Some-se aos elementos musicais, o apuro na confecção dos cenários e o recurso aos mais variados efeitos cênicos e a inclusão de uma quantidade enorme de figurantes. Todos esses elementos, conjugados, asseguram o mesmo caráter de monumentalidade e espetacularidade que se observa nas grandes pinturas históricas. E todos, até o bailado, podem ser encontrados n'*O Guarani* de Carlos Gomes, estreado em 1870 e adotando a mesma monumentalidade da *Africana* de Meyerbeer, por exemplo, que estreara em Paris, em 1865, e ganharia uma encenação no Rio de Janeiro em 1870.

O flerte de Carlos Gomes com o gênero francês pode ser, aliás, uma das razões para o enorme sucesso alcançado em Milão. O brasileiro soube se apropriar do caráter impactante das produções francesas, apresentando-se como novidade na cena lírica, algo saturada, da Itália. Não é à toa que um ano depois, 1871, Verdi repetiria a fórmula e o sucesso, com *Aída*. Um tema histórico, uma referência cultural exótica, um bailado. Lê-se no *Dicionário Grove de Música* que as óperas concebidas conforme o gênero da *grand opéra* "tratavam de relacionamentos passionais contra um pano de fundo de conflitos de povos, classes ou religiões, e envolviam encenações espetaculares".[46] Fórmula de sucesso que tocava fundo a sensibilidade burguesa oitocentista. "Relacionamentos passionais contra um pano de fundo de conflitos de povos, classes ou religiões", acaso não é precisamente esta a fórmula d'*O Guarani* desde o original de Alencar?

A referência a Giacomo Meyerbeer não é gratuita. Sua associação com o libretista Eugène Scribe rendeu os maiores sucessos de público e as maiores bilheterias do século XIX, que o elevaram à condição de um dos compositores mais bem pagos do século. Tanto Verdi quanto Wagner censuraram o caráter comercial da ópera francesa, mas um

---

46 SADIE, Stanley (ed.). *Dicionário Grove de música*: edição concisa. Tradução de Eduardo Francisco Alves. Rio de Janeiro: Jorge Zahar, 1994, p. 384.

Cultura e Poder entre o Império e a República 107

curioso testemunho de época revela algo além do mero tino comercial: a capacidade de Meyerbeer em expressar os novos valores políticos em conformidade com a sensibilidade burguesa, que se impõe sobre os antigos valores aristocráticos da tradição operística. Assim, é Heinrich Heine, o poeta alemão radicado em Paris, quem aproxima Rossini à Restauração e Meyerbeer à Monarquia de Julho: "em Rossini predomina a melodia, que exprime sempre uma sensibilidade individual. Em Meyerbeer ao contrário predomina a harmonia (...) a música de Meyerbeer é mais social que individual".[47] Ele seria portanto o porta-voz de uma era burguesa, em que os auditórios numerosos se impunham sobre um passado de salões aristocráticos e teatros de corte.

Stéphane Goldet chama o estilo de Meyerbeer de "monumentalismo expressivo" e observa sua preocupação com a "cor local", "estudando minuciosamente o contexto histórico e cultural de cada nova obra que compunha".[48] Nota-se aí, portanto, atitude idêntica à adotada pelos pintores de telas históricas, que se dirigiam ao local em busca de veracidade na representação da paisagem ou à de um romancista como Alencar que leu os estudos produzidos sobre os indígenas do Brasil, para criar Iracema e Peri. Também Carlos Gomes preocupou-se em trazer à cena, diretamente do Brasil, instrumentos indígenas para a estreia d'*O Guarani*, para dar mais veracidade à representação.

Caberia aqui mais uma aproximação aos contornos da pintura histórica. Para Rafael Cardoso, a representação de fatos históricos, com precisão ou verossimilhança, dava-se sempre sob uma perspectiva idealizada, para que a imagem transmitisse não apenas o evento, mas suas implicações morais.[49] Já em 1836, ao formular suas "Ideias sobre

---

47 Citado por CLAUDON, Francis. *La musique des romantiques*. Paris: PUF, 1992, p. 45.

48 LANG, Paul Henry. Ópera francesa. In: _____. *La experiencia de la ópera*: una introducción sencilla a la historia y literatura operística. Tradução de Juan Mian Toffolo. Madrid: Alianza, 2011, p. 195-223.

49 CARDOSO, Rafael. Ressuscitando um velho cavalo de batalha: novas dimensões da pintura histórica do Segundo Reinado. 19&20, Rio de Janei-

108   Ana Beatriz Demarchi Barel e Wilma Peres Costa (orgs.)

a música", Porto-Alegre chamara a atenção para a necessidade de se atentar para o caráter moral, civilizador, da música. Fundamentando-se na crítica de Rousseau à decadência dos costumes, via no próprio comportamento do público da ópera os indícios da corrupção moral e da necessidade de uma regeneração:

> O homem degenerado, o Peralta, vai ao teatro, e passa a noite inteira a compor os bicos do colarinho, fazendo momices para todo o mundo, e lá de vez em quando solta um bravo, quando um gorjeio, ou sutil floreio escapa à Prima Dona, e que a plateia responde por uma trovoada de palmas, enquanto efeitos divinos de harmonia passaram pelo alto da indiferença.

> O retrato icônico de uma sociedade corrupta é a moda; o delírio, a extravagância passeiam nas salas dos bailes personificados na casaca ou toucado; e o pior é que os homens sensatos estão sujeitos a esta lei, para não desatarem o riso do estúpido casquilho, ou da senhora de bom tom, que separados da sociedade humana, da sociedade intelectual, só prestam obediência à autoridade do cabeleireiro, alfaiate, ou modista.[50]

Anos depois, relembrando o fracasso da experiência da ópera nacional, Porto-Alegre comentaria com preocupação o crescimento dos gêneros de teatro musicado de vertente cômica ou ligeira. De fato, o fim da subvenção imperial, motivado pelas circunstâncias da guerra abriram espaço ao desenvolvimento dos gêneros comerciais, que podiam dispensar os favores oficiais e sustentar-se diretamente pelas bilheterias. Este tipo de espetáculo já estava presente na cena fluminense desde 1859, com a inauguração do Alcazar, mas ganharia reforço no ano de 1865, com o estrondoso sucesso do *Orphée aux Enfers*,

---

ro, v. II, n. 3, jul. 2007. Disponível em: <http://dezenove-vinte.net/critica/rc_batalha.htm>. Acesso em: 26 jun. 2014. A citação corresponde à p. 13.

50 PORTO-ALEGRE, Manuel de Araújo. Ideias sobre a música. *Nitheroy*, Paris, T. 1, n. 1, p. 160-182, 1836. A citação corresponde à p. 176.

de Jacques Offenbach. Mesmo na Europa, a comédia musical era a contraface do teatro lírico sério que os modelos da ópera, italiana ou francesa, representava. O grande marco era precisamente a versão cômica do mito de Orfeu que vinha subverter a própria narrativa mítica que servira à invenção da ópera com o *Orfeo* de Monteverdi, em 1607, e retornaria à cena em tantas outras recriações. Para Porto-Alegre, no Alcazar, o teatro dedicado a essas encenações no Rio de Janeiro, "estão fazendo a nossa perdição".[51] Comentando o impacto a seu ver negativo de Offenbach sobre a moral pública francesa, lamenta a "desmoralização do mundo", para a qual contribuiu a França: "que diferença para quem te viu em 1831 e 1867!" E determina taxativo que "onde há seriedade, não há riso; e onde só há riso, há desordem".[52] Mas é a situação brasileira que o preocupa:

> O teatro foi um dos maiores elementos de dissolução na França. Atacou a moral com o Romântico, divinizou a devassidão com o Realista e solapou a monarquia com os bufos de Offenbach! Plantada a desavença, foi-se a seriedade, veio a gargalhada, e com ela a desordem, a anarquia, a derrota, a loucura e a destruição. Brasileiros, mirai-vos neste espelho.[53]

Estavam pautadas aí as linhas do debate em torno do teatro musical nacional que renderiam sonoras polêmicas nos primórdios da República.[54]

---

51 PORTO-ALEGRE, Manuel de Araújo. Comentários sobre a ópera e o teatro nacional e sobre sua atuação como diretor da Academia de Belas Artes. Texto manuscrito s.d. IHGB, Lata 653, pasta 16, p. 3.

52 PORTO-ALEGRE, Manuel de Araújo. Apontamentos sobre a Academia de Belas Artes e sobre a criação de um Teatro Nacional de Ópera. Texto manuscrito s.d. IHGB, Lata 654, pasta 8, p. 3 verso.

53 PORTO-ALEGRE, Manuel de Araújo. Comentários sobre a ópera e o teatro nacional. p. 3.

54 Ver LOPES, Antonio Herculano. Da tirana ao maxixe: a "decadência" do teatro nacional. In: LOPES, Antonio Herculano et al. *Música e história no*

De alguma forma, esses discursos ainda parecem impressionar a produção musicológica atual do Brasil. Os estudos sobre a música no Segundo Reinado ainda se ressentem dos preconceitos formulados pela crítica Modernista e populista, mantendo-se presos à falseadora dicotomia *erudito-popular*, que os levam a rotular de elitista a produção chamada de *erudita*. Observo muito mais complementaridade do que contraposição entre esses dois *pólos*. Uma partitura de lundu para piano não é menos *erudita* do que uma valsa de Chopin. Ambas apoiam-se na grafia e no escopo formal e técnico da tradição europeia, estilizam a dança já existente, são objetos de finalidade menos estética que comercial e destinam-se ao entretenimento de salão. O lundu para piano tocado nos salões do Segundo Reinado não passa de uma versão erudita do lundu tal como praticado pelos escravos ou negros livres. E assim também um tango ou um maxixe. Da mesma forma, compondo um mesmo sistema cultural, é complementar a relação entre as obras de caráter público e monumental e aquelas destinadas ao consumo doméstico, privado. Se a projeção do pintor de história lhe rende encomendas para simples retratos, o sucesso de uma ópera rendia a comercialização de canções.

Por outro lado, a dicotomia que se apresentava na época era entre o *sério* e o *ligeiro*, ou seja, entre as aspirações de elevação moral e ação civilizadora da ópera e o entretenimento descompromissado da comédia musical. Mas mesmo aí talvez se devesse falar mais de complementaridade do que de dicotomia, na medida em que são duas facetas distintas de um mesmo princípio integrador que visa a articular texto, música e cenografia na mesma ação dramática. E há que considerar ainda que a visão moral, elevada, civilizadora, só subsiste para alguns compositores e intelectuais, como Araújo Porto-Alegre, e está longe de ser hegemônica. Em boa parte, a produção operística do século XIX, na Europa e no Brasil, não passava de entretenimento

---

longo século XIX. Rio de Janeiro: Fundação Casa de Rui Barbosa, 2011, p. 239-261.

Cultura e Poder entre o Império e a República   *111*

ilustrado. Era, antes de tudo, entretenimento. Não é exatamente isso que a idolatria em torno das *divas* do *bel canto* sugere?

Seguir as ideias sobre a música, tal como expressas nos escritos de Araújo Porto-Alegre e de outros intelectuais que compartilhavam um ideal civilizador para a produção artística feita no Brasil, me proporcionou expor as *minhas* próprias ideias sobre a música e o mecenato imperial, tal como pude desenvolver nestas páginas. Em primeiro lugar, a possibilidade de evidenciar tensões num projeto de aparência uniforme e coeso. Há uma grande distância entre as aspirações dos artistas-intelectuais e os limites que os constrangiam no seio de uma sociedade permeada por contradições sociais e políticas. A ausência de um mercado de bens artísticos dava-lhes a consciência de dependerem da ação estatal para assegurarem sobrevivência e inserção na vida social. Entretanto, muitas obras foram realizadas, dentre romances, telas e composições dramático-musicais, e nelas estão internalizadas muitas dessas convicções e limitações. É o resultado que permite avaliar a consecução de um projeto e não o contrário. E ainda, fugindo às simplificações que isolam os diferentes termos de um mesmo todo complexo, procurei articular possíveis relações de complementaridade e convergência entre as diversas manifestações artísticas. Romper o confinamento a que muitas vezes é posta a música nas abordagens convencionais constitui um programa ainda a construir no esforço por uma melhor compreensão das obras. Daí, o reconhecimento do papel destacado que teve Araújo Porto-Alegre, na difusão de representações em torno da música e das interfaces desta tanto com as demais expressões artísticas quanto com o projeto mais amplo de fixação de uma *arte nacional*. Sem querer hiperdimensionar o papel do indivíduo, o destaque para sua figura se deveu a seu papel sintetizador de importantes tendências em discussão: a defesa de uma concepção do artista como detentor de uma missão civilizadora; a tensão entre a dependência ao mecenato imperial e as aspirações por maior autonomia do campo artístico; sua peculiar capacidade de articulação das diversas esferas do movimento intelectual nas instituições em que atuou, com ênfase para as articulações entre música e artes visuais, música e drama, música e memória histórica.

Taunay, Taunays: territórios, imaginários e escrita da nação

Wilma Peres Costa[1]

> *Me voici donc seul sur la terre, n'ayant plus de frère, de prochain, d'ami, de société que moi--même. Le plus sociable et le plus aimant des humains en a été proscrit par un accord unanime. (...). Les voilà donc étrangers, inconnus, nuls enfin pour moi puisqu'ils l'ont voulu. Mais moi, détaché d'eux et de tout, que suis-je moi-même?*
>
> J. J. Rousseau, *Les rêveries du promeneur solitaire*, Paris: Editions de la Seine, 2005, p. 10.

> *D'où vient cette joie profonde qu'on éprouve à gravir les hauts sommets? D'abord c'est une grande volupté physique de respirer un air frais et vif qui n'est point vicié par les impures émanations des plaines. L'on se sent comme renouvelé en goûtant cette atmospnère de vie; à mesure qu'on s'élève, l'air devient plus léger; on aspire à*

---

[1] Essa pesquisa bem sendo financiada por Bolsa de Produtividade do CNPq.

plus longs traits pour s'emplir les poumons, la
poitrine se gonfle, les muscles se tendent, la gaîté
entre dans l'âme. Et puis on est devenu maître de
soi-même et responsable de sa propre vie.

Elisée Reclus, Du Sentiment de la nature chez
las sociétés modernes, in *Revue des Deux*
Mondes, 1866, tomo LXIII p. 354.

Introdução

Procuramos aqui refletir sobre a relação dos intelectuais com a construção da identidade nacional a partir de um autor – Alfredo d'Escragnolle Taunay (1843-1899) que traduziu essa complexa relação em múltiplas formas de escrita e de ação política. Nosso ponto de partida foi uma pequena e despretensiosa crônica escrita no zênite de sua carreira literária e política, momento em que ascendia à posição de Senador do Império (1886-89), depois de um trabalho profícuo na presidência da província do Paraná (1885-86). Os pequenos excertos que colocamos em epígrafe buscam estabelecer alguns referenciais possíveis para pensar a interlocução de Alfredo Taunay, tendo em conta que são autores que trabalharam de forma intensa esse tema fundante do pensamento e da escrita no século XIX – o sentimento da natureza – e que ambos faziam parte de seu repertório, o primeiro, como componente importante de sua formação e o segundo como personagem de seu diálogo com os contemporâneos. Menos do que procurar semelhanças, esses autores nos ajudaram a esboçar o modo particular como esse sentimento se expressa em Alfredo Taunay, a partir de um repertório compartilhado, mas vivenciado de modo específico, vale dizer, histórico. O texto se compõe de duas partes. Na primeira, enfrento brevemente a questão do pertencimento desse autor a uma linhagem cultural europeia, procurando ressaltar como esse patrimônio foi incorporado através de uma matriz familiar marcada, no Brasil, pelo "serviço do Estado" moldando um projeto que articula

Cultura e Poder entre o Império e a República *115*

memoria familiar e identidade nacional. Na segunda, procuro sublinhar alguns desses aspectos a partir da leitura refletida de um pequeno e despretensioso texto – a crônica A Floresta da Tijuca (1885), perguntando pelas ideias percepções do tempo, da memória e da história nele manifestadas.

Taunay, Toné, Taunays

Alfredo-Maria-Adriano d'Escragnolle Taunay (1843-1899) foi um dos mais completos intelectuais brasileiros do século XIX e talvez aquele que tenha se identificado de forma mais completa com o projeto e o ideário do Segundo Reinado, no Brasil.[2]

Por essa razão, embora o ponto de foco da pequisa seja a produção escrita de Alfredo Taunay (futuro Visconde), a compreensão das suas estratégias textuais e de sua ação impõe levar em conta, de saída, dois pontos principais. Em primeiro lugar, que a sua construção existencial, social e política, como homem de letras e ator político se faz em conexão com complexas estratégias familiares que se confundem, no tempo, com a própria construção do Estado Nação brasileiro no século XIX, envolvendo três importantes ramos franceses que vieram a se encontrar e enlaçar na América nessa conturbada Era das Revoluções que colocam em movimento levas de exilados e camadas de "vencidos", viajantes voluntários e forçosos, artífices de novos modos de olhar e sentir, de medir e cartografar o mundo e de perceber o tempo – a família de artistas e letrados (Taunay), em fuga depois da queda de Napoleão e a família de militares, exilada em Portugal já

---

2   Nossos estudos tem encontrado no trabalho de Maria Lidia Lichtscheidl MARETTI, *O Visconde de Taunay e os fios da memória,* SP: EDUNESP, 2006 tem sido uma fonte inesgotável de inspiração para nossa pesquisa, sendo o mais completo trabalho sobre a escrita de Alfredo Taunay. No campo dos estudos literários, ver Nora WIMMER, *Marcas francesas na obra do Visconde de Taunay.* São Paulo, Tese de Doutorado, FFLCH USP, 1992 e BAREL, Ana Beatriz Demarchi, *Um romantismo a oeste – modelo francês, identidade nacional,* SP Annablume, 2002.

no início da Revolução, e que acompanhou D. João ao Brasil. Nesse sentido, ambos os ramos se envolveram no projeto do Reino Unido e, posteriormente, na Independência ao lado de D. Pedro nos conflitos que marcaram a Independência Política.

Em segundo lugar, porque a obra de Alfredo Taunay sofreu uma notável intervenção (e, diria eu, uma verdadeira reinvenção) pela ação denodada de seu filho, o célebre historiador paulista Affonso Taunay. Penso que coube a Affonso Taunay consolidar um projeto de história que fazia convergir a saga familiar e a construção da nacionalidade, utilizando-se, dentre outras estratégias, da construção de um filtro crítico que lançou ao ostracismo algumas obras, como foi o caso de *Ierecê a Guaná* (1874) e *A Mocidade de Trajano* (1872) e sobrevalorizou outras, transformando-as em verdadeiros monumentos, como *A Retirada da Laguna*, (1871).

A trajetória de Alfredo Taunay, na sua condição de franco-brasileiro, nos convida a buscar compreendê-la no interior desse campo maior que foi a profunda interação do mundo intelectual brasileiro com a cultura francesa no século XIX. Isso porque, travejado pela tradição familiar e envolvido no projeto de construção de uma Literatura nacional, essa trajetória nos possibilita evitar um caminho excessivamente trilhado, o da *influência francesa*, visto como fato externo e interveniente na vida *nacional* e explorar uma outra perspectiva: o modo como esse *intelectual de dois mundos* vivenciou as vantagens e os limites de sua condição, dentro de uma vocação que ele escolheu de forma tão inequívoca: ser ao mesmo tempo intelectual e brasileiro, no Brasil da segunda metade do século XIX. Buscamos explorá-la tentando compreender a forma como Taunay viveu essa condição de "dupla cidadania intelectual" e de como a converteu em modo de enfrentamento de um duplo desafio: o da sua contribuição para a construção do imaginário nacional brasileiro do século XIX e o da sua própria construção como intelectual.

A natureza múltipla e variada da obra e da vida pública de Alfredo Taunay dificulta a sua classificação dentro de um campo espe-

Cultura e Poder entre o Império e a República   *117*

cífico de atuação: ele foi militar, homem de letras, político, jornalista, tendo cultivado também o desenho, a pintura e a composição musical. Apesar da evidente dificuldade que essa multiplicidade apresenta, a proposta da pesquisa não é a de parcelar a produção intelectual de Taunay em compartimentos especializados por gênero (romance, ensaio, escritos políticos). Antes, penso em tematizar essa errância pelos múltiplos gêneros como um traço de experimentalismo e, de uma certa "antropofagia" *avant la lettre* – o desejo de experimentar as formas em desenvolvimento na escrita europeia, a partir das grandes matrizes da narrativa de viagem, do romance de formação e da autobiografia. Penso também que essa diversidade deva ser enfrentada menos como signo de dispersão intelectual do que como uma condição típica do exercício intelectual no século XIX brasileiro, ou seja como um problema de investigação.[3]

Vinculado a esse aspecto é importante apontar outro, ou seja, a especificidade de uma esfera cultural que permanece fortemente imantada pela Coroa e pela ideia de "serviço ao país" em paralelo a um mercado de bens culturais que se desenvolve de forma crescente, porém lenta, em sociedade marcada pela escravidão e por enormes distâncias sociais e diversidades regionais. Nesse contexto os laços pessoais de uma "pequena nobreza de serviço" se entramam de forma profunda com as estratégias familiares de demarcação de espaços de fala e de produção simbólica.

Nesse sentido, a menção ao seu nome completo na abertura desse artigo não é fortuita, pois a querela em torno de seu nome é parte importante da compreensão dos conflitos e das estratégias pelas quais ele se inventou como autor e como figura pública ao longo do Segundo

---

3   Ver, os estudos de Flora SUSSEKIND, *O Brasil não é longe daqui. O narrador, a viagem*. São Paulo: Companhia das Letras, 1990 e Maria Helena ROUANET, *Eternamente em berço esplêndido: a fundação de uma literatura nacional*. São Paulo: Edições Siciliano, 1991.

118   Ana Beatriz Demarchi Barel e Wilma Peres Costa (orgs.)

Reinado, período que quase corresponde integralmente ao de sua fecunda e prolífica vida.

O encurtamento do nome para Alfredo d'Escragnolle Taunay fora uma decisão tomada na adolescência e que custara não poucos conflitos domésticos. Ele nos narra, em suas *Memórias*,[4] a data exata (24 de dezembro de 1858) em que ele optara pela mudança, gerando uma ácida disputa doméstica. O jovem Alfredo, então com 15 anos, adquiria nesse dia o grau de bacharel, e se sentira com energia para propor um pequeno atrevimento: suprimir os dois apelidos complementares (Maria e Adriano), "que davam sempre motivos a reparos", procurando convencer seu pai da conveniência de também aportuguesar os nomes franceses, escrevendo Escranhóle (sem o gn e com um l só) e Toné. O jovem Alfredo alegava que modificação similar havia sido feito com os nomes Sodré (Saudray) e Loné (Launay). Seu pai reagira com indignação.

> Mas estás louco, respondia-me, absolutamente louco! Ousar estragar um belo nome! Propus-lhe então escrever o nome com um n só ou dois nn, Tonay ou Tonnay, para evitar a dificuldade dos dois ditongos au e ay que não têm correspondentes em português. Tanto mais aceitável era a transação, quanto primitivamente o nome da família se escrevia daquele modo, e disto temos prova nas duas cidades do Saintonge: Tonnay - Charente e Tonnay - Boutonne.

> — Não, não de todo, replicou-me ele, trata de impor o teu nome ao país tal qual é![5]

---

4   As Memórias foram publicadas postumamente, a partir dos manuscritos deixados sob a guarda do Instituto Histórico e Geográfico Brasileiro. Sua escrita teria começado em 1890, segundo o autor. A edição utilizada aqui é TAUNAY, Alfredo d'Escragnolle. *Memórias do Visconde de Taunay.* São Paulo: Melhoramentos, 1948.

5   TAUNAY, Alfredo d'Escragnolle, Memórias ..., p. 63.

Cultura e Poder entre o Império e a República

O episódio aparentemente singelo é prenhe de significados e convida a uma análise mais detida. O primeiro aspecto a nos despertar a atenção é que a demanda é apreendida e rechaçada pelo pai parece vir já embalada em um desígnio compartilhado pelo pai e pelo filho: a necessidade antevista de "impor-se ao país", aparece como um destino pré-traçado, a expressão de uma vocação ou, pelo menos como a evidência das grandes expectativas familiares que cercavam o jovem Alfredo. A singela narrativa deixa também entrever que, para esse destino prefigurado, a herança familiar era um legado que podia representar também um fardo. Além disso, no contexto da disputa que envolvia duas gerações de Taunays, podemos perceber que o projeto de "impor-se ao país" parecia passar, na geração de Alfredo, por caminhos diferentes daqueles que trilharam as duas gerações que o antecederam. A aceitação "pelo país" principiava a passar menos pela legitimação europeia do nome, despontando a busca de uma sonoridade aceitável aos ouvidos brasileiros, o que indica a necessidade de atingir não apenas o beneplácito da Coroa, mas um "público", leitor (e eleitor?). Vida literária e carreira política nasciam intensamente imbricadas no Brasil do século XIX.

A referência francesa, ao contrário, fora essencial para a legitimação de seu pai Félix Émile Taunay, mesmo que ele jamais tenha retornado à sua França natal, desde que a família aqui se estabelecera, em 1816. Félix Émile nascera em Montmorency em 1795, assim como seus dois irmãos mais novos Theodore e Adrien, nessa propriedade que se tornara mítica para toda a família do pintor Nicolau Taunay, porque nela vivera Jean-Jacques Rousseau, fonte de profunda admiração do patriarca e objeto de um culto familiar que atravessou as gerações. [6] Félix tornou-se o professor da Academia de Belas Artes, suce-

---

6   Quando de seu retorno à França, Nicolau Taunay não hesitou em alugar por grande quantia a propriedade que fora sua e que fora obrigado a vender "por uma ninharia" quando decidiu mudar-se para o Brasil. Ver Alfredo d'Escragnolle TAUNAY, *A cidade do ouro e das ruínas*, Vila Bella,

120   Ana Beatriz Demarchi Barel e Wilma Peres Costa (orgs.)

dendo a seu pai (e por solicitação deste) em 1821 e veio a se tornar seu Diretor em 1834. Em seu trabalho na principal instituição artística do Império, Félix desenvolveu um profícuo esforço na formação intelectual e técnica dos jovens alunos que buscavam iniciar-se no campo da pintura, embora enfrentasse forte oposição aos seus princípios acadêmicos, oposição à qual não era alheia a sua condição de estrangeiro.[7] Homem de refinada cultura e fino trato, angariou calorosa acolhida junto ao jovem imperador, de quem foi professor de desenho, latim e francês. Entre Felix Taunay e D. Pedro II desenvolveu-se uma amizade que perdurou por toda a vida, sendo Felix confidente do jovem monarca em horas difíceis, conselheiro em questões de arte e gosto estético e uma espécie de "assessor" no filtro das revistas e jornais nacionais e estrangeiros que ele preparava para a leitura do monarca. Durante décadas, sendo o Imperador já adulto, Félix Taunay iria ter com ele toda semana, levando recortes de jornais e revistas, para ler e discutir com ele os acontecimentos do mundo. Verdadeira vocação de professor, Félix parece ter cumprido o destino rousseauniano de seu prenome (Emile), inclusive naquilo que o filósofo considerou como o coroamento do processo educativo de seu aluno, que se encerrava quando este se tornava pai. Dos irmãos que permaneceram no Brasil, apenas Félix foi pai. Teve com Adelaide d'Escragnolle quatro filhos, dois meninos e duas meninas, uma da quais morreu na infância. Falo aqui da paternidade não apenas no sentido biológico, mas nessa profunda afinidade que o ligou ao Imperador no ensino do desenho e no cultivo dos moldes clássicos literários e pictóricos, ao qual não era estranho o carinho paternal, o que fez de Alfredo uma espéce de ir-

---

o rio Guaporé e a sua mais ilustra vítima, Revista do IHGB, Tomo LIV, Parte I, 1891 p. 7.

7   O trabalho de Félix-Emile no interior da Academia e seu papel na formação do campo artístico no Brasil é estudado no primoroso trabalho de Elaine DIAS, *Paisagem e Academia - Félix-Émile Taunay e o Brasil (1824-1851),* Campinas: Ed. Unicamp, 2009.

Cultura e Poder entre o Império e a República 121

mão intelectual do Imperador, compartilhando leituras e referências estéticas de toda ordem, especialmente no campo das letras clássicas.

Não obstante seu enraizamento na vida da corte e na formação dos jovens artistas brasileiros, Félix permaneceu toda a sua vida escrevendo em francês, publicando na França e recusando-se terminantemente a naturalizar-se, mesmo quando sua condição de francês tornou-se um tema amargo em suas disputas no interior da Academia, levando-o a jubilar-se em 1851. Alfredo Taunay, nas *Memórias*, esclarece:

> [A jubilação] Dera-se em consequência da luta encabeçada, nos jornais, pelo Porto Alegre, que clamava contra o fato de ser ele estrangeiro não naturalizado. Apesar das verdadeiras instâncias do Imperador, não quis ele dar o braço a torcer, declarando que só deixaria de ser francês, quando o Brasil decretasse a lei da grande naturalização.
>
> *Pois eu lá vou pedir folha corrida ao inspetor do meu quarteirão para instruir o meu humilde requerimento?"* E continuava com indignação: *"Demais, para quê? Para não poder alcançar o que qualquer estúpido, nascido por acaso aqui, pode ser? Não! Ao estrangeiro os brasileiros têm verdadeira aversão. E por muito tempo assim há de ser!...*[8]

É oportuno notar que, seguindo uma tendência que marcou o século, a sucessão de gerações de Taunays no Brasil evidencia o descolamento do foco da vida cultural do campo da pintura para aquele da cultura escrita. O pintor Nicolau Taunay construiu suas rotas de peregrinação quase que exclusivamente pela pintura,[9] mas as letras ganharam papel de crescente importância na segunda geração. Os que

---

8   Alfredo TAUNAY, *Memorias*, p. 18
9   Sobre o pintor Nicolau Taunay ver JOUVE, *Claudine Lebrun. Nicolas-Antoine Taunay: 1755-1830.* Paris: Arthena, 2003 e Lilia Moritz SCHWARCZ, *O sol do Brasil. Nicolas-Antoine Taunay e as desventuras dos artistas franceses na corte de D. João.* São Paulo: Cia das Letras, 2008.

122   Ana Beatriz Demarchi Barel e Wilma Peres Costa (orgs.)

voltaram defiitivamente para a França, como Hippolyte, ou de modo intermitente, como Charles-Auguste, buscaram afirmar-se como escritores,[10] mesmo que, no caso do primeiro, essa escrita estivesse intrinsecamente ligada à pintura. Refiro-me à descrição do célebre *Panorama do Rio de Janeiro* apresentado em Paris, em 1824, em que os esforços familiares se cristalizaram em um grande sucesso de público e crítica. O trabalho, patrocinado em grande parte por Nicolau Taunay, baseava-se nos desenhos de Félix, e era acompanhado de uma belíssima brochura ilustrada, com a explicação detalhada das cenas que esstavam sendo apresentadas, de autoria de Hippolyte Taunay e Ferdinand Denis. No mesmo ano, juntamente com Ferdinand Denis, ele produziu uma extensa obra que procurava descrever o Brasil em todas as suas províncias, com seus usos e costumes, a primeira "História do Brasil" retratado no pós independência com sua grandeza continental e sua diversidade regional.[11] Dentre os que permaneceram no Brasil, Adrien e Félix continuaram a cultivar a pintura, sendo que o primeiro iria gozar da fama de ser um grande talento não só na pintura como também nas letras e na música, tendo sua vida ceifada

---

10   Ver Auguste-Marie-Charles TAUNAY, *À. S. A. I. le prince Napoléon Azotage des graines par la voie sèche*. Paris: impr. de Soye et Bouchet, 1855 ; TAUNAY, Auguste-Marie-Charles, Traducteur *Térence traduit en vers français* Paris, 1858-1859 (2 vol) ; também Hippolyte foi tradutor de Torquato TASSO, Torquato (dit le Tasse), *La Jérusalem délivrée [du Tasse, avec les arguments d'Orazio Ariosti], traduite en vers français avec le texte italien en regard par Hte Taunay*, Paris: L. Hachette, 1846 (2 vol) De Félix TAUNAY, *Astronomie du jeune âge. Épître en vers par Félix Taunay,... composée pour sa fille Adélaïde*. Deuxième édition retouchée par l'auteur et augmentée de notes revues par Emmanuel Liais,... publiée par les soins de A.-M.-Ch. et Hte Taunay, Paris: E. Dentu, 1857. Ver também Théodore TAUNAY,, *Idylles brésiliennes, écrites en vers latins, par Théodore Taunay et traduites en vers français, par Félix-Émile Taunay*, Rio de Janeiro: impr. de Gueffier, 1830

11   TAUNAY, Hippolyte et DENIS, Ferdinand-Jean, *Notice historique et explicative du panorama de Rio Janeiro, par M. Hippolyte Taunay,... et M. Ferdinand Denis,...* Paris: Nepveu, 1824 e TAUNAY, Hippolyte, *Le Brésil, ou Histoire, moeurs, usages et coutumes des habitans de ce royaume, par M. Hippolyte Taunay,... et M. Ferdinand Denis,* Paris: Nepveu, 1822

Cultura e Poder entre o Império e a República   *123*

pela morte trágica quando tentava atravessar a nado o Rio Guaporé, durante a Expedição Langsdorff, em 1828. O cultivo das letras clássicas e, particularmente da poesia, foi sempre um forte elo entre os irmãos, sempre pontuado por publicações na França.

O jovem Alfredo iria, mais tarde, enfrentar pessoalmente o dilema da escolha entre o desenho e a escrita, optando inequivocamente pela segunda, mas mantendo sempre uma forte impregnação da pintura em seu trabalho de escritor. Essa transição da visualidade para a escrita, tão característica do século, foi assim bastante evidente já na primeira geração dos Taunays que ficaram no Brasil, mas é em Alfredo que ela toma plenamente seu papel na construção de uma identidade nacional no plano literário e memorialístico.[12]

O desejo manifesto de mudança de nome nos interroga também porque a decisão finalmente tomada indica que a tensão não se dava predominantemente sobre o sobrenome francês, já que ele conservou justamente o sobrenome materno, justamente o de mais difícil pronúncia, mas portador da partícula enobrecedora d': Alfredo d'Escragnolle Taunay. Ver, por exemplo, como esse referencial era importante na forma como ele os trata em suas memórias, desenvolvendo um proposital circunlóquio para apontar parentes mais importantes socialmente, os Beaurepaire, que de importante dinastia militar, iriam espraiar sua presença na cena política brasileira do segundo reinado em diversas instâncias.[13]

---

12 Sobre essa transição das artes visuais e da arquitetura para a escrita ver Christophe CHARLE, *La discordance des temps – une brève histoire de la modernité*, Paris, Armand Colin, 2011, p. 35-55.

13 O conde de Beaurepaire, Jacques A. M. de Beaurepaire (1772-1838) emigrado em Portugal durante a Revolução Francesa era avô de Alfredo. Veio ao Brasil com a Família Real em 1808 e participou das lutas de Independência, vindo a morrer no Maranhão em 1828. Seu filho, o visconde, Henrique Pedro Carlos de Beaurepaire Rohan, nasceu em Niterói a 12 de maio de 1812. Engenheiro Militar, subiu ao posto mais elevado do exército, o de Tenente-General. Foi Presidente do Pará (1856), e da Paraíba (1857). Próximo ao Partido Progressista, foi Ministro da Guerra,

124   Ana Beatriz Demarchi Barel e Wilma Peres Costa (orgs.)

> Nasci na cidade do Rio de Janeiro, então capital do Império do Brasil, a rua do Rezende n°. 87, às 3 horas do dia 22 de fevereiro de 1843. Foram meus pais Félix Emílio Taunay, naquela época diretor da Academia das Belas Artes, filho do célebre pintor da Escola Francesa, e membro do Instituto de França, Nicolau Antonio Taunay, e de D. Gabriela d'Escragnolle Taunay, filha do conde e da condessa d'Escragnolle, esta da família de Beaurepaire, Adelaide de Beaurepaire.[14]
>
> (M, p. 15).

Assim, buscando compreender melhor as razões inseridas no episódio da mudança do nome, é possível avançar que ela apresenta uma mescla rebeldia juvenil, identitária, juntamente com um projeto intelectual que se afastava da França e se enraizava no Brasil. Para melhor compreender essa rebeldia, talvez fosse mais produtivo apontar para o nome que foi efetivamente suprimido (Adriano), e que nos conduz a uma figura onipresente e quase mítica da família Taunay. Trata-se de seu tio paterno, Amado Adriano Taunay, irmão caçula de seu pai, e reputado, na memória familiar como o mais talentoso dos "irmãos Taunay", morto tragicamente quando tentava atravessar a nado o Rio Guaporé em 1828, quando integrava a Missão Langsdorff. A ele, Alfredo viria a dedicar um Estudo onde a erudição histórica se mescla à profunda

---

no gabinete Furtado (1864), quando teve início a Guerra do Paraguai. Exerceu importantes comissões técnicas, científicas e administrativas, dentre as quais a organização da Carta Geográfica de 1877. Foi Ministro do Conselho Supremo Militar, depois Supremo Tribunal Militar, em 1876, e conselheiro de Estado em 1887. Faleceu a 19 de julho de 1894"; Ver LYRA, Carlos Tavares de. *Instituições políticas do Império*. Coleção Bernardo Pereira de Vasconcelos (Série Estudos Históricos). Volume no 16 (Direção Octaciano de Nogueira). Brasília: Senado Federal, 1979, p. 271 e também SACRAMENTO BLAKE, A. V. A. *Dicionário Bibliográfico Brasileiro*. Guanabara: Conselho Federal de Cultura, 1970, p. 55-6

14 *Memórias*, p. 15.

Cultura e Poder entre o Império e a República 125

emoção, emoldurada pela citação de Píndaro "Felizes os que morrem jovens, porque sempre serão lembrados.[15]

Vale notar que é o nome de Adriano que ele retira, talvez incomodado, como filho e sobrinho com um "destino manifesto" que o fazia objeto de enormes esperanças familiares e inconsoláveis saudades. Ao aventurar-se pela escrita, durante essa "viagem de formação" decisiva que foi a Guerra do Paraguai, nosso jovem Alfredo preferiu utilizar-se de pseudônimos, o principal deles foi Silvio Dinarte.[16] Se os nomes luso-brasileiros buscavam facilitar a penetração no público leitor (ou proteger-se das expectativas familiares exageradas), há um que chama a atenção por seu significado histórico e familiar. Trata-se de Mucio Scevola, usado principalmente em artigos de imprensa, e que fazia referência a episódio da história romana, tema profundamente caro à educação de Taunay. Essa personagem – o General que preferira ter sua mão queimada a proferir uma mentira, era também objeto da admiração de Rousseau – na sua relação com seu pai.

> A l'âge de sept ans, dit Rousseau, je faisais avec mon père des livres d'histoire; Plutarque devint mon étude favorite. Agésilas, Brutus, Aristide, furent mes héros; des entretiens que ces lectures occasionnaient entre mon père et moi, se forma cet esprit libre et républicain, ce caractère indomptable et fier, impatient

---

15 Ver *A cidade de Matto Grosso (antiga Villa Bella) o Rio Guaporé e a sua mais ilustre vítima*, citado.

16 Entretanto, ele não os usou na sua narrativa de guerra mais importante – a *Retirada da Laguna* – cujo molde literário (a Anabasis de Xenofonte) parece ter a forte marca do pai. Taunay serviu-se do pseudônimo Silvio Dinarte em toda a primeira parte da sua carreira: *A Mocidade de Trajano* (1871), *Inocência* (1872) *Lágrimas do Coração* (1873) e *Ouro sobre Azul* (1875), assim como em seus livros de contos/crônicas/relatos de viagem *Histórias Brasileiras* (1874) e *Narrativas Militares* (1878). Utilizou o pseudônimo ainda em 1881 e 1883 (*Estudos Críticos*). Outros pseudônimos que aparecem nas fichas da Bibliothèque Nationale de France são, Anapurus, Carmontaigne, Eugênio de Melo, Elísio Flávio, Sebastião Corte Real, Mucio Scevola.

> du joug et de servitude, qui m'a tant tourmenté tout le temps de ma vie. Né citoyen d'une république, fils d'un père dont l'amour de la patrie était la plus forte passion, je m'enflammais à son exemple: sans cesse occupé d'Athènes et de Rome, je devenais le personnage dont je lisais la vie; le récit des traits de constance et d'intrépidité qui m'avaient frappé, me rendaient les yeux étincelants, la voix forte. Un jour que je racontais à table l'histoire de Scevola, on fut effrayé de me voir avancer et tenir la main sur un réchaud pour représenter son action...[17]

O modo de incorporação da cultura francesa, filtrado pela sociabilidade doméstica e pela intimidade, distinguia certamente Alfredo Taunay de seus contemporâneos precisamente naquilo que fazia, na Europa do século XIX e na França, em particular, uma rota obrigatória de peregrinação cultural, tanto quanto o fora a Itália para os intelectuais franceses do século XVIII.

Joaquim Nabuco, que explicitou o fascínio e as ambiguidades dessa experiência formadora em trecho célebre, que vale a pena recordar

> Nós, brasileiros, o mesmo pode-se dizer dos outros povos americanos, pertencemos à América pelo sedimento novo, flutuante, do nosso espírito, e à Europa, por suas camadas estratificadas. (...) Estamos assim condenados à mais terrível das instabilidades (...) A instabilidade a que me refiro, provém de que na América falta à paisagem, à vida, ao horizonte, à arquitetura, a tudo o que nos cerca, o fundo histórico, a perspectiva humana; que na Europa nos falta a pátria, isto é, a forma em que cada um de nós foi vazado a nascer. De um lado do mar sente-se a ausência do mundo; do outro, a ausência do país.

---

17 Jean Pierre GABEREL, *Rousseau et le Genèvois*, Genebra: Joel Cherbuliez, 1858, p. 7.

Cultura e Poder entre o Império e a República 127

O sentimento em nós é brasileiro, a imaginação europeia.[18]

Essa afirmação encontra precisamente no amigo e confrade Taunay, uma preciosa "quase" exceção à regra.

> (...) A instabilidade a que me estou referindo, está grandemente modificada; a dualidade desapareceu em parte, não tão perfeitamente como em meu amigo Taunay... Este, apesar de seu sangue de cruzado, apesar de ter escrito o seu livro clássico em francês, e apesar da sua brilhante propaganda contra o nativismo, é o mais genuíno *nativista* que eu conheço, porque não compreende sequer a vida em outra terra, em outra natureza. Brasileiro de uma só peça é aquele que não pode viver senão no Brasil.[19]

Embora ele tenha viajado à França, em 1878, já na idade madura, a viagem não parece ter tido papel definidor em suas escolhas de gosto, estilo ou inclinação política, se não na reiteração dessa "brasilidade" apontada por Nabuco.[20]

Vale a pena apontar aqui que parte significativa desse suposto contraste entre Nabuco e Taunay incide sobre o que poderíamos chamar de "sentimento da natureza" em sua relação com a História. Diz Nabuco:

> As paisagens todas do Novo Mundo, a floresta amazônica ou os pampas argentinos, não valem para mim um trecho da Via Ápia, uma volta da estrada de Salermo a Amalfi, um pedaço do Cais do Sena à sombra do velho Louvre. No meio dos luxos dos

---

18 NABUCO, *Minha Formação*, in *Obras Completas*, São Paulo: Instituto Progresso Ed. 1947, p. 40

19 *Idem*, p. 42

20 Ver, por exemplo, uma espécie de compilação de suas impressões tansformada em antologia por seu filho Affonso Taunay, *Recordações de Guerra e de Viagem*, Brasília: Ed. Senado Federal, 2008.

teatros, da moda, da política, somos sempre *squatters,* como se estivéssemos ainda derribando a mata virgem.[21]

Em Nabuco, ela se manifesta como distância, expressa através de um jogo de oposições Europa/Brasil, natureza/cultura, paisagem agreste e intocada/cenário impregnado de história e cultura.

Em Taunay, a relação com a natureza brasileira não é oposição, mas é impregnação da natureza pela arte e pela história. A experiência da Guerra foi, sem dúvida, decisiva para esse olhar de apropriação de um território que se busca defender e consolidar, mas que se manifestava, contraditoriamente, como um terrível inimigo, na sua vastidão inalcançável. Assim, a natureza forma o cerne, e a matéria prima através da qual ele se constroi como autor expressando de forma contundente essa conversão da "nação" em ocupação real e metafórica do território. Ele a descreveu em todas as chaves e com todas as linguagens – do lirismo, das ciências naturais, da estratégia militar, da geografia. Criado no culto de Rousseau, ensinamentos formavam uma espécie de patrimônio familiar comum, seu cultivo da escrita em trânsito reverbera também a imensa impregnação que a narrativa humboldtiana trouxe para a descrição Romântica, sem falar de Elisée Reclus, com quem Taunay desenvolveu laços de mútua admiração intelectual, apesar das diferenças políticas.[22] Aqui também, como veremos, a inspiração é sutil e dialógica, servindo mais ao contraste do que à imitação. É o que procuraremos desenvolver na parte que se segue, num breve exercício de interpretação de um texto pouco conhecido do público

---

21 *Idem*, p. 40

22 Elisée Reclus, geógrafo e pensador anarquista francês foi colaborador constante na *Revue des Deux Mondes*, uma das principais referências das classes cultas brasileiras e leitura habitual do Imperador D. Pedro II. A menção à compra de livros de Elisée Reclus vem explícita em Visconde de Taunay, *Recordações de Guerra e de Viagem*, p. 121. Nosso autor é mencionado várias vezes em Reclus, que incorpora seus desenhos e escritos e agradece a ele valiosas informações presentes na sua *Geografia Universal*, na parte referente ao Brasil.

Cultura e Poder entre o Império e a República   *129*

acadêmico, embora familiar ao turista que vem ao Rio de Janeiro, pela sua divulgação pela internet.[23]

A Floresta Metáfora

A crônica *A Floresta da Tijuca* é datada de 1885 e foi publicada, provavelmente, em jornal.[24] Este foi um ano importante na vida de Alfredo Taunay, marcado por sua curta mas fecunda presidência da Província do Paraná e sua saída do cargo para assumir o posto de Senador do Império. Esse momento é marcado também por uma forte militância no campo das suas campanhas mais caras – o casamento civil, a imigração europeia ligada à pequena propriedade agrícola – na conjuntura do acirramento das lutas abolicionistas e das pressões pela reforma do regime monárquico vindas da oposição republicana, mas também do interior do reformismo monárquico, campo que ele compartilhava com Joaquim Nabuco e André Rebouças, entre outros.[25] É este um momento da sua maturidade como homem e como autor, e que antecipa em poucos anos o início da escrita das *Memórias* (1890),[26] o que se dará em conjuntura política muito mais amarga, em razão da queda do Império. [27]

---

23   Ver, por exemplo, http://www.riodejaneiroaqui.com/pt/floresta-da-tijuca-em-1885.html

24   Na edição que utilizo aqui (Melhoramentos, 1948) o texto pertence ao conjunto *Viagens de Outrora*, reunido por Affonso Taunay, lemos no Prefácio da Primeira Edição, que os textos eram "praticamente inéditos", tendo sido publicados em jornais de pouca circulação. Não se menciona o jornal, apenas a data 1885.

25   Para a compreensão dessa geração intelectual, são indispensáveis os trabalhos de Maria Alice Rezende de CARVALHO. *O quinto século, André Rebouças e a construção do Brasil*. Rio de Janeiro. Revan/Iuperj, 1998 e Ângela Maria Alonso, *Ideias em movimento a geração 1870 na crise do Brasil-Império*. ANPOCS. São Paulo: Paz e Terra, 2002.

26   Nas *Memórias*, ele dá essa data em termos exatos: 6 de novembro de 1890. Ver TAUNAY, Alfredo d'Escragnolle, Memórias ...P. 15.

27   A partir de 1885 até o final do Império, Alfredo Taunay se envolve em uma febril atividade na Sociedade Protetora da Imigração, sendo os seus

Através de sutis estratégias discursivas, a crônica nos convida a um passeio quase proustiano pela Floresta da Tijuca instituindo-a, não apenas como lugar de memória, mas também com uma certa visão do tempo e da história.

A crônica se dirige inicialmente a um leitor imaginário, supostamente morador do Rio de Janeiro, tratado como homem urbano e dotado de certa cultura. Essa condição é que o torna capaz de apreciar e desfrutar o contato com a natureza, não o fazendo talvez "pelos hábitos arraigados de indolência e indiferentismo".

O texto breve (11 páginas) está subdividido em 8 partes e se inicia por um convite *"Conheceis por acaso, a Floresta da Tijuca?"*, resvalando para um pacto de leitura algo impositivo, marcado pelo imperativo *"Ide"*.

> Quereis, porém, sincero conselho, a cujo exato cumprimento se ligará uma corrente sem fim e irresistível, à medida que se desenrolar, de impressões, talvez únicas, no meio dos esplendores que celebrizam os arredores do Rio de Janeiro?
>
> Ide à Floresta da Tijuca.[28]

Nesse convite/imperativo está embutida uma crítica velada a "a população do Rio de Janeiro, [que] por mais inteligente e ilustrada que seja, no geral se distingue pela sua falta de curiosidade e de interesse, por quase invencível torpor, em assuntos de arte e belezas naturais".

A percepção de que a cultura e a educação formal forjavam as condições indispensáveis para a apreciação da natureza reverberam possivelmente em Reclus cujos escritos circulavam principalmente

---

escritos principalmente voltados para a questão da reforma da grande propriedade agrária, da distribuição de terras a imigrantes, da grande naturalização, do casamento civil e outros temas correlatos.

28 V. de TAUNAY. *Viagens de Outrora*, São Paulo: 2ª ed. Ed. Melhoramentos, 3ª. Ed., 1921, p. 125.

Cultura e Poder entre o Império e a República 131

entre o grande número de leitores atualizados com a *Revue des Deux Mondes* – um dos quais menciono em epígrafe.[29]

Tratando do sentimento da natureza como algo específico do homem moderno, Reclus trata da impossibilidade de uma apropriação estética da natureza se desenvolver nos tempos antigos, seja nas camadas dominantes dos povos conquistadores, seja entre os dominados. Os conquistadores viam no território apenas o espaço de sua conquista ou da defesa contra os inimigos, enquanto que *"é certo que a massa escrava não poderia também compreender a beleza da terra sobre a qual se escoava sua vida miserável, e o sentimento que ela expermimentava em relação as pasisagem que a cercavam deveria necessariamente se per verter. As amarguras da existência eram então muito mais vivas para que alguém pudesse se dar com frequência ao prazer de admirar as nuvens, os rochedos e as árvores".*[30]

A fruição da natureza era descrita por Reclus como associada a essa superação da necessidade mais imediata e a presença da educação

O sentimento da natureza, como o gosto artístico, se desenvolve pela educação. O camponês, que vive no meio da natureza e desfruta em liberdade da vista dos espaços verdejantes, ama sem dúvida instintivamente esta terra que ele cultiva, mas ele não tem consciência de seu amor e nada vê no solo senão as riquezas adormecidade solicitadas pela cultura. O próprio

---

29 Elisée Reclus, "Du Sentiment de la nature chez les sociétés modernes", in *Revue des Deux Mondes*, 1866, tomo LXIII p. 354. *A Revue des Deux Mondes,* publicada a partir de 1829, tornou-se a mais importante revista de cultura e de política do século XIX, sendo referência cultural das elites brasileiras e do próprio Imperador. Sobre ela ver Gabriel de Broglie, *Histoire Politique de la Revue des Deux Mondes de 1829 à 1879.* Paris: Librarie Académique Perrin, 1979. Ver Luís Dantas, "A presença e a imagem do Brasil na Revue des Deux Mondes no século XIX" em *Imagens Recíprocas do Brasil e da França (Projeto France-Brésil)*, Paris IHEAL, 1991, p. 139-146. Ver também, Kátia Aily Franco de CAMARGO, *A Revue des Deux Mondes.* 2ed. Natal: EdUFRN, 2013.

30 Elisée RECLUS, *Du sentiment de la nature..., Op. cit.*, p. 367.

montanhês ignora frequentemente a beleza do vale que ele habita e as escarpas que o cercam: ele reserva toda a sua admiração pelos terrenos contínuos das planícies, onde se pode sem fadiga e sem perigo marchar em todas as direções, onde o ferro do arado penetra totalmente no solo fértil; não é senão após se distanciar de suas montanhas e haver percorrido a terra estrangeira que o amor de sua terra se revela em sua alma e que ele começa a compreender pela nostalgia, o esplendor grandioso dos seus horizontes saudosos.[31]

Como em Reclus, também para Taunay, a apreciação da natureza é privilégio dos homens cultivados. Diferentemente da formulação de Nabuco, arte e natureza não se opõem, antes, convergem. É essa fruição elevada e artística que a população do Rio, embora inteligente e ilustrada, não aprecia devidamente. Seu intuito, como guia turístico, é chamar a atenção para essas belezas e para o poder restaurador que a natureza pode exercer sobre o homem moderno. Por diversas razões, *"o certo é que bem poucos se abalam, só com o intuito de conseguir esse gozo puro e indefinido, tão consolador e tão procurado do homem culto, essa alegria inefável, que sempre emana da contemplação de grandiosas perspectivas, ou simplesmente de pitorescas paisagens".*[32]

Entretanto, enquanto Reclus nos fala principalmente da natureza selvagem e intocada, do desafio das altas montanhas e do prazer das escaladas, de que natureza nos fala, porém, Taunay nessa saborosa crônica? Ao segui-lo, encontramos a Floresta da Tijuca descrita como obra de arte, como objeto de criação humana científica e estética, a serviço da preservação dos mananciais e do usufruto estético da população do Rio: *"só naqueles sombrios recantos é que encontrareis com indizível surpresam a combinação harmônica, positivamente eurítmica de duas grandes e poderosas forças – a natureza brasileira, com todo o seu prestígio e inexcedível poesia – e a inteligência humana, no desen-*

---

31 *Idem*, 368.
32 Visconde de TAUNAY, *Viagens de outrora*, p. 125

Cultura e Poder entre o Império e a República · 133

volvimento do mais elevado pensamento artístico e na procura inquieta e insaciável do Bello e do Ideal."[33]

Fruto dessa colaboração entre natureza e cultura, a Floresta da Tijuca é uma floresta domada, civilizada, depurada de tudo o que é rude e desagradável, disponível para o desfrute do homem.

> *Imaginai* (...) um sem número de aléas, caminhos e veredas, encantadores todos, de suavíssimo declive, curvas ondulosas e contrastadas, estradas ou azinhagas, mantidos com a perfeição meticulosa de aristocrático parque inglês e ensombradas por belíssimas árvores, muitas das quais preciosas madeiras de lei – *uma verdadeira floresta, enfim, brasileira, mas sem as emanações pestilenciais, sem agruras, nas quais a elegância substituiu a exuberancia desordenada, e a mão do homem aproveitou sabiamente tudo quanto fosse belo e esbelto, ou possante e grandioso (...)*.[34]

O convite evolui de imperativo em imperativo, "Ide", para o "imaginai", "representai-vos" para chegar o desafio "depois dizei".

> *Despenhai* com largueza de nababo perdulário, a cada instante e por todos os declives, nas quebradas, nas grutas e socavões, cristalinas massas líquidas, ora ruidosas e diamantinas cascatas, ora murmurantes córregos e fugitivas corredeiras, ora tranquilos e dormentes lagos; (...) *representai-vos* a colaboração íntima das duas forças criadoras e que se completam: uma, inconsciente na expansão das riquezas que faz desabrochar; outra, cheia de entusiasmo por encontrar tão extraordinários elementos e repleta de ciência e tino em dispô-los e aproveitá--los, tudo isso iluminado pelo sol dos nossos dias únicos, a raiar em céus esplendidos, tudo isso emoldurado em grandiosíssimas moles graníticas – a Gávea, o Bico do Papagaio e da Tijuca; e, *depois, dizei* se em todos os vastos e embora arreba-

---

33 *Idem, ibidem.*
34 *Idem,* p. 125-126.

134   Ana Beatriz Demarchi Barel e Wilma Peres Costa (orgs.)

tadores arredores do Rio de Janeiro, há ponto que valha essa verdadeira Floresta de Armida.[35]

Tendo compreendido que essa floresta é diferente de todas as outras, mesmo aquela Floresta de Armida, povoada pelo encantamento. Ela é diferente porque ela é um artefato construído de arte e de ciência operando sobre o esplendor da natureza brasileira.

Acompanhando o narrador e seguindo suas indicações, o leitor é rendido pela beleza desafiadora da descrição, antes de ser introduzido a uma peculiar cartografia. Taunay nos informa que esse espaço, tem um centro, um lugar de onde emanam todas as iniciativas benfazejas que permitem esse renascimento projetado e regenerador de um terreno anteriormente devastado pelos homens. Esse "centro" se localiza em uma "simples casinha de campo, baixinha", mas que é o ponto de onde partem todos os esforços, se cultivam as sementes, de onde irradiam todos os caminhos que atravessam a floresta. A ideia de um "centro irradiador", de onde emanam todas as ordens e iniciativas em contraste com a modéstia da descrição do lugar (*"a casa baixinha"*) se explica pela nobreza autêntica de seu morador. Desse modo ele indica a casa de seu tio materno e padrinho, segundo administrador da Floresta da Tijuca

> Ali, em companhia de sua distinta e amabilíssima esposa, e de um único neto, rebento último de nobre e velha família de estirpe francesa, é que mora o Barão de Escragnolle (...) dali é que partem todos os esforços e combinações que que transformaram aquelas lombs quase estéreis de serra íngreme num local tão misterioso, quanto cheio de magia e deliciosas surpresas.
>
> Cercada de bastos viveiros, em que brotam as sementes e se robustecem as mudazinhas dos gigantes das nossas matas, é aquela casa o ponto de onde irradiam, a serpear pelo dorso da

---

35   *Idem*, p. 126

Cultura e Poder entre o Império e a República　*135*

montanha, os caminhos que devassam a floresta toda, e simultaneamente a fertilizam, proporcionando os mais extraordinários passeios ao artista, ao filósofo ou ao simples curioso ...[36]

Espicaçados pela magia e desejosos das supresas, adentramos a segunda parte do texto, onde é proposta ao leitor uma caminhada até aquela "casa baixinha", um esforço breve de pouco mais de 30 minutos. Para ela é proposto um trajeto pelo nosso escritor caminhante, trajeto que nos deve conduzir ao "centro" vale dizer, à casa do Barão de Escragnolle. Esse trajeto, que nos conduz ao "centro" se faz por uma estrada que leva o nome nobiliárquico de Félix Emile, o Barão de Taunay, o pai do nosso guia. Ele nos conduz, na primeira parada, a uma outra casa, descrita como *"pequena e pitoresca"* em contraste com a solidez de uma *"ponte granítica"*, ambas construídas por Félix Emile no antigo Sítio da Cascatinha, incorporado à Floresta. O espírito benfazejo do Barão perpassa o texto e ilumina a caminhada que leva a esse mítico "lugar de memória", formando o outro vértice desse território simbólico, lar primitivo da família Taunay no Brasil.

> Defronte demora a pequena e pitoresca vivenda edificada há mais de 60 anos pelo barão de Taunay; e em todos esses recantos da Tijuca parece ainda pairar aquele espírito superior que viveu sempre identificado com a natureza do Brasil, mais do que ninguém compreendeu os seus encantos e lhe dedicou todos os extremos, desprendido da maldade dos homens, sem se isolar da humanidade, por amor da qual de bom grado se sacrificaria nos ímpetos de seus entusiasmos eternamente juvenis. Quem não conhece a Cascatinha Taunay, tão pitoresca e popularizada, já por gravuras, já pela fotografia, ou pintura?[37]

36　*Ibidem.*
37　*Idem*, p. 127

136   Ana Beatriz Demarchi Barel e Wilma Peres Costa (orgs.)

Talvez porque, introduzidos ao seio desse espaço que se torna assim familiar (que não o conhece?), sejamos nós leitores também partícipes dele, a segunda parte da crônica termina com o leitor transformado em companheiro de viagem e o tom prosaico inicial (a sugestão a um turista eventual) vai sendo substituído pela torrente melodiosa de descrição da natureza, demarcada pelas formas verbais no plural que seguirão até o final do texto ("sigamos", "palmilhemos"). Com eles somos convidados a uma breve visita ao Barão de Escragnolle passando pelos lugares onde sua arte e engenho transformaram a natureza em obra de arte, descrita com a composição harmoniosa entre os termos populares e científicos que designam as espécies vegetais escolhidas para repovoar a floresta

> Quantas tonalidades e gradações de verde nas folhagens, desde o "sombrio aveludado, até ao verde glauco e gaio, numa explosão alegre e risonha, como sorrisos de travessa fada! Lá rompe, de vez em quando, a uniforme roupagem das lombas, quebradas e furnas, o branco metálico, a maneira de prata fosca, das folhas da imbaúba, as cecrópias com os seus argênteos escudos, ou então é a copa de alguma palmeira mais alterosa, quase sempre o indaiá, cujo crescimento é em extremo moroso, talvez secular.

> E quando tudo aquilo se cobre de pendões roxos, cor de rosa, brancos e amarelos, casando as floridas comas das melastomáceas, que o vulgo chama paus de quaresma, às elevadas cássias, então o espetáculo toma visos de deslumbramento.[38]

A associação desses dois espaços – a casa do Barão de Escragnolle e a casa do sítio da Cascatinha – compõe essa peculiar geografia em que a apropriação do território e da natureza é também uma ligação entre o passado e o presente, talvez um projeto de futuro. Dela emana assim uma visão do passado na forma de uma memória que se pre-

---

38   *Idem*, p. 127.

Cultura e Poder entre o Império e a República   *137*

sentifica (O Barão de Escragnolle) e desliza para uma certa visão de história onde a "escrita de si" é também a definição de um lugar de pertencimento e um papel na história. Esse lugar, ele o vê impregnado da tradição familiar tendo em cada extremo um dos ramos da família e a casa de ontem dialoga com a casa de hoje (o centro, emanação da ordem, da arte, da ciência, da regeneração).

Vale notar que, nessa altura do passeio, o narrador consolida os pronomes no plural, somos já decididamente companheiros de viagem, nesse momento em que, visitando esse lugar central, de onde emana o trabalho de regeneração da floresta e de proteção de tudo que nela vive, começa-se a delinear, talvez um futuro.

Despedindo-nos do Barão e de sua hospitalidade, somos convidados a encontrar o terceiro vértice que dá sentido a esse território – tomamos a Estrada do Imperador – "... a partir de um estreito vale que encera o sítio da cascatinha abre-se larga a estrada chamada do Imperador, cuja conservação, embora em terras particulares, pertence já à zelosa administração da Floresta."[39] Desenhamos assim os marcos de uma geografia metafórica, convidados a uma breve visita aos habitantes da morada (o Barão e a Baronesa de Escragnolle). Logo no início da terceira parte, passamos pela presença sutil de um novo personagem (um projeto?) – "por trás da casa e com pouco a domina logo, deixando-a metida entre verdejantes cortinas de *aroeiras, paus--ferro, paus-brasil, grajaúbas,* e outros belos espécimes da nossa riqueza florestal. É a rua D. Pedro Augusto".[40] Logo em seguida, o texto volta a reiterar o cuidado e a vigilância do administrador da floresta – "o mesmo cuidado sempre. Parece que ali impera o gênio da vigilância com cem mil olhos abertos, e que invisíveis mãos estejam de contínuo empregadas em levantar do caminho quanta folha seca se desprenda das árvores"[41] – com tal ênfase que nos deixa a dúvida se falamos da

---

39 *Idem*, p. 128.
40 *Idem*, p. 129.
41 *Idem*, p. 129.

natureza ou do jovem príncipe herdeiro em quem o Alfredo Taunay parece depositar suas esperanças, pois suas *Memórias*, mais tarde nos fizeram conhecer sua profunda antipatia pelo Conde d'Eu.

Na terceira parte ganhamos a plena explicação da obra regeneradora em curso na Floresta da Tijuca e as razões que fizeram dela um solo quase estéril – o uso irresponsável e predatório da terra, a falta de empenho dos lavradores brasileiros.

> Os terrenos [da floresta] são péssimos, de cascalho fino, saibrentos; inçados de grandes pedras silicosas, cheios de enormes rochas, umas enterradas em profundo seio, outras que surgem à flor da terra formando sombrias grutas, ou, então, maciços isolados e agigantados. (...)Ali, na carência quase absoluta do húmus, de terra vegetal, só podem medrar e criar algum vigor as plantas características dos maus terrenos, paus de quaresma, tapinhoans, imbaúbas, palmitos, fetos arborescentes, samambaias e outras, que a prática popular indica e nenhum dos nossos fazendeiros desconhece. Demais, é região de águas abundantes e límpidas – outro sinal. Águas boas, terra ruim, é adágio muito comum entre os lavradores brasileiros, tão prontos aliás e fáceis em acoimarem de imprestável e cansado todo o terreno que de pronto não compensar qualquer esforço, por pequeno que seja.[42]

A devastação causada pelo plantio de café, a destruição da natureza e de sua força originária é então apresentada em trabalho de regeneração, novas mudas, novas sementes, a combinação da ciência e da arte dispondo-se a abrir para ela um projeto do futuro. Esse projeto é devedor dessa matriz francesa cuidadosamente transplantada e regada pelo serviço da pátria e do sacrifício por ela.

Compreendendo o âmago do trabalho de regeneração (o plantio das novas mudas, o cultivo de novas sementes, o cuidado permanente e vigilante para que elas cresçam e frutifiquem), narrador e leitor

---

42 *Idem*, p. 129.

Cultura e Poder entre o Império e a República

prosseguem esse belo passeio, iluminado por descrições poéticas e deliciosas surpresas. Encontramos então a *"ponte da baronesa"*, descrita como joia digna de Alphand, *"o mágico jardineiro de Paris"*, que antecipa mais uma surpresa – a gruta de Paulo e Virgínia, *"dois enormes penedos encostados um ao outro e que parecem abrigar, em poética evocação, os castos amores dos dois eternamente pranteados heróis de Bernardin de Saint-Pierre".*[43] O olhar do artista nos conduz, sabiamente à delicada fruição de cada detalhe, pontuando as sutis intervenções poéticas que denunciam a marca da arte e da poesia sobre o aparente desalinho da natureza operada pelo Barão de Escragnolle imprimindo a marca da arte sobre a natureza.

> Quase a meio da gruta, há uma arvorezinha lisa, muito elegante e débil, que levou os galhos até ao alto e ali, encontrando invencível obstáculo, vergou-se para continuar a crescer no sentido da luz e do ar livre. Cortada aquela árvore, ficaria decerto a gruta sempre grandiosa; mas teria, então, perdido o curioso caráter de leveza que tem, parecendo que todo o peso daquela imensa mole descansa no modesto e esbelto vegetal, a maneira de delgada e primorosa coluna em amplíssimo salão.[44]

A referência a uma das grandes matrizes do Romantismo francês, se acrescenta uma segunda intervenção, pungente e próxima, homenagem ao primo querido filho do Barão de Escragnolle, morto no Paraguai. A essa fonte se liga um dos mais tristes episódios da vida familiar, a morte do filho do Barão de Escragnolle, na Guerra do Paraguai, tratada aqui pelo nosso autor como "a guerra dos cinco anos".

> "Alguns passos além da gruta Bernardo de Oliveira fica a fonte Pirayú, singela bacia circular de cimento em que morre, sem o mínimo ruído, limpidíssimo fio dágua. E também silencio-

---

43 *Idem*, p. 131

44 *Idem*, p. 131.

samente se escoa, ficando o nível sempre o mesmo no puro receptáculo que não desenche. Não será a imagem da vida?"[45]

Seguindo o narrador pelas voltas do caminho, entre o esplendor da natureza desfrutada por caminhos elegantes e declives insensíveis, que certamente não satisfariam o afã do exercício que alimenta o sentimento do domínio de si, tão caro a Reclus, eis-nos chegados a um dos mais belos pontos da Floresta: a vista do pico do Almirante, mais uma homenagem de família.

> O pico do Almirante homenageia um "velho lobo do mar, o almirante Beaurepaire, é ali, ante aqueles largos horizontes, enfrentando com o colossal maciço da Gávea, cuja forma lembra gigantesca nau de guerra, como que a meio desarvorada, imóvel e encalhada após medonha tempestade, com o oceano largo, infinito, de ambos os lados, tranquilo, ao longe, como um lago; ao passo que as ondas se quebram na incessante fúria de encontro aos rochedos da restinga da Tijuca, que uma quebrada de terras deixa ver lá embaixo.

> E de vez em quando, navios com as velas enfunadas salpicam de pontos brancos, cintilantes, o campo azul do mar, ou, então, são vapores, cujos rolos de fumo se adelgaçam acinzentados, tênues, como ligeira fumaça.[46]

A partir daí, o passeio retrocede, e qualquer que seja o caminho escolhido para o retorno, encontramos as covas onde se desenvolvem as mudas e as pequenas plantas da floresta do futuro, quando alcançamos a última referência familiar. É a cascata Gabriela, homenagem à mãe, designada em sua estirpe nobre e épica, ligando a história de sua estirpe às lutas de consolidação da Independência e do Primeiro Reinado.

---

45 *Idem*, p. 132
46 *Idem*, p. 133

Cultura e Poder entre o Império e a República   *141*

(...) a cascata Gabriela, dedicada à baronesa de Taunay, irmã do barão de Escragnolle, últimos filhos do conde de Escragnolle, o qual, tocado de França, sua pátria, pelo furacão revolucionário de 1789, passou-se para Portugal e, com o rei D. João VI, para o Brasil, onde morreu, em 1828, na província do Maranhão, como comandante das armas.(...)Muito interessante e característica é essa queda d'água, despenhando-se grosso e limpidíssimo veio do alto de uma grande rocha, que foi partida ao meio por algum corisco. Uma das metades escorregou e afundou uns palmos no terreno, ao passo que a outra se conservou firme, formando-se entre as duas pedras uma calha natural em que corre a água e da qual ela se atira de jato em bacia de brancas areias. E em torno, reina luz misteriosa, quase verde, coada pela densa cúpula do arvoredo, a dar pela lei do contraste, mais brilho ás cintilações argênteas da cascata.

Que esplêndida decoração para inspirado quadro, como o Banho de Diana, do Dominiquino, obra prima em que tanto se admiram as iluminações internas da água, quando nela caem de soslaio os raios do sol...[47]

A floresta desse passeio, que se descreve em peculiar geografia simbólica institui, a Tijuca como lugar de memória e, também de certa forma, como esboço de uma certa representação do tempo histórico. Nesse território metafórico se elabora a possibilidade do futuro da Monarquia, que é visto a partir de sua cartografia interna e de sua topografia peculiar: ela se debruça sobre a cidade e o que aí se descortina não mais cabe nos limites da escrita, exigindo em seu lugar, o pincel "em mãos de mestre".

Aqueles lados, olhando para a cidade do Rio de Janeiro, descortinam, então, pontos de vista e paisagens tão grandiosas e vastas, que a pena deve confessar-se incapaz de lhes reprodu-

---

47   *Idem*, p. 136.

zir as proporções, cedendo o campo ao pincel e pincel em mão de mestre.(...)

Imaginai, de repente, diante de vós, a vossos pés, as várzeas do Andaraí, Vila Isabel, Engenho-Novo, Todos os Santos, Jacarepaguá e mais e mais um mundo enfim – a serra dos Órgãos no fundo, e entre a cordilheira e a planície, como um lago, quase toda a baía do Rio de Janeiro, com as suas ilhas, enseadas e praias, navios, vapores e inúmeras velas, e tereis espetáculo que, talvez, não ceda primazia às grandiosidades do Corcovado![48]

A Tijuca reitera assim seu lugar de ponto de observação (e elaboração) de um novo Panorama do Rio de Janeiro, como aquele que pintara Félix Taunay para ser exposto em Paris em 1824.

Desse lugar simbólico, uma floresta-metáfora, emerge uma visão de História, perspectiva que demarca um território para imprimir nele uma tradição em que a família e a nação convergem para o terceiro vértice, a Monarquia, que aparece aqui como um projeto, entrevisto na possibilidade da regeneração da floresta, de sua enormes covas quadrangulares através das quais o replantio vem a garantir o renascimento da natureza reconstruída, por onde o homem (a cafeicultura que devastara a floresta primitiva) deixara a marca da desolação. Como na Independência, a Tijuca vela sobre a cidade, que ela descortina como um panorama. O que se descortina aqui, como no pincel de Félix Taunay, é um Panorama do Rio de Janeiro, desvelando o ponto de fuga de onde observa a cidade, distante e próxima, velando sobre o seu destino nessa curiosa família que fez da saga familiar a metáfora da construção da nacionalidade.

O texto termina com o narrador abandonando os pronomes plurais (palmilhemos, caminhemos ...) e tomando o olhar do filósofo, espiritualizado, caminhante solitário em contato com sua espiritualidade

---

48 *Idem*, p. 136

Cultura e Poder entre o Império e a República

> E quando o sol, a descambar, põe mil fascinações em todo aquele vastíssimo painel, mil centelhas de ouro e fogo nas casas e ruas da capital brasileira e cerca de gloriosa aureola a branca e bela cúpula da Candelária, como poético símbolo de uma religião de paz e de meiguice, então deve o homem, o artista, experimentar justificado orgulho por poder de relance concentrar em si e acolher dentro do seu cérebro um sem número de inexprimíveis sensações e sentimentos, que todos o elevam acima da triste contingência material e o aproximam da Inteligência Suprema que domina o Universo.[49]

Talvez não seja excessivo escutar aqui as reverberações do caminhante solitário de Rosseau, buscando "construir sentidos" em seus longos passeios pelos arredores de Paris. Mas, se o que caracteriza Rousseau naquelas *Promenades* é precisamente a experiência da "solidão" e do despojamento na busca de si mesmo, em Taunay, o sentimento de si é inseparável desse enquadramento familiar que demarca territórios de memória na presença inarredável de referências, ao mesmo tempo impulso e dificuldade de sua constituição como escritor.

Quem visita hoje a Floresta não pode deixar de notar que alguns desses lugares, especialmente a cascatinha e a antiga caso do administrador Barão de Escragnolle, estão marcadas por pequenos monumentos de azulejos, onde se lê, além das informações sobre a historicidade do lugar, que foram colocados em 1928, sendo Presidente do Brasil, Washington Luís. O marco é indício da presença amorosa de um outro Taunay, o historiador paulista Affonso Taunay, que se dedicou, durante toda a vida, ao cultivo da memória familiar e à divulgação e verdadeira reinvenção da obra literária de seu pai. Ligado por laços de amizade, afinidade política e relações familiares a Washington Luís, a ele deveu Affonso Taunay sua nomeação para a direção do Museu Paulista e a constituição deste como "lugar de memória" da Independência, em 1922. Certamente, o historiador paulista não será

---

49 *Idem*, p. 146.

estranho a essa monumentalização dos pontos chaves do caminho da floresta, similar àquela que ele operou com a obra literária de seu pai, em especial com a *Retirada da Laguna*.

O visitante, não deixará de notar também que o nome do Presidente é praticamente ilegível, pois alguém o riscou com fúria, nos conflitos que cercaram a Revolução de 1930, lembrando-nos de que as operações da memória continuam vivas na Floresta da Tijuca.

Joaquim Nabuco, historiador e homem de letras: confluência das práticas culturais no IHGB e na ABL

Ricardo Souza de Carvalho

Joaquim Nabuco ingressou praticamente ao mesmo tempo em uma instituição de quase 60 anos de existência e uma que acabava de ser fundada: em 1896 era recebido no Instituto Histórico e Geográfico Brasileiro e, no ano seguinte, tornava-se Secretário-Geral da Academia Brasileira de Letras. IHGB e ABL estavam vinculados respectivamente à Monarquia deposta e à República que tentava a custo consolidar-se. Se por um lado a entrada de Nabuco em ambos os espaços seria sintomática da encruzilhada entre os compromissos arraigados e a possibilidade de uma nova inserção, por outro, compartilhava uma tradição letrada constituída ao longo do século XIX e questionada pela primeira vez naquele momento.

Assim como muitos dos seus contemporâneos, Nabuco chegava a esses lugares como homem de letras que havia praticado diversos gêneros e tipos de escritos, mas na sua maior parte uma produção esparsa e programática, que não condizia com a solidez e a perenidade esperadas de uma obra literária de vulto. Começou aos 15 anos pela poesia, embora já confessasse em carta a um jovem autor em ascensão, Machado de Assis, que não se considerava poeta e que, a partir de certa idade, abandonaria "completamente desse mundo de visionários, para ir tomar parte no grêmio daqueles que, mais chegados às realidades da vida, consideram este mundo como ele realmente é".[1] O vaticínio do adolescente confirmou-se no decorrer de sua trajetória ao revelar uma incompatibilidade com os gêneros da imaginação e uma predisposição à prosa que se voltava aos acontecimentos do tempo presente e passado. Por outro lado, nutria o interesse pela literatura, entendida no seu sentido ampliado de belas-letras, e o desejo de se tornar escritor, que sofria a concorrência da política. Como bem pontuou em *Minha formação*, desde os anos de curso jurídico em São Paulo e no Recife, "a literatura e a política alternaram uma com a outra, ocupando a minha curiosidade e governando a minha ambição".[2]

Tal oscilação não podia deixar de interferir nos primeiros escritos de Nabuco. Em 1870, aos 21 anos, preparou aquele que poderia ter sido seu livro de estreia, deixado incompleto e inédito. *A Escravidão* já anuncia tanto na abordagem quanto no estilo a obra posterior, além do pendor historiográfico nas partes dedicadas à escravidão na Antiguidade e à história do tráfico no Brasil. No entanto, Nabuco publicou um livro em que pudesse exibir erudição sobre uma obra literária consagrada. No alentado *Camões e Os Lusíadas* (1872), aproveitou o prefácio para divulgar os ideais de uma nova geração que rompia com o nacionalismo estreito dos escritores Românticos, ao reivindicar, provocativamente, o assunto como nacional, pois *Os Lusíadas* seriam "a obra-prima da literatura portuguesa, que é a nossa".[3] Negando qualquer validade ao indianismo, defende que o clássico lusitano seria uma opção legítima enquanto o Brasil não tivesse uma literatura própria. Em certo momento, porém, deixa a esfera literária e passa a

---

1 ARANHA, Graça (Org.). *Machado de Assis & Joaquim Nabuco. Correspondência*. 3ª ed. Rio de Janeiro: Topbooks, 2003, p. 90.

2 NABUCO, Joaquim. *Minha formação*. São Paulo: Ed. 34, 2012, p. 87.

3 NABUCO, Joaquim. *Camões e Os Lusíadas*. Rio de Janeiro: Typographia do Imperial Instituto Artísico, 1872, p. 10

Cultura e Poder entre o Império e a República   *147*

um diagnóstico mais vasto, revelador do que seria sua grande causa política: "(...) No Brasil não há por ora originalidade alguma, nem de artes, nem de construção, nem de costumes, nem de vida. Há duas coisas, porém, que fazem parecer tudo isso novo e original: a primeira, digamo-lo em nossa honra, é a natureza; a segunda, digamo-lo para nossa vergonha, é a escravidão..."[4]

Logo foi a vez das letras se imporem a partir da primeira viagem de Nabuco à Europa entre 1873-74, quando sentiu "uma impulsão interior irresistível para entrar na literatura".[5] Em Paris, visitou o seu ídolo Ernest Renan, que lhe teria aconselhado a se dedicar à história, mas preferiu publicar o volume de poesia em francês *Amour e Dieu* (1874). De volta ao Brasil, decidiu por uma estratégia mais impactante, ao entravar uma polêmica com José de Alencar, o maior autor da literatura brasileira naquela altura. O colunista do jornal *O Globo* não hesitou em 1875 em atacar duramente a extensa obra alencariana. Em lugar da ponderação que abalizariam um crítico literário, o político surge para expandir o posicionamento do prefácio de *Camões e Os Lusíadas* contra o alvo por excelência. A ideia já apresentada de que a mancha da escravidão aviltaria também a literatura de um país condicionou o julgamento das peças de Alencar com personagens escravas, *O demônio familiar* e *Mãe.*[6]Não obtendo retorno algum dessa polêmica, Nabuco continuava um aspirante a escritor, enquanto Alencar permanecia sendo o criador dos mais significativos romances brasileiros, a exemplo d'*O guarani* e *Iracema*.

As pretensões literárias de Nabuco foram adiadas pela entrada na vida política, elegendo-se Deputado em 1878 e abraçando a campanha abolicionista nos anos subsequentes. No entanto, um exílio voluntário em Londres a partir de 1881 possibilitou-lhe escrever o seu primeiro

---

4   *Ibid.*, p. 13.
5   NABUCO, Joaquim. *Minha formação*. São Paulo: Editora 34, 2012.
6   Consultar COUTINHO, Afrânio (Org.). *A polêmica Alencar/Nabuco*. 2ª ed. Rio de Janeiro: Tempo Brasileiro; Brasília: Ed. Unb, 1978.

148 Ana Beatriz Demarchi Barel e Wilma Peres Costa (orgs.)

livro relevante, *O abolicionismo* (1883), que retomava de certa forma a promessa do manuscrito *A Escravidão* e consolidava a prosa ensaística como meio de expressão, fazendo com que os versos e a crítica diletante se tornassem cada vez mais secundários em sua produção. Ainda assim, a agitação da vida não lhe permitia que se dedicasse a uma obra de maior envergadura. Dessa maneira, acumulavam-se os projetos não realizados, registrados no diário em 13 de março de 1884: "Livros em branco: biográfico, meu Pai. Autobiográfico".[7] Como se sabe, a tarefa de escrever sobre a vida do Conselheiro Nabuco de Araújo e sua própria vida somente se cumpriria na década seguinte, viabilizada por mais uma saída da cena política. A proclamação da República e principalmente os conturbados anos da presidência de Floriano Peixoto deram-lhe não apenas o recolhimento, mas o ensejo de voltar ao passado e a si mesmo. Frente a um período de pessimismo e de melancolia escreveu os dois livros que o consagraram como escritor.

Durante a preparação e o lançamento de *Um Estadista do Império* e *Minha formação*, nos anos de 1890, Nabuco pôde finalmente investir em uma carreira literária por meio de suas efetivas potencialidades e não das pretensões da juventude, além de se integrar na vida literária que esboçava algumas mudanças em relação às práticas do Segundo Reinado. Contudo, num primeiro momento, as prevenções políticas afastaram Nabuco de uma maior aproximação. Em resposta negativa ao convite do crítico José Veríssimo para colaborar em uma revista literária de "inspiração republicana", alegou que o faria quando fosse "restabelecida a liberdade de discussão" e que "infelizmente os nossos campos teóricos (porque praticamente estamos de acordo na inação) estão hoje muito extremados demais para podermos fazer o que quer que seja juntos". Cético, perguntou-se qual literatura sairia da "nova política", pois não lhe parecia haver nela os "elementos de um estilo".[8]

---

7 NABUCO, Joaquim. *Diários*. Edição de Evaldo Cabral de Mello. Rio de Janeiro: Bem-Te-Vi, 2006, p. 233.

8 Acervo José Veríssimo. Arquivo da Academia Brasileira de Letras.

Cultura e Poder entre o Império e a República *149*

Subtende-se que Nabuco considerava que teria havido um "estilo literário" sob a Monarquia, ou ainda, o que ele chamaria de sua "estética política" exclusivamente monárquica.[9]

Veríssimo levou a cabo o projeto, criando a *Revista Brasileira*, a qual, no primeiro número de 1895, assim professava a "inspiração republicana" temida por Nabuco: "(...) mas profundamente liberal, aceita e admite todas as controvérsias que não se achem em completo antagonismo com a inspiração da sua direção. Em Política, em Filosofia, em Arte não pertence a nenhum partido, a nenhum sistema, a nenhuma escola. Pretende simplesmente ser uma tribuna onde todos que tenham alguma coisa que dizer e saibam dizê-lo, possam livremente manifestá-lo".[10] Mais do que um periódico, a *Revista Brasileira* tornou-se um elo de congregação de escritores de diversas vertentes políticas e literárias, muitas vezes em clara oposição. O centro desse grupo era ocupado por Machado de Assis, respeitado por todos como o maior escritor brasileiro. Aliás, Machado comemorava que, nos jantares mensais da *Revista Brasileira*, "homens vindos de todos os lados – desde o que mantém nos seus escritos a confissão monárquica, até o que apostolou, em pleno Império, o advento da república – estavam ali plácidos e concordes, como se nada os separasse".[11]

Tudo indica que Nabuco, por sugestão de Machado, amigo de letras de longa data, tivesse se convencido do promissor ambiente de trégua da *Revista Brasileira*, animando-se, ainda em 1895, a divulgar os primeiros excertos da "grande devoção literária de sua

---

9   NABUCO, Joaquim. *Minha formação*. São Paulo: Editora 34, 2012; 11 ARANHA, Graça (org.). Machado de Assis & Joaquim Nabuco. Correspondência. 3a ed. Rio de Janeiro: Topbooks, 2003; e 12 NABUCO, Joaquim. Minha formação. São Paulo: Editora 34, 2012.

10 *Apud* RODRIGUES, João Paulo Coelho de Souza. *A dança das cadeiras: literatura e política na Academia Brasileira de Letras (1896-1913)*. 2ª ed. Campinas, SP: Editora da Unicamp, CECULT, 2003, p. 35.

11 *Apud* ARANHA, Graça (Org.). *Machado de Assis & Joaquim Nabuco. Correspondência*. p. 108.

150   Ana Beatriz Demarchi Barel e Wilma Peres Costa (orgs.)

vida",[12] a qual, segundo o autor de *Quincas Borba*, conta "a vida de seu ilustre pai, não à maneira seca das biografias de almanaque, mas pelo estilo dos ensaios ingleses".[13] Começava a consagração do escritor Joaquim Nabuco.

Adiantando-se aos pares, o próprio Nabuco apresentou as balizas para esse reconhecimento. Em 2 de junho de 1896, no capítulo XI da autobiografia que vinha escrevendo para o jornal *O comércio de São Paulo*, em meio às reminiscências da primeira viagem à Europa, terminou por justificar uma aptidão para as letras que afinal se concretizaria. Essa parada literária d*A minha formação política*, que no começo se chamara *A minha formação monárquica*, na edição do livro de 1900 constitui o capítulo VIII, "A crise poética". Diante da evidente falta de valor do livro de poesia *Amour et Dieu* – pelo qual se resignava que não lhe coubera "em partilha nem o verso, nem a arte"[14] – e das alternativas e habilidades requeridas, recuperava e passava adiante o conselho que Renan lhe dera de seguir os estudos históricos como uma "profissão literária séria", em lugar da "literatura desocupada", do "campo literário" composto de *flâneurs*, contundente ataque ao que acreditava ser o grupo majoritário das letras do final do século XIX. Porém, sabia que "aconselhar a jovens que se dediquem a estudos históricos desinteressados é aconselhar-lhes a miséria".[15] Nesse ponto, havia um trecho que foi retirado da versão em livro que ironizava a figura do político paulista Francisco Glicério, articulador, pelo Partido Federal Republicano, das eleições gerais de 1894 que deram a vitória a Prudente de Moraes:

Quanto à miséria a que está votado o desinteresse literário, artístico ou científico em uma época mercantil, quem sabe para se intelec-

---

12   NABUCO, Joaquim. *Minha formação*. p. 253.

13   Crônica de 22 de março de 1896. ASSIS, Machado de. *A Semana*. v. 3 (1895-1900). São Paulo: Jackson Editores, 1957, p. 138.

14   NABUCO, Joaquim. *Minha formação*. São Paulo: Editora 34, 2012.

15   *Ibid.*, p. 98.

Cultura e Poder entre o Império e a República   *151*

tualizar um pouco o novo Brasil o Sr. Glicério, que faz Presidentes de quatro em quatro anos, não quererá ligar o seu nome a uma criação mais duradoura, fundando como Francisco I uma espécie de Colégio de França ou, como Richilieu, de Academia Francesa? Talvez as glórias da Convenção lhe sejam mais simpáticas e então ele se torne a Lakanal de uma Escola Normal em que possam um dia professar os nossos Michelet, Jouffroy e Cousin.[16]

Na ausência dessas ilustres instituições francesas que fomentariam os "estudos desinteressados", era necessário abrigar-se naquelas herdadas pelo regime deposto. O bacharel em letras pelo Colégio D. Pedro II até que enfim podia ingressar no Instituto Histórico e Geográfico Brasileiro, fundado em 1838 para a construção de uma memória da nação consolidada pelo Império. Por isso, ao se tornar membro do IHGB, Nabuco também sinalizava uma reverência aos políticos e letrados que o constituíram ao longo do tempo e, acima de todos, ao seu promotor, D. Pedro II. No parecer da comissão de 16 de agosto de 1896, relativo à sua solicitação, avaliou-se a posição conquistada por ele como homem de letras e historiador, na medida em que essas duas posições equivaliam-se na tradição do IHGB:

> Como títulos de idoneidade para a admissão do Sr. Dr. Joaquim Aurélio Nabuco de Araujo, como membro efetivo deste Instituto foram apresentados 3 de seus livros intitulados: Reformas nacionais, O Abolicionismo, de 1883; Balmaceda, de 1895; A intervenção estrangeira durante a revolta, de 1896.
>
> São já tão conhecidos do Instituto os trabalhos literários do candidato e o seu alto valor moral, que fora demais a comissão aqui historiá-los. Escritos com mão de mestre, neles se revelam com dotes de fino e erudito escritor, seu gênio eminente-

---

16 Hemeroteca Digital Brasileira. Disponível em: http://memoria.bn.br/DocReader/DocReader.aspx?bib=227900&PagFis=3929. Acesso em: 8 jul. 2014.

152 Ana Beatriz Demarchi Barel e Wilma Peres Costa (orgs.)

mente altruísta de caridade, amor e justiça do próximo; seu tino de historiador, filósofo, observador e criterioso; e sobretudo o seu amor a esta pátria, pois se vê nesses livros – pois que Balmaceda foi produto de uma trágica época nacional – vê-se nesses livros o quanto é grande, por igual de quanto é culta sua alma de brasileiro.[17]

Desconsiderados os dois arroubos literários da juventude – *Camões e Os Lusíadas* e *Amour et Dieu* – e os vários opúsculos publicados, Nabuco demarcava o que seria significativo de sua obra para aquela ocasião. Além d*O Abolicionismo*, mostrou mais dois trabalhos recentes, motivados pelos distúrbios do início da República, o que é explicitado no parecer, no caso de *Balmaceda*, como "produto de uma trágica época nacional". Valorizava-se assim tanto o político do Império que travou a luta pela causa da abolição, quanto o crítico ferrenho da ditadura e do militarismo republicanos.

Quando se apresentou para o discurso de recepção, a 25 de dezembro de 1896, Nabuco já terminara o primeiro volume d*Um Estadista do Império* e deixava preparados os outros dois. Ao elencar os motivos para entrar no IHGB, defendeu uma plataforma para os historiadores baseada no que vinha fazendo de forma isolada e que deveria ser amparado coletiva e oficialmente pela instituição. A fim de combater qualquer ameaça de "mutilação" da memória nacional, as recomendações direcionam-se à conservação da "fonte da informação histórica" e à maneira como esse material transformar-se-ia em história. O seu próprio exemplo de organização do arquivo paterno poderia estimular a criação de "lugares de conservadores da história nacional" no IHGB que "tivessem a missão de recolher os espólios políticos ou literários de valor para o país e que achassem em perigo de ser destruídos". Quanto à escrita da história, o risco estaria no

---

17 *Revista Trimestral do Instituto Histórico e Geográfico Brasileiro.* Tomo LIX. Parte II (3º e 4º trimestre). Rio de Janeiro: Companhia Tipográfica do Brasil, 1896.

Cultura e Poder entre o Império e a República 153

que chama de "deserto do esquecimento" dos quase setenta anos do Império vindo daqueles que reduziam a história do Brasil aos nomes de Tiradentes, José Bonifácio e Benjamim Constant, numa clara alusão às figuras resgatadas pelos republicanos. Nessa direção, Nabuco antecipa a linha central d'*Um Estadista do Império* como uma proposta para a historiografia brasileira:

> (...) Do Brasil português, porém, do Brasil da primitiva colonização, composto dos mesmos elementos de raça, religião, costumes e sentimento, que no tempo da Independência; desse Brasil brasileiro, tudo me faz pensar que o reinado de Pedro II marcará o apogeu moral. Ele foi em todo caso o plexo da unidade nacional e o nó vital da liberdade civil. Escrever a história do Brasil esquecendo o reinado de Pedro II, é como escrever a história de Judá eliminado o reinado de Salomão e a história de França eliminado o reinado de Luiz XIV.[18]

Dez dias antes do discurso no IHGB, Nabuco esteve presente em reunião na sala de redação da *Revista Brasileira* que decidia a criação de nova instituição para abrigar os homens de letras no Brasil inspirada na Academia Francesa. Nos próximos anos, ficaria mais comprometido com a Academia Brasileira de Letras, maleável aos novos tempos e às concepções intelectuais dele, em detrimento do IHGB, imobilizado no passado e que se adaptaria apenas sob a presidência do Barão do Rio Branco a partir de 1907.[19] Em trecho de discurso de 1898, por ocasião do elogio de sócios do IHGB falecidos, Nabuco deixou transparecer o desencanto com a missão histórica proclamada quando de sua entrada: "(...) Não temos mais o espírito que suscita o historiador nacional; nem o interesse, a curiosidade pública que este

---

18 NABUCO, Joaquim. *Escritos e discursos literários/ L'option*. São Paulo: Instituto Progresso Editorial, 1949, pp. 107-09.

19 Consultar GOMES, Angela de Castro. *A República, a História e o IHGB*. Belo Horizonte: Argvmentvm, 2009.

154   Ana Beatriz Demarchi Barel e Wilma Peres Costa (orgs.)

satisfaz. Não é pela agitação, em que tenhamos acaso entrado, porque a agitação é às vezes vivificante; é pelo esgotamento da imaginação e pela tal ou qual flutuação do sentimento de pátria…".[20]

Na qualidade de Secretário-Geral, Nabuco proferiu o discurso da sessão inaugural da Academia Brasileira de Letras, em 20 de julho de 1897, o único que faria na instituição. Antes dele, falou o Presidente, Machado de Assis, que reiterou os princípios de congraçamento que vinham da *Revista Brasileira*: "(…) O vosso desejo é conservar, no meio da federação política, a unidade literária. Tal obra exige, não só a compreensão pública, mas ainda e principalmente a vossa constância. A Academia Francesa, pela qual esta se modelou, sobrevive aos acontecimentos de toda casta, às escolas literárias e às transformações civis. A vossa há de querer ter as mesmas feições de estabilidade e progresso".[21]

Em um momento decisivo para a consagração do literato em contraposição a uma vocação constantemente postergada pela política, a fala diante dos pares mostrava-se estratégica ao justificar as relações entre literatura e política no lugar que pretendia separá-las. O desafio estava em não abdicar da política sem ferir os pressupostos em que a ABL queria se promover. Primeiro, esclarece que o abandono da ação política pelas letras, vivido por ele naquele momento, estava em concordância com a autonomia requerida pela nova instituição: "(…) Cedi também, devo dizer-vos, à necessidade que sente de atividade, de renovação um espírito muito tempo ocupado na política e que de boa-fé acredita ter voltado às letras. Na Academia estamos certos de não encontrar a política".[22] Porém, na sequência, valendo-se dos ideais de "espírito público" e de "patriotismo", insinua que a política estaria presente em qualquer criação humana, inclusive na literatura: "Eu sei bem que a política, ou tomando-a em sua forma mais pura, o espírito

---

20 NABUCO, Joaquim. *Escritos e discursos literários/ L'option*. p. 211.
21 *Discursos acadêmicos*. Tomo I. Volumes I-II-III- IV, 1897-1919. Rio de Janeiro. ABL, 2005, pp. 3-4.
22 NABUCO, Joaquim. *Escritos e discursos literários/ L'option*. p. 183.

Cultura e Poder entre o Império e a República   *155*

público, é inseparável de todas as grandes obras (...)";[23] "Nós não pretendemos matar no literato, no artista, o patriota, porque sem a pátria, sem a nação, não há escritor, e com ela há forçosamente o político".[24] O que poderia denotar a tão incômoda intromissão da política é resolvido por uma espécie de dissolução dela na obra literária, não explicada e habilmente metaforizada: "(...) mas para a política pertencer à literatura e entrar na Academia é preciso que ela não seja o seu próprio objeto; que desapareça na criação que produziu, como o mercúrio nos amálgamas de ouro e prata. Só assim não seríamos um parlamento".[25]

Ao que se refere propriamente à literatura, Nabuco parece retomar a opinião do seu primeiro livro publicado, *Camões e Os Lusíadas*. Embora considerasse a literatura brasileira mais relevante em relação a que se lhe mostrava em 1872 – para começar havia Machado de Assis – ainda insiste que não contava com um livro definitivo: "(...) não tivemos ainda o nosso livro nacional, ainda que eu pense que a alma brasileira está definida, limitada e expressa nas obras de seus escritores; somente, não está em um livro. Esse livro, um extrator hábil poderia, porém, tirá-lo de nossa literatura... O que é essencial está na nossa poesia e no nosso romance".[26] Em outras palavras, Nabuco afirma que a poesia e o romance, os gêneros da imaginação por excelência, ofereceriam parcelas da "alma", da "essência" nacional, mas não sua totalidade sintetizada em um livro. Se a epopeia, a exemplo da camoniana, já assumiu um dia essa função, tudo leva a crer que nos tempos modernos Nabuco apostaria que a historiografia pudesse recriar a nação por meio de um homem e de uma época. Complementando o significado d*Um Estadista do Império* subtendido no discurso do IHGB, revela as exigências a que se deveria submeter para realizar essa obra quase inalcançável: "O livro não podemos fazer, porque o livro é

---

23   *Ibid.*, p. 183.
24   *Ibid.*, p. 184.
25   *Ibid.*, p. 184.
26   *Ibid.*, p. 186.

uma vida; em um livro deve estar o homem todo, e nós não sabemos mais fundir o caráter na obra, sem o que não pode haver criação. Em certo sentido toda a criação é, senão um suicídio, uma larga e generosa transfusão do próprio sangue em outras veias."[27] Aqui Nabuco parece pressentir a quase esterilidade em sua produção após os esforços e a entrega para realizar *Um Estadista do Império* e *Minha formação*.

Ao lado do aparente apaziguamento das dissensões políticas, promovia-se na ABL uma abertura a membros não exclusivamente literatos, ou seja, homens de letras advindos de outras áreas. Até mesmo um crítico cioso da forma literária como foi José Veríssimo defendeu que a instituição "não estreitou a sua escolha, quer no passado quer no presente, aos puros literatos. Aceitando como seus estadistas, sabedores, eruditos, oradores, jornalistas, julgou sem dúvida que, conforme o parecer de um dos maiores acadêmicos franceses, 'tudo o que se faz com talento, torna-se literatura'."[28] É claro que Nabuco, um político travestido de historiador, buscou promover uma "academia de notáveis", talvez na vontade de resgatar, nessa outra república que se formava à margem da república oficial, uma galeria próxima dos "estadistas do Império". Em carta ao Visconde de Taunay de 1898, Nabuco incentivou a eleição de Rio Branco – mais um político filho de um grande estadista do Império – alegando o valor de escritos que estavam longe de ser estritamente literários: "(...) Os trabalhos dele são os mais sérios que se têm feito entre nós em geometria e história militar; não sei se você já viu a Memória que ele apresentou ao Cleveland, – é uma série de volumes de raríssima erudição e pesquisa; e depois do artigo do José Veríssimo, ele mesmo não quererá reduzir a Academia a um círculo fechado de estilistas, gramáticos e literatos."[29]

---

27 *Ibid.*, p. 186.

28 VERÍSSIMO, José. A Academia Brasileira. In: *Estudos de literatura brasileira: 6ª série*. Belo Horizonte: Ed. Itatiaia; São Paulo: EDUSP, 1977, p. 87.

29 NABUCO, Joaquim. *Cartas a amigos*. v. 1. Carolina Nabuco (Org.). São Paulo: Instituto Editorial Progresso, 1949, p. 283.

Cultura e Poder entre o Império e a República　*157*

Com a publicação do primeiro tomo d'*Um Estadista do Império* em 1898 era chegada a hora de comprovar os resultados concretos desse retorno às letras, e ninguém melhor do que Veríssimo para validá-lo. Em extenso artigo publicado inicialmente na *Revista Brasileira*, o crítico não apenas examina detidamente a nova obra, mas também faz um balanço da carreira literária, ratificando a combinação literatura e política por meio da historiografia realizada no ostracismo no começo da República:

> É esta inatividade forçada, já que não quis arrolar-se entre os "adesistas" ao novo regime, que devemos a nova fase da sua atividade intelectual, esta toda consagrada às letras. Mas não às letras puras, à crítica, à história literária, campos que arroteou em moço, à filosofia, desprendidas de preocupações práticas e tendo apenas as necessárias relações com a sociedade e as questões que a agitam. Não, o seu temperamento político lho não permitia. (...) O político desapareceu nele na medida em que pode desaparecer num indivíduo qualquer das manifestações do seu temperamento, e o escritor prevaleceu. Este escritor, porém será um escritor político, mas político no mais alto sentido da palavra. A sua literatura será literatura política. E como de todos os gêneros literários, o que mais de perto toca à política é a história, ele se fará historiador.[30]

Sendo a história um gênero literário, Veríssimo aborda *Um Estadista do Império* a partir da escrita ou do estilo para concluir que o livro é tratado "com preocupações de artista, de escritor convencido de que a arte de escrever é essencial a qualquer assunto".[31] Por isso, desabona a intercalação de uma série de documentos que não se coadunaria "com as preocupações literárias e artísticas que o livro revela".[32] Nabuco, em carta a Veríssimo de 23 de junho de 1898, procurou-se

---

30　VERÍSSIMO, José. Um historiador político In: *Estudos de literatura brasileira. 1ª série*. Belo Horizonte: Ed. Itatiaia; São Paulo: EDUSP, 1976, p. 109.

31　*Ibid.*, p. 103.

32　Iibd., p. 107.

defender desse reparo ao insistir que seria "isso que o torna um livro documentado (...) Eu fiz uma história documentada antes de tudo. Quis provar, acredito que provei." Para não desgostar de todo o amigo, observa que seria possível "extrair uma edição popular em um só volume, que lhe pareça mais em forma literária".[33]

Talvez para esclarecer de que não era contrário aos documentos e sim à maneira de usá-los é que Veríssimo tenha explicitado, na segunda parte do artigo, a sua concepção de história, de grande aceitação no século XIX: "Há no Sr. Joaquim Nabuco qualidades de historiador, mas, infelizmente nem todas, nem completas. Um historiador precisa reunir as qualidades de filósofo, de escritor, de erudito. A história, obra de erudição, é eminentemente também obra de arte e de filosofia. Não são as capacidades de artista e de pensador que faltam ao Sr. Joaquim Nabuco. Mas não sei se possui no mesmo grau as de erudito." Ao trabalhar com generalizações feitas quase que "exclusivamente do material acumulado por seu pai", Nabuco não teria contemplado a parte "erudita" da história, ou seja, "a pesquisa, indagação e crítica de fontes, a rebusca de documentos, o exame e comparação deles, a sua escolha e classificação". Veríssimo cogita que ele amava os estudos históricos na medida em que eles serviam aos estudos políticos, uma espécie de "política em teoria"[34] sinalizando que as condições do trabalho intelectual no Brasil estavam distantes da especialização da disciplina já praticada na Europa naquele final de século XIX.

Ciente de suas limitações nas "letras puras", no dizer de Veríssimo, e da efemeridade dos opúsculos e do jornalismo, Nabuco apostou em gêneros de prestígio, a história e a autobiografia, nos quais poderia conciliar um estilo literário a uma reflexão política. Ao mesmo tempo em que escrevia as obras, buscou a legitimação dos pares e de suas instituições. Se as convicções políticas o colocavam naturalmente sob o abrigo do IHGB,

---

33   Acervo José Veríssimo. Arquivo da Academia Brasileira de Letras.

34   VERÍSSIMO, José. *Um historiador político*. In: Estudos de literatura brasileira, 1a série. Belo Horizonte / São Paulo: Ed. Itatiaia / Edusp, 1976.

foi na ABL em que via maiores possibilidades de construir uma instituição formada não apenas por literatos, mas também por grandes homens públicos que tivessem alguma produção escrita. Enquanto Machado de Assis e José Veríssimo, respectivamente na criação e na crítica, seriam os mentores, Nabuco faria a ponte entre eles e aqueles que se vinculavam "às realidades da vida", que consideravam "este mundo como ele realmente é", anseio que vinha desde os primeiros poemas.

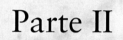

O Estado e a memória da sociedade

Carlos A. C. Lemos

  Este ensaio trata de dois fatos simultâneos que caracterizaram a sociedade dos "barões do café" situada no médio Vale do Paraíba, que durou noventa anos. Nesse período a arquitetura residencial teve uma transição caracterizada pelo abandono das soluções estilísticas do Maneirismo introduzidas na memória coletiva por dois séculos pelos engenheiros militares para a aceitação do Neoclássico, não o chegado com a Missão Francesa, mas aquele trazido por arquitetos emigrados.

  As relações porventura existentes entre as atuações do Estado e a memória social constituem tema recorrente em meus textos sobre o nosso patrimônio cultural. De fato, é do maior interesse como a ação do Estado, nas três esferas, a municipal, a estadual e a federal, pode interferir na memória coletiva através de suas contínuas atividades legislativas e executivas.

  À primeira vista, temos a tendência em acreditar que a memória nacional seja uma só caracterizando uma singular identidade pátria ou vernácula. Na verdade, entre nós, em nossa condição americana, em nossa grandeza continental, temos várias memórias e algumas identidades por mercê da miscigenação; do encontro de culturas, a ibérica, a indígena e a negra de início e, depois, as europeias em geral via os vários e continuados fluxos migratórios. No Brasil, nunca houve uma só identidade cultural, até mesmo nos tempos coloniais sob a igual vigilância portuguesa. Aqui aconteceram diversidades logo visíveis se analisarmos, por exemplo, as vidas dos moradores do litoral em geral; o comportamento arredio dos mamelucos do planalto de Piratininga e o procedimento dos aventureiros de repente arribados nos arraiais mineiros além Mantiqueira.

E não devemos esquecer também, que essas memórias de todos na Colônia continuamente se alteraram com a sucessão das gerações. Vê-se, além disso, que elas são acumulativas e selecionadoras perpassando uma incessante afluência de informações que se repetirão no procedimento social, nos usos e costumes; nos modos de morar; na arquitetura das casas. Pelo Brasil afora, de variegados climas, ao longo do tempo, através dos saberes locais, definiram-se soluções empíricas e sincréticas na cultura material para garantir o conforto ambiental dos moradores. Era essa a ajuizada arquitetura chã, ainda destituída das veleidades das intenções plásticas e quando estas chegaram, já nos dias do Império, veremos que a interferência estatal dá-se apenas através de posturas e códigos dirigidos às construções propriamente ditas, ficando as questões do gosto por conta de agentes culturais da própria sociedade, sobretudo imigrados.

Ao tratar da memória da sociedade valeparaibana, veremos que nela houve uma vida cotidiana e uma cultura algo diferenciadas do dia-a-dia dos moradores mamelucos de São Paulo. Na arquitetura rural, pelo menos, atenderam diferentemente as imposições programáticas referentes ao ato de morar. Ali, nunca foi encontrada, por exemplo, a chamada "casa bandeirista", aquela caracterizada por uma varanda entalada entre dois lanços de taipa, solução paladiana tão comum nas roças às margens do Tietê. O que nos interessa saber é que no vale do Paraíba paulista definiu-se uma arquitetura chã de taipa de pilão que durou incólume durante cerca de duzentos anos até o primeiro quartel do século XIX, quando passou a dividir espaço com outra similar pa-

Cultura e Poder entre o Império e a República

ravernacular vinda de Minas Gerais através da garganta do Embaú, o desfiladeiro por onde passava o ouro quintado destinado ao porto de Parati, no rumo à Portugal. A partir desse tempo, teve início a chegada ininterrupta de mineiros arvorados em agricultores devido ao escasseamento daquele metal. Essa arquitetura recém-chegada, no entanto, já possuía certo requinte proveniente de carpintaria própria de mão-de--obra operando novas ferramentas em novas sambladuras aprendidas na reconstrução de Lisboa após o terremoto de 1755, novas técnicas levadas aos arraiais e vilas pelos engenheiros militares ali presentes.

Desse modo, no alto Paraíba, juntaram-se duas memórias, a mameluca antiga, digamos predominante e a mineira recém arribada, ainda plena de saudades de Portugal, embora já tivessem passado três ou mais gerações de reinois escravocratas. A arquitetura residencial dessa gente nada tinha a ver com o zelo do Estado quanto aos programas de necessidades, quanto ao desempenho da vida doméstica. O governo ultramarino apenas interferia na arquitetura urbana legislando sobre a disposição ritmada das envasaduras dos frontispícios, sobretudo nos sobrados residenciais geminados. Na roça, no entanto, a vida religiosa das famílias era regulamentada por breves papais, que podemos considerar determinações estatais, pois a religião de Roma fazia parte oficial do sistema de governo do Reino. Na Colônia, nas residências, fossem elas rurais ou urbanas, no âmbito íntimo familiar, eram terminantemente proibidas cerimônias ou práticas próprias da liturgia católica, como a missa, o casamento, o batizado, etc. Essa intervenção eclesiástica refletiu-se no programa da casa prevendo uma dependência de recepção, um átrio, destinado à intermediação entre o público e o privado, para o qual deitavam portas a sala da intimidade familiar, o quarto de hóspedes e a capela. Nas sedes rurais do vale do Paraíba não houve uma regra fixa para atender a essas exigências, como na arquitetura rural do mundo mameluco do vale do Tietê. Na maioria das vezes, a capela era uma construção isolada e quando sob o mesmo telhado da residência seu acesso se dava através de alpendre corrido na fachada. Houve exceções, é claro, como na Fazenda Pasto

Grande, em Taubaté, obra do século XVIII, cuja capela ficava num salão de entrada da casa de uso alheio à vida doméstica; servia de enfermaria de escravos doentes.

Vocês devem ter percebido que até agora não enfatizamos a questão da intenção plástica na arquitetura. A verdade é que somente a partir do século XVIII as construções coloniais deixaram de ser apenas chãs, despretensiosas, para assumir em seus arcabouços estilemas e composições de fachadas próprias do Maneirismo, trazido pelos ditos engenheiros militares, sobretudo espanhois do tempo do reinado dos Felipes, os introdutores da arquitetura militar italiana na Europa e nas possessões de Ultramar. Nos finais daquele século, já é notada a presença do Neoclássico histórico. As novidades sempre tendo início nas construções do litoral, para depois atingirem o interior da Colônia e sempre havemos de perceber a primazia das igrejas na ostentação dessas inovações, que englobadamente chamamos de "pombalinas".

A partir da chegada da Corte ao Rio de Janeiro, em 1808, tem início a substituição dos estilemas maneiristas, como aqueles da igreja de Santa Cruz dos Militares, projeto de José Custódio de Sá e Faria, por todo o repertório do Neoclássico histórico, na versão napoleônica, trazido pela Missão Francesa, em 1816. Esse o nome dado ao conjunto de técnicos e artistas arregimentados pelas providências do conde da Barca, Antonio de Araújo e Azevedo. Dez anos depois, é inaugurada a Academia Imperial de Belas Artes dirigida pelo arquiteto Victor Grandjean de Montigny, donde saíram os primeiros arquitetos brasileiros difusores do estilo Neoclássico entre nós. Esses profissionais tiveram influência direta nas construções urbanas das novas cidades surgidas acima da Serra do Mar ao longo do caminho que Garcia Pais projetara ligando Ouro Preto ao Rio de Janeiro. Cidades desenvolvidas em cima de velhos pousos incrementados pelo dinheiro do café, que veio subverter toda a economia daquele tempo trazendo o capitalismo de encontro ao mercantilismo colonial. Sem dúvida, a cidade símbolo das urbanizações acontecidas pela importância do "ouro verde" serra

Cultura e Poder entre o Império e a República

acima nesse tempo no médio curso do Paraíba é Vassouras. Nela, desde os seus primeiros dias, os governantes municipais são conscientes dos méritos da nova arquitetura trazida pelos franceses. Por exemplo, o vereador Joaquim José Teixeira Leite, em 1848, desdenha os projetos dos engenheiros civis e proclama na Câmara de Vassouras que *"no Brasil existe há muito uma Academia de Belas Artes e já é tempo de consultarmos aos verdadeiros mestres da arte."*[1]

Esses fatos que acabamos de relatar sintetizam bem a introdução do Ecletismo urbano entre nós sempre amparado pelo dinheiro do café e, a partir daí, difundido em São Paulo pelos imigrantes atraídos pela nova lavoura. O alto e médio Paraíba do Sul receberam à sua moda a novidade estilística. Vejamos.

Neste ponto, lembro que a região do médio Paraíba, no primeiro quartel do século XIX, foi devassada a partir dos caminhos saídos das fraldas da Serra do Mar próximas às bordas da Baía da Guanabara, sendo o principal deles o já citado "Caminho do Ouro" aberto por Garcia Rodrigues Pais, o filho de Fernão Dias. E foi por eles que a cultura cafeeira subiu para ocupar as terras devolutas de antigas sesmarias às margens do Paraíba em direção a São Paulo. Assim, novas veredas foram abertas enfrentando matas virgens já parcialmente ocupadas aqui e ali por modestos agricultores, na maioria mineiros. Tal penetração era, antes de tudo, muito cara exigindo grandes capitais e, daí, o perfil diferenciado dos novos fazendeiros, aqueles ricos do Rio de Janeiro e os enricados em São João Del Rei. Gente urbana que logo tratou de fundar cidades de fácil acesso a suas propriedades. A mencionada Vassouras foi uma delas, já vila próspera em 1835. Enfim, no segundo quartel do século XIX, toda a região entre a atual Resende e Bananal, dos paulistas, já estava toda ocupada pelo café. Esta última localidade fora fundada em 1785 por um pequeno agricultor paulista, João Barbosa de Camargo. Com a chegada do chamado "ouro verde"

---

1   Ver: TELLES, Augusto Carlos da Silva. Vassouras – estudo da construção residencial urbana. *Revista do SPHAN*, Rio de Janeiro: nº 16,1968.

ela se tornou uma abastada vila em 1833, que, em 1849, alcançou o título de cidade, tornando-se logo a mais rica da Província. Cidade de milionários morando em enormes casarões, maiores em tudo que nas suas sedes de fazenda.

Os componentes do quadro demográfico estabelecido ao longo do Paraíba possuíam nuances de uma mesma memória, a portuguesa; enfatizada, sobretudo, entre os mineiros, gente de poucas gerações na Colônia. A nosso ver, pessoas desinteressadas de questões esteticistas quanto à arquitetura. A reclamação do citado vereador de Vassouras é uma prova disso. No subconsciente ou na memória de todos, digamos assim, não havia precisamente a necessidade de uma intenção plástica em suas construções. O que interessava aos ricaços era unicamente o tamanho de suas casas de dezenas de janelas. É que todas vinham de um tempo de poucos recursos técnicos construtivos. Mormente os paulistas, que por mais de 250 anos cultuaram a taipa de pilão. Tanto em São Paulo, como em Minas, situados longe do litoral, onde chegavam e ficavam as novidades lusitanas, todas as construções eram igualmente executadas com mesmíssimos materiais. As variações simplesmente eram quantitativas.

Os ricos ou poderosos na sociedade segregada moravam em casas enormes e os pobres em casas mínimas de um só lanço, mas, todos, sob as mesmas telhas. Na verdade, o Neoclássico histórico trazido pela Missão Francesa e, depois, o Ecletismo vindo na bagagem dos imigrantes, mormente na região paulista, de início, atingiram unicamente as construções urbanas, como as igrejas e construções públicas. Os fazendeiros do Vale, para não demonstrar alheamento social, digamos assim, simplesmente pespegaram às vezes na modinatura dos frontispícios de suas construções o mais famoso dos estilemas neoclássicos: o frontão triangular, sempre pequeno, não perturbando a linearidade dos beirais. Também dividiram as fachadas em painéis simétricos, sendo que no central, o das portas de entrada, as envasaduras necessariamente deveriam possuir vergas de pleno cinto, isto é, de arco de círculo, o novo estilema. Aliás, de começo, esse modelo acabou identificando entre nós as "casas do café". O povo difundiu esse arquétipo, propagando-o até em construções já existentes vindas do tempo do açúcar. Da classe média para cima, todas as residências, urbanas ou rurais, necessariamente haveriam de ter tais vergas ostentando bandeiras de ferro forjado.

Como sabemos, o ciclo cafeeiro do vale do Paraíba não chegou a fazer cem anos e nem conheceu a presença do imigrante italiano fazendo parcerias com fazendeiros. Já estava em pleno declínio nos dias da abolição da escravidão. Não conheceu totalmente o Ecletismo multifacetado que inundou São Paulo e as fazendas além Campinas. No Vale, praticamente não houve as variações qualitativas, fora de meia dúzia de exceções. O que perdurou foi a variação quantitativa ostentando o poder econômico pelo assombroso tamanho das construções assim trazido pela memória desde os tempos de sujeição colonial.

Resta a comentar que o fazendeiro do vale do Paraíba, enquanto displicente em relação à qualidade de sua arquitetura, amou o luxo e toda a modernidade advinda da Revolução Industrial. O Estado, introdutor do Neoclássico imperial, acabou atuando unicamente nas obras oficiais cariocas.

Realmente, os ditos "barões do café" e seus comparsas amaram o luxo na vivência intramuros, assumindo prontamente as modernidades propiciadas pela indústria europeia nascida das invenções focadas na vida cotidiana. Foi enorme, por exemplo, o impacto causado pelos lampiões abastecidos de querosene e providos de mecha circular à volta de aerador perfurado cilíndrico. Lampiões vulgarmente chamados de "belgas". A claridade foi outra. E logo no último quartel da centúria, as arandelas alimentadas pelo gás acetileno fabricado nas edículas próximas à "casa mãe" vieram também a ajudar o abandono definitivo dos lustres e candelabros de velas de cera. Essa nova luminosidade alterou prontamente os horários da vida cotidiana e inaugurou nas casas ricas de famílias numerosas as tertúlias à volta da mesa e os jantares e bailes com convidados da vizinhança. Novos cenários formados por paredes empapeladas, por paineis pintados por Vilaronga, o artista espanhol requisitadíssimo por todos; por enormes tapetes franceses e reposteiros variados; por mobiliário e estofados "Luiz Felipe". Nas mesas, toalhas de linho, porcelanas e cristais de variada origem da Europa civilizada. Caixas de música e pianos; bibelôs e grandes espelhos fazendo ângulos com a parede para que todos pudessem se ver. Gravuras de grande porte mostrando cenas históricas, sobretudo mitológicas. Vasos de flores, até há pouco tempo circunscritos aos altares dos oratórios ou capelas.

Todo esse luxo só foi compatível com a arquitetura eclética historicista por volta do último quartel do século XIX mercê da presença de arquitetos, não só os egressos da Academia de Belas Artes, mas também, pelos europeus infiltrados na alta classe social. O Estado já estava fora disso tudo e esquecidos os seus estilemas retrógrados vindos do Maneirismo. O Estado atuou implacável foi com os seus "códigos sanitários" até a chegada da Grande Guerra de 1914.

Foto: **Acervo da Biblioteca FAU/USP.**

Fazenda de café Pau Grande, em Avelar, instalada em terras de antigo engenho de açúcar, quando a memória coletiva comandando os velhos costumes determinados pela taipa de pilão exigia dos ricos a ostentação esbanjadora em suas moradias superdimensionadas em relação às necessidades do cotidiano familiar.

Sua sede foi construída por Luís Gomes Ribeiro no início do século XIX que, ali, morou por pouco tempo, mudando-se em 1810 para outra propriedade, a Fazenda Guaribú, onde faleceu em 1839. Suas avantajadas proporções impressionaram sobremaneira os viajantes estrangeiros, principalmente Saint-Hilaire em 1816, que comparou-a a um mosteiro ou castelo, impressionando-se com as 16 janelas do sobrado.

O partido arquitetônico é curioso e, talvez, único: o centro da edificação é ocupado pela capela de pé-direito duplo como que separando duas residências distintas ligadas entre si por dois passadiços. O seu frontão triangular é de inspiração maneirista, como não poderia deixar de ser.

FOTO 2: Foto: **Acervo da Biblioteca FAU/USP.**

Fazenda Secretário, em Vassouras, construída por volta de 1830 por Laureano Correa e Castro (1790-1861), barão de Campo Belo, que já tomara conhecimento certamente de dois estilemas neoclássicos: o frontão triangular guarnecido de um óculo e a porta de entrada necessariamente de bandeira de arco pleno. Contrariando as regras de composição daquele estilo pespegou dois frontões, um em cada extremidade da construção.

Aqui vemos preciosa fotogravura de autoria de Victor Frond, companheiro de Charles Ribeyrolles, autor de *Brasil Pitoresco*, em 1858, mostrando a propriedade sendo vivida pelos escravos lavando roupas no ribeirão à frente da casa; visitantes sendo recebidos à porta e veículos de transporte, inclusive uma "cadeirinha" tirada por duas bestas.

FOTO 3: Foto: **Acervo da Biblioteca FAU/USP.**

Carlota Pereira de Queiroz, em viagem acompanhando seu pai, em 1854, visita Bananal e diz ter ficado impressionada com o tamanho da construção em andamento do palacete de Manoel Aguiar Valim, o proprietário da Fazenda Resgate, próxima à cidade. Realmente suas taipas de pilão formando imenso paralelepípedo de 16 portas balcões constituem um documento representando a hora de transição entre a arquitetura antiga pombalina, ou maneirista, e as soluções "modernas" "neoclássicas". No eixo de simetria do frontispício, vemos a faixa nobre da entrada com suas três portas de vergas de arco pleno testemunhando o tímido enquadramento à nova linguagem arquitetônica. Os seis balcões centrais pertencem ao salão de festas onde Vilaronga decorou o palco da orquestra.

FOTO 4 Foto: **Acervo da Biblioteca FAU/USP.**

Muitos fazendeiros já eram informados do novo estilo Neoclássico trazido ao Rio de Janeiro pelos franceses mas, ao mesmo tempo, em suas memórias arquitetônicas ainda davam muita importância aos velhos programas enquanto concomitantemente sofriam as limitações da falta de materiais apropriados aos estilemas neoclássicos como, por exemplo, chapas de zinco ou de cobre destinadas a permitir a instalação de condutores de águas pluviais. Sobretudo a taipa de pilão, que imperava no segmento paulista na região do Paraíba apresentava entraves diversos, mas o principal deles era o horror às águas pluviais e, daí, os telhados de grandes panos, com a exclusão de reentrâncias ou rincões. Daí, também, a justificativa da ausência de platibandas. Foi o que aconteceu nesta Fazenda Paraíso, em Rio das Flores. Em 1853, o seu proprietário, visconde do Rio Preto, Domingos Custódio Guimarães, esmerou-se, no entanto, na modinatura neoclássica dividindo o frontispício do sobrado em três painéis sendo que no central três janelas e portas de arco pleno. Todos os vãos com aros de granito finamente esculpidos. No espelho dágua, notar a escultura, idêntica à que comparece à frente da Fazenda Mandigüera.

FOTO 5 Foto de autoria de Carlos A. C. Lemos. **Acervo da Biblioteca FAU/USP.**

Solar do ricaço Francisco Gomes Leitão, de 1857, em Jacareí, com as mesmas preocupações estéticas ocorridas a várias centenas de quilômetros na sua contemporânea Fazenda do Paraíso, da página anterior. No entanto, diferenciam-nas a técnica construtiva; no alto Paraíba ainda perdurava a taipa de pilão.

FOTO 6 Foto de autoria de Carlos A. C. Lemos. **Acervo da Biblioteca FAU/ USP.**

Vestíbulo do sobrado da figura anterior. O piso de mármore branco e preto é uma constante nas construções valeparaibanas.

FOTO 7 Foto de autoria de Carlos A. C. Lemos. **Acervo da Biblioteca FAU/USP.**

Fazenda Mandigüera, no município fluminense de Quissamã, projeto do arquiteto alemão Antonio Becher para o conde de Araruama, em 1875. Fazenda hoje em ruínas, mas permitindo que se imagine sua importância no quadro da arquitetura eclética estabelecida à volta da Corte até o último quartel do século XIX, quando os produtores de café e açúcar dali ainda dependiam da mão-de-obra escrava, não conhecendo as parcerias com imigrantes europeus.

FOTO 8 Foto de autoria de Carlos A. C. Lemos. **Acervo da Biblioteca FAU/USP.**

Contam-se nos dedos as residências ricas levantadas nos centros urbanos do Vale do Paraíba paulista no século XIX. Como exemplo, publicamos neste breve ensaio este magnífico sobrado eclético levantado pelo visconde de Palmeira por volta de 1860 em Pindamonhangaba. Agora, diferentemente de Manoel de Aguiar Valim, em Bananal, o visconde contratou um construtor e "arquiteto prático" português, Francisco Antonio Pereira de Carvalho, por apelido, Chiquinho do Gregório. Apresenta a residência simplesmente 57 janelas em suas duas fachadas. Como aquela de Bananal, também toda de taipa de pilão. Devido ao declive do terreno, nos fundos a construção possui três pavimentos e as paredes cerca de 12 metros de altura e devido a isso o precavido construtor usou paredes atirantadas unidas por cabos de aço embebidas nas paredes divisórias de taipa de mão. Os "cachorros" de sustentação dos balcões e as cimalhas são feitos com segmentos de trilhos de estrada de ferro cravados em furos feitos nas paredes. As platibandas são guarnecidas de estátuas de louça portuguesa de Devesas.

FOTO 9 Foto de autoria de Carlos A. C. Lemos. **Acervo da Biblioteca FAU/ USP.**

Nos fundos do sobrado do visconde de Palmeira, cobrindo o pavimento térreo, este espaço descoberto permite seja vislumbrado magnífica paisagem com a serra da Mantiqueira no horizonte. Originalmente, o piso era feito de placas de mármore negro belga e mármore branco de Carrara, substituídas na restauração por ladrilhos hidráulicos por pura economia.

FOTO 10 Foto: **Acervo da Biblioteca FAU/USP**.

O pintor espanhol José Maria Vilaronga, a partir de Vassouras, onde veio a residir nos primeiros anos da segunda metade do século XIX, pintou painéis decorativos nas paredes de dezenas de fazendas da região do médio Paraíba. Esta decoração mural presente na sala de jantar da Fazenda Resgate, em Bananal, de propriedade de Manoel de Aguiar Valim, simboliza bem o clima da euforia argentaria reinante na ostentação do luxo vigente nas fazendas de café daquela região durante o Segundo Reinado. Esta pintura, certamente de inspiração do proprietário, mostra em primeiro plano uma caixa encimada por várias cédulas de contos de réis; fortuna ganha com o cafezal ali retratado morrendo no horizonte. Descuidadamente, as plantas têm suas carreiras perpendiculares às curvas de níveis, loucura jamais praticada em nossos dias, pois propiciavam enxurradas que, com o passar dos anos, deixavam as raízes à vista. Foi o principal motivo da decadência que coincidiu com a abolição da escravatura em 1888.

Representações da economia cafeeira: dos barões aos "Reis do café"

Ana Luiza Martins

Introdução

Considerando o tema do seminário, *Estado, Cultura, Elites (1822-1930)*, me pareceu oportuno trazer uma reflexão sobre aspectos do quadro socioeconômico que presidiu o Brasil no período abordado, nesse texto especialmente centrado na virada do século XIX para o XX, em particular entre os anos de 1890 e 1930. Essas balizas se referem ao início das primeiras crises do café, que se fazem notar a partir de 1890 e ao colapso decorrente do crash da Bolsa de Nova Iorque, em 1929.

Começo com um questionamento. A afirmação recorrente finissecular de que "o café dava para tudo", manancial que jorrava prodigamente benesses de riqueza, possibilitando toda sorte de realizações, precisa ser vista com reservas. Na realidade, sobretudo a partir de 1885, a economia cafeeira apresentou sinais de crise latente, fosse pela superprodução em curso, ou pelos vários descompassos de seu trato e beneficiamento no campo, ou ainda pelas dificuldades para o regular despacho para o Porto de Santos e, a partir desse, para os mercados internacionais. A situação se tornara difícil nos três Estados de sua proeminência – São Paulo, Minas Gerais e Rio de Janeiro – agravada pela ausência de uma política de governo voltada para o produto.

Certamente, dados os limites do texto, aqui não é o espaço para esmiuçar sua trajetória e rebatimentos na longa duração. Contudo, gostaria de sublinhar o recorrente percurso de sucessivas dinâmicas de apogeu e decadência do produto – experimentado no curto espaço de vivência de três ou quatro gerações etárias – na tentativa de relativizar a presença agigantada das rendas dos cafezais que perpassa toda a vida nacional. Cabe lembrar que o café pôs em cena novas atividades e capitais expressivos, que circularam à sua sombra, ou mesmo independente dele, respondendo por ativos significativos do país.

A produção cultural e as transformações políticas e sociais que engendrou – muitas delas analisadas nesse seminário – nasceram concomitante ao curso itinerante da planta, que no espaço de um século desbravou fronteiras, pontilhou o território de novas cidades, introduziu contingentes de imigrantes, definiu políticas de Estado, modernizou tecnicamente o país, propiciou transformações do capital e amalgamou a imagem de um Brasil tão-só atrelado ao café. Imagem veiculada por uma imprensa otimizada na virada do século XIX ao XX, que fazia do produto suas recorrentes manchetes e pautas, ainda que fosse, em outra chave, para trazer as crises que então ameaçavam o produto.

Acrescente-se que uma literatura de transição – que conjugava poetas Parnasianos, escritores de ficção Românticos, trabalhos de cunho Regionalista e práticas literárias de proposta Modernista – cultivou o significado heroico da planta, enaltecendo seu protagonismo no quadro socioeconômico nacional.

Sem dúvida, desde a década de 1830, quando o produto suplantou a cana na balança comercial do país, o café foi o motor propulsor do lançamento do Brasil na engrenagem do capitalismo internacional, assim como fez girar a máquina do poder, assistindo-se a transformações de monta, a exemplo da passagem da ordem escravocrata para o trabalho livre, da Monarquia para a República, da economia assentada no capital rural para aquele comercial, industrial e financeiro. Mas, nem sempre o "café deu para tudo", em particular pós-crise de 29, quando – a despeito do crescimento da produção – outros gêneros agrícolas e atividades comerciais e industriais contribuíram significativamente para a economia do país.

Nesse sentido, procuro trabalhar no recorte paulista, questões que ilustram, de certa forma, o superdimensionamento da onipresença do produto no imaginário nacional como responsável exclusivo pela propalada bonança propiciada pelo grão, em algumas de suas festejadas etapas. A documentação utilizada para esse fim passa por inventários e testamentos do Vale do Paraíba paulista entre 1850 e 1888, por fontes literárias que traduzem a fragilidade do cotidiano do cafeicultor, em particular na entrada do século XX, e também por parte da iconografia do café, que foi recorrente desde sua emergência como sustentáculo econômico da jovem nação.

Antecedentes históricos e o inicial protagonismo político do café

Sabe-se que já ao final do século XVIII, quando do declínio da atividade mineradora das Gerais e o baixo preço do açúcar nos mercados, urgiu a busca de novo produto para equilibrar as debilitadas finanças do Reino, naquela altura especialmente endividado com a Inglaterra. O café se apresentou como o produto da hora e da vez.

Seu plantio foi introduzido como uma política de Estado, considerando a conjunção favorável que se apresentava no Brasil, em inícios do século XIX, dada a fertilidade das terras para seu cultivo, a mão de obra escrava farta, a inexistência de intempéries climáticas e mesmo de insetos nocivos, assim como a ausência de concorrentes de peso e sua alta no mercado internacional.

Não obstante a produção inicial expressiva figurar no Rio de Janeiro, já na virada do século XIX para o XX a planta chegava a São Paulo, disseminando-se rapidamente por toda a banda paulista do Vale do Paraíba, com sinais de que a cultura viera para ficar.

É sabido que quando da viagem do príncipe D. Pedro a Santos, em agosto de 1822, valendo-se do trajeto pelo vale paulista, Sua Alteza passou e pernoitou em propriedades de cafeicultores já poderosos. Pernoitou na fazenda Três Barras, de Bananal, do capitão Hilário Gomes Nogueira; mais adiante, jantou na fazenda Pau-d'alho, tida como a primeira fazenda paulista construída especialmente para o cultivo do café. Ali, o coronel João Ferreira de Souza ofereceu-lhe soberba refeição, com leitão, guisados, frangos, arroz e lebre. No dia seguinte, o príncipe regente parou em Guaratinguetá, na casa de Manoel José de Mello, que tinha até baixela de ouro. Surpreso com tamanha riqueza recebeu do proprietário a resposta: "*As posses dão, real Senhor*"! As posses resultavam de suas lavouras de café, que se propagavam pelo vale. Nos dias seguintes percorreu e/ou pernoitou em Lorena, Guaratinguetá, Taubaté, Jacareí e Mogi das Cruzes. Em todas essas cidades conferiu as plantações de café, distribuídas pelo mar de morros, assim como a riqueza que se pronunciava a partir delas.

Fig. 1: Fazenda Pau d'Alho, em São José do Barreiro, propriedade do coronel João Ferreira de Souza, que recebeu o príncipe D. Pedro em sua ida a Santos, em 1822. Trata-se da primeira fazenda concebida exclusivamente para o cultivo do café no vale do Paraíba paulista, hoje tombada e restaurada pelo IPHAN e CONDEPHAAT.

A valorização simbólica do produto veio de imediato. Tão logo "proclamada a Independência", já em 18 de setembro de 1822, um ramo de café (ao lado do ramo de tabaco) era incorporado ao escudo de armas do Império, por sugestão de José Bonifácio de Andrada e Silva, com endosso de D. Pedro I. O fruto ainda não figurava como primeiro item da balança comercial do país, mas o avanço progressivo da rubiácea, a partir do Rio de Janeiro, sinalizava a subsequente liderança.

Logo, a figuração do ramo de café como alegoria se propagou por meio de representações de toda ordem, fosse aquela oficial do escudo de armas do país – e até hoje nele presente –, como a utilizada por D. Pedro I e suas tropas, quando príncipe passou a ostentar no chapéu imperial um ramo de cafeeiro. O símbolo deixava de limitar-se a adorno do escudo nacional – o que já era significativo – e passava a figurar, de certa forma, como um sinete que também referendava a hegemonia política de seus produtores, na sua maioria proprietária de planteis de escravos, quando não auferindo lucros com seu contrabando.

Fig. 2: Bandeira Brasileira e Pavilhão Imperial. Aquarela. Ensaio de Jean Baptiste Debret, 1822. In: BANDEIRA, Julio; LAGO, Pedro Correa. *Debret e o Brasil*. Obra Completa 1816-1831. Rio de Janeiro: Capivara, 2009, p. 355.

Fig. 3: À esq., brasão pessoal dos príncipes reais do Reino Unido de Portugal e Algarves, utilizado como insígnia do estandarte pessoal do príncipe D. Pedro, com a coroa real. À dir., o brasão do Império, acrescido da coroa imperial, oficializado pelo decreto de 18 de Setembro de 1822, com a sagração de D. Pedro imperador. Autoria do pintor francês Jean Baptiste Debret, em ambos se destacam os ramos de café e tabaco, "emblemas de sua riqueza comercial, representados na sua própria cor, e ligados na parte inferior pelo laço da nação".

Essa percepção da força da imagem do café se fez notar no trabalho do pintor oficial da Corte, Jean-Baptiste Debret, um dos primeiros artistas a documentar a cultura cafeeira, reproduzida em 1826 em conhecida imagem de um carregamento de sacas do grão, transportado para a cidade por escravos que traziam ramos de café, numa espécie de glorificação do produto.

Enquanto isso se propagava popularmente a paródia ao Hino da Independência, nos versos:

> Cabra gente brasileira
> Do gentio de Guiné
> Que deixou as Cinco Chagas
> Pelos ramos de café.[1]

---

[1] SOUZA, Bernardino José de. *Dicionário da terra e da gente do Brasil*. São Paulo; Rio de Janeiro: Companhia Editora Nacional, p. 75.

Fig. 4: Carregadores de café a caminho da cidade. Aquarela sobre papel. Jean-Baptiste Debret, 1826. In: BANDEIRA, Julio; LAGO, Pedro Correa. *Debret e o Brasil. Obra Completa 1816-1831*. Rio de Janeiro: Capivara, 2009, p. 245.

Entre tralhas, ouro, prata e escravos

Os inventários de cafeicultores do Vale do Paraíba paulista,[2] área na qual o café conheceu a inicial pujança em território paulista, é fonte primária que permite múltiplos levantamentos. Não só do grau de riqueza dos proprietários de terras, mas dos modos de vida, das práticas culturais, dos estágios de beneficiamento do produto, da expressão da mão de obra escrava e muito mais. Não cabe aqui discriminar exaustivamente seus itens, que vão de bens de raiz a utensílios domésticos, de ferramentas a vestuário, de ouro e prata a cobres e bronzes, de cafezais plantados ao café em coco, de semoventes a escravos, o que pediria um levantamento sistemático e outra metodologia de abordagem. Até porque, essa documentação tem sido competentemente trabalhada por historiadores, que nos oferecem balanços significativos de seu

---

2 MOURA, Carlos Eugênio Marcondes de. (Organizador e coautor). *Fazendas de café no Vale do Paraíba. O que os inventários revelam*. São Paulo: Condephaat, 2014.

190   Ana Beatriz Demarchi Barel e Wilma Peres Costa (orgs.)

potencial em várias dimensões.[3] Interessa-nos aqui buscar algumas respostas que ilustram (ou não) o objetivo desse texto, que procura questionar a propalada riqueza desse grupo de cafeicultores paulistas inaugurais, trazendo algumas considerações.

Inicialmente tomamos como referência os inventários de Bananal, cidade que em 1854 era tida como a maior produtora de café do país e que, a partir do último quartel do XIX figura com exemplos de residências apalacetadas e núcleo urbano "aformoseado", expressão do uso externo da riqueza de seus proprietários.

Em seus inventários, de 1825 a 1888, observa-se que o item mais valioso recai sobre o conjunto de escravos do proprietário, item superior aos bens de raiz, a exemplo, inclusive, das respectivas casas de morada. Essa superioridade do preço do escravo é observada antes mesmo da lei da supressão do tráfico, tema que já se impunha sob a forma da lei desde 07 de novembro de 1831, segundo a qual todos os africanos que entrassem no país após aquela data fossem considerados livres, assim como seriam penalizados pelo Código Criminal os responsáveis pela sua importação. Letra morta, a vinda de contingentes africanos se acentuou e se manteve significativa, pelo menos até a aprovação da lei Eusébio

---

3   Trabalhos com inventários do Vale do Paraíba: MOURA, Carlos Eugênio Marcondes de. *O Visconde de Guaratinguetá. Um fazendeiro de café no Vale do Paraíba*. São Paulo: Studio Nobel, 2ª edição revista e ampliada, 2002; CASTRO, Hebe Maria de; SCHNOOR, Eduardo (Organizadores). *Resgate: uma janela para o Oitocentos*. Rio de Janeiro: Topbooks, 1995; CARRILHO, Marcos José. *Os Estabelecimentos de Café no Caminho Novo da Piedade*. São Paulo: mestrado em arquitetura e urbanismo – FAU-USP, 1995; MARINS, Paulo César Garcez. "Queluz e o Café: quotidiano e cultura material no século XIX através de inventários". In: *Cotidiano Doméstico e Cultura material no Século XIX*. Columbia: The University of South Carolina, 1995; Rafael Bivar. "Revisitando casas-grandes e senzalas: a arquitetura das plantations escravistas americanas no século XIX". In: *Anais do Museu Paulista*: História e Cultura Material. São Paulo: USP/Museu Paulista, v. 35, 1987, p. 11-57; MARQUESE, Rafael Bivar. "A paisagem da cafeicultura na crise da escravidão: as pinturas de Nicolau Facchinetti e Georg Grimm". In: *Revista do Instituto de Estudos Brasileiros*. São Paulo: IEB/Editora 34, 2007, p. 55-76.

de Queiroz, em 1850, que finalmente – pelo menos em termos oficiais – encerraria o comércio de mais de três séculos, responsável pelo transporte de cerca de 3,6 milhões de africanos para o Brasil.[4]

O esclarecido fazendeiro Francisco Peixoto de Lacerda Werneck, Barão de Pati do Alferes deixou a obra *Memória sobre a fundação de uma Fazenda de Café na província do Rio de Janeiro*,[5] um relato de 1847, contemporâneo às pressões da Inglaterra para supressão do tráfico, mas anterior à lei de 1850, que determinou sua extinção. Neste momento, ainda se adquiria escravo sem muita dificuldade, embora o capital para este investimento já demandasse quantias maiores para sua aquisição. A partir de então o preço do escravo se elevara, tornara-se item importante nos haveres do grande proprietário, quando a riqueza do fazendeiro em seus testamentos se media não só por suas terras, prata, ouro, joias, semoventes e cafezais, mas, sobretudo pelo número de cativos de que dispunha. Sabe-se que por volta de 1817, início do cultivo do café no Vale do Paraíba fluminense, a existência de 189 escravos numa propriedade era número razoável, que se avultaria mais tarde, chegando ao exemplo do comendador Souza Breves, no Rio de Janeiro, ao que consta possuidor de 6.000 escravos em suas várias unidades de produção cafeeiras.

A primeira edição da *Memória* do Barão de Pati do Alferes, de 1847, a despeito do alerta ao cuidado para com a escravaria, não apresenta registro de época sobre as acomodações da senzala, edificação ainda irrelevante nas preocupações de um cafeicultor de meados do século. Todavia, esta precaução seria incorporada à obra em 1878, pelo seu filho também cafeicultor, Dr. Luís Peixoto de Lacerda Werneck, zeloso da mão de obra que àquela altura adquirira valor inestimável, fosse pela lei

---

4   RODRIGUES, Jaime. *De Costa a Costa*. São Paulo: Companhia das Letras, 2005. p. 28.

5   WERNECK, Francisco Peixoto de Lacerda (Barão de Pati do Alferes). *Memória sobre a fundação de uma fazenda na província do Rio de Janeiro*. Introdução Eduardo Silva. Brasília: Senado Federal; Rio de Janeiro: Fundação Casa de Rui Barbosa, 1985.

de supressão do tráfico, de 1850, fosse pela própria lei do Ventre Livre, de 1871. O contrabando de escravos valendo-se de portos clandestinos, especialmente os portos de Mambucaba e Ariró, aos poucos se extinguia, enquanto o comércio interprovincial de cativos elevava em muito o custo para aquisição daquela força de trabalho. Assim, os cuidados que o fazendeiro parece ter com o escravo – "cancro roedor do Império", na visão de Werneck pai, – decorriam, sobretudo, de sua preocupação em manter um produto caro, que lhe significava investimento e renda, que propriamente de especial atenção para com o trabalhador. Nada estranho, pois, que entre os bens arrolados nos primeiros inventários, se destacassem os instrumentos de castigo de escravos, a exemplo daqueles da fazenda Barreiro, situada em São José do Barreiro, em 1835: "Huma corrente de ferro com seus collares/Huma pega e huma corrente de ferro/Hum Gancho de ferro para pescosso de negro/Hum tronco de ferro para pé de negro/Hum par de Algemas".[6]

Logo, o que se observa nessa documentação é a crescente valorização da força de trabalho no quadro da grande produção cafeeira do vale do Paraíba paulista, que na segunda metade do século XIX respondeu pela maior produção do grão no país. Pujança, contudo, de permanência efêmera, pois o produto declinou na região em torno de, praticamente, duas gerações etárias. Inicialmente pelo plantio equivocado dos cafezais, dispostos em linha nos morros, levando as terras à erosão; após 1850, pela recorrente dificuldade da mão de obra; ou ainda pela manutenção de métodos arcaicos de beneficiamento e como que anunciando a derrocada fatal, a imprevidência na falta de investimento, fosse em seu escoamento otimizado, por meio das linhas férreas, ou na substituição da força de trabalho escrava pela mão de obra livre. Por meio dos inventários se infere que a renda dos respectivos capitais se dava, sobretudo, em torno do plantio e comer-

---

6   Inventário de Anacleta Ferreira de Souza, da Fazenda do Barreiro, em São José do Barreiro. 1º. Cartório de Notas e Ofício de Justiça de Queluz, 1835. In: MOURA, Carlos Eugênio Marcondes de. *Op. cit.*, s/p

Cultura e Poder entre o Império e a República   *193*

cialização do café, atestando o predomínio do capital rural. Pouco se encontrou entre os bens de cafeicultores do vale do Paraíba paulista quanto a investimentos em títulos, ações e/ou aplicações financeiras, embora alguns poucos proprietários mais atilados e detentores de altas rendas o tivessem feito.

No quadro de imprevidência, contudo, as representações de poder e riqueza se acentuaram entre os cafeicultores de maior expressão, magnificando sinais exteriores a propalada riqueza, a exemplo das casas de morada, fosse a sede da fazenda ou aquela edificada no núcleo urbano que se "aformoseava" aos caprichos do grande proprietário local.

Casas de morada: parte da construção simbólica do poder.

Concomitantemente, as residências senhoriais rurais, no tocante a sua resolução formal, não conheceram grandes variantes. Na esteira da planta mineira, em geral as edificações se apresentaram assobradadas ou térreas, alternando-se com sua implantação em encosta, térrea de um lado e assobradada de outro, em sua maioria reproduzindo a mesma distribuição interna. Já na cidade, os palacetes se sofisticam, implantados nas áreas centrais do núcleo urbano, ombreando-se com os poderes ali instalados, seja aquele inaugural da sede da igreja, seja aquele civil, da câmara e cadeia.

Rafael Bivar Marquese percorre um longo caminho em estudo comparativo[7] da arquitetura das *plantations* escravistas americanas no século XIX, inferindo o significado da casa sede do grande proprietário e político poderoso: a necessidade de representação do bem morar, prática que se reproduz em terras cafeeiras no Brasil. Estudando os programas de uso das grandes propriedades rurais nas Américas, Bivar vai encontrar no arquiteto italiano Andrea Palladio, (1508 —

---

7   MARQUESE, Rafael Bivar. "Revisitando casas-grandes e senzalas: a arquitetura das plantations escravistas americanas no século XIX". In: *Anais do Museu Paulista*. História e Cultura Material. São Paulo: USP/ Museu Paulista, v. 35, 1987, p. 11-57.

194 Ana Beatriz Demarchi Barel e Wilma Peres Costa (orgs.)

1580) e na Veneza do século XVI toda uma origem da construção da residência apalacetada como expressão de civilidade, riqueza e poder político. Segundo Marquese:

> Coube a Andrea Paládio trazer para o mundo moderno a linhagem das vilas romanas do mundo antigo – como uma resposta das elites mercantis venezianas à crise que se abateu sobre a economia de sua república com os descobrimentos marítimos da passagem do século XV para o XVI. A passagem das elites mercantis das atividades marítimas para a terraferma se fez acompanhar por suntuosas vilas que ao buscarem as tradições arquitetônicas clássicas procuravam neutralizar as graves tensões sociais que marcaram então a República de Veneza. Já no século XVI, como fruto do alargamento da base geográfica da economia europeia – com a subsequente implantação da indústria açucareira na América Portuguesa – já se pode detectar uma leitura de Palladio no universo dos engenhos portugueses. Isso está de certa forma, representado nas telas de Franz Post, composições cenográficas construídas em forma de teatro, sempre com a localização da casa grande e da capela na encosta, protagonizando a cena.[8]

Assim, a tradição da casa grande se implantou no Novo Mundo, figurando como uma pequena cidade, um mundo fechado, um lugar em que o proprietário era senhor de si e autônomo no governo de sua família, escravaria e agregados. E assim, também as unidades rurais escravistas foram erigidas articulando de modo estreito as preocupações funcionais com os efeitos simbólicos que pretendiam produzir, nos diversos grupos sociais nelas envolvidos – senhores, trabalhadores livres, escravos e comunidades externas à grande propriedade.

Enquanto a casa de morar – fosse a sede da fazenda ou o palacete, em geral construídos a partir de 1870 – figuravam como representações do poderio econômico e político do proprietário, sabe-se que

---

8   MARQUESE, Rafael de Bivar. *Op. cit.*,

telas reproduzindo o complexo cafeicultor encomendadas a pintores de renome da Corte, a partir de 1880, corresponderam ao período de declínio das rendas do cafezal. Estudo apurado do mesmo Rafael Bivar Marquese conclui que "o gênero da pintura de paisagem foi mobilizado pela classe senhorial do vale do Paraíba como uma resposta direta à crise da escravidão negra no Império do Brasil."[9]

Fig. 5: Fazenda Retiro, Rio de Janeiro, em óleo de George Grimm, tomada em 1881. In MARQUESE, R. B., *Op. cit.*

---

9   MARQUESE, Rafael Bivar. "A paisagem da cafeicultura na crise da escravidão: as pinturas de Nicolau Facchinetti e Georg Grimm". In: *Revista do Instituto de Estudos Brasileiros*. São Paulo: IEB/Editora 34, 2007, p. 60.

Fig. 6 Georg Grimm (1846 – 1887) Fazenda Cataguá, 1886, óleo sobre tela, 82,5 x 128 cm. FONTE: MARQUESE, Rafael de Bivar. "A paisagem cafeicultora na crise da escravidão: as pinturas de Nicolau Facchinetti e Georg Grimm". In: *Revista do IEB*, no. 44, fev. 2007.

Representações magnificadas: dos Barões aos Reis do Café

A referência da onipresença do café persiste ao longo de boa parte do curso de sua trajetória no Brasil, com seus epítetos consagradores e cada vez mais legitimados: aquele do século XIX, tão referenciado como a etapa cafeeira dos "Barões do Café"; ou aquele outro dos primórdios do século XX, uma exaltação muito similar, confinando nossa maior representação econômica aos "Reis do Café".

A apreciável quantidade de titulações dispendidas pelo Imperador D. Pedro II aos cafeicultores que se destacavam por benesses à Coroa e ao País menciona por volta de 300 titulados, cujas rendas provinham significativamente do café.[10] O título de Barão, que perpetuou a constante referencia aos "barões do café" como segmento de poder no II Reinado, acabou por configurar o grande proprietário

---

10 TAUNAY, Afonso. *História do café*. Rio de Janeiro: Imprensa Nacional, 1939-1943, t. VI, vol. 8, p. 242. Para as titulações anteriores a D. Pedro II ver: OLIVEIRA, Marina Garcia de. *Entre nobres lusitanos e titulados brasileiros: práticas, políticas e significados dos títulos nobiliárquicos entre o Período Joanino e o alvorecer do Segundo Reinado*. São Paulo: Dissertação História Social – FFLCH – USP, 2013.

Cultura e Poder entre o Império e a República — 197

omipresente, legitimador do poder local, intermediário entre o povo e o governo, não obstante muitos deles já vivessem o ocaso da vitalidade de suas terras, com rendas pouco significativas e parca expressão política. Contudo, como figuras áulicas do círculo de D. Pedro II, auferiam as vantagens das titulações, que se perpetuaram por sucessivas gerações de descendentes, como sinal de distinção.

Contudo, a denominação mais vigorosa que expressou a excelência do grande latifundiário de café foi aquela de "Rei do Café", designação cultivada, sobretudo, em plena República, protagonizada por figuras icônicas daquela lavoura, que assombraram pares de classe pelos feitos superlativos obtidos com os lucros de seus cafezais. Curiosamente, quase todos eles conheceram o apogeu de suas plantações e os lucros elevados advindos de seu comércio, muito embora as gerações imediatamente seguintes se ressentissem da mesma riqueza e/ou poderio.

Parto para alguns exemplos já relativamente conhecidos, inserindo-os nessa breve trajetória do curso dos cafezais. Destaque-se, contudo, que eram figuras excepcionais no universo cafeeiro, que não respondem pelo padrão da maioria dos produtores, correspondendo esses últimos a proprietários de posses médias, fosse no Império por famílias com grandes propriedades em declínio, fosse na República, quando da divisão da grande propriedade, quando a representação dos cafeicultores, muitos deles representados por imigrantes já proprietários de terras, traduzindo – se ainda por significativo contingente de sitiantes.

Ao tempo do Império destaca-se a figura de Joaquim José de Sousa Breves (1804-1889) ou Comendador Souza Breves, que figura já no oitocentos como o primeiro "Rei do Café", atuando na região fluminense de São João Marcos e Rio Claro. Filho de pai cafeicultor abastado, casou-se com a sobrinha Maria Isabel de Moraes, filha do Barão de Piraí, também herdeira de muitas terras. Nas várias propriedades que amealhou plantou cerca de cinco milhões de mudas de cafeeiros, colhendo em 1860 por volta de "205.000 mil arrobas de café, ou seja, 1,45% da safra total do país, que fora de 14 milhões de arrobas".[11]

Atributos de distinção não lhe faltaram. Pela posição familiar foi admitido no Paço como moço fidalgo da Casa Imperial, tomou parte como Guarda de Honra na comitiva que acompanhou D. Pedro em sua ida a Santos, assistindo na volta ao "grito do Ipiranga", tornou-se membro da Guarda Nacional, recebendo o título de Comendador da Ordem da Rosa. Ocupou por vários mandatos a presidência da Câmara de São João Marcos, tendo sido várias vezes eleito juiz de paz e vereador, suplente de Deputado à Assembleia Legislativa da província do Rio de Janeiro e Deputado, de 1842-1843.

A excelência de sua forma de morar na fazenda Joaquim da Grama, tratada na imprensa da época como "o Castelo do Rei do Café", completava os atributos de representação que o tornavam verdadeiro Imperador nas próprias terras, reverenciado pelo segmento cafeicultor da época. Seu inventário, aberto em 1891, dá a dimensão de sua riqueza, construída na ordem escravocrata e, sobretudo, derivada dela: "mais de 100 propriedades; 72 fazendas, imóveis nas cidades e na capital, ilhas e embarcações", não computados aqui os escravos, pois faleceu após a Lei Áurea.[12]

Certo que os cafezais produziram a base de sua fortuna, porém, mais que o café, foi o contrabando de escravos que lhe rendeu não só a mão de obra para tocar a lavoura como as demais rendas amealhadas. A historiografia registra sua intensa atividade como escravocrata assumido, cujos cativos entravam clandestinamente pelos portos litorâneos de suas fazendas, mesmo após a vigência das leis que coibiam o tráfico. Formou verdadeira empresa arregimentadora de escravos nos dois lados do Atlântico. Sabe-se que em meados do século XIX suas fazendas

---

11   Ver: http://www.genealogiahistoria.com.br/index_baroesviscondes.asp? categoria=3&categoria2=2&subcategoria=140

12   BEILER, Aloysio Clemente Breves. "O Imperador do café". *Revista de História on line*. In: http://www.revistadehistoria.com.br/secao/retrato/o--imperador-do-cafe, Acessado em 29. 09. 2014

Cultura e Poder entre o Império e a República   *199*

Restinga e Bracuí funcionavam como propriedades estratégicas para o negócio negreiro da família Breves.[13] José Murilo de Carvalho aventa em torno de 6.000 escravos o plantel de Sousa Breves,[14] atividade que lhe rendeu, inclusive um longo processo.[15] Thiago Campos Pessoa, estudando o comércio ilícito de escravos por parte dos Breves, conclui:

> As suas fazendas do litoral Sul-Fluminense representavam um importante papel no recrudescimento do tráfico de africanos no pós 1831. Eram elas que receberiam parte dos africanos traficados clandestinamente para o Império do Brasil. As fazendas litorâneas dos Breves representavam a finalização de um empreendimento internacional, que envolvia dezenas de indivíduos nas duas margens do Atlântico. Por vezes, os irmãos (José e Joaquim) agenciaram não só o desembarque, mas boa parte das redes comerciais. Certamente a longa participação dos Comendadores no lucrativo comércio de africanos, representou a mola-mestra do Império dos Breves nos oitocentos.[16]

Num salto geográfico e temporal, respectivamente do vale do Paraíba fluminense e paulista provincial para o centro oeste do estado paulista, acompanhando o avanço da cafeicultura para as frentes pioneiras e inaugurando tempos republicanos, a construção da figura dos Reis

---

13   PESSOA, Thiago Campos. O Universo Escravista no Império dos Souza Breves: A família Breves e o tráfico ilegal de africanos. In: ANPUH – XXV SIMPÓSIO NACIONAL DE HISTÓRIA – Fortaleza, 2009.

14   CARVALHO, José Murilo de. *Teatro das Sombras*, p. 16; Richard Graham calcula em mais de 4.000 o número de escravos do comendador. In: Richard Graham. *Patonage and politics in nineteenth-century Brasil*. Stanford: Stanford UniversityPress, 1990, p. 125-127.

15   O contínuo tráfico de escravos em suas fazendas rendeu-lhe inclusive um processo, o chamado "caso Bracuí", envolvendo outro grande cafeicultor de Bananal, Manoel de Aguiar Vallim, do qual foram ambos foram inocentados.

16   PESSOA, Thiago Campos. "O Universo Escravista no Império dos Souza Breves: A família Breves e o tráfico ilegal de africanos". Fortaleza: ANPUH – XXV SIMPÓSIO NACIONAL DE HISTÓRIA, 2009.

200   Ana Beatriz Demarchi Barel e Wilma Peres Costa (orgs.)

do Café reaparece com novos personagens. A despeito de esses personagens lendários figurarem atrelados às suas imensas lavouras cafeeiras foi na diversificação de seus lucros que auferiram rendas ainda mais significativas que aquelas provenientes tão só do café. Controlando a distribuição do produto, do plantio à distribuição aos mercados internacionais, por meio de poderosas Casas Comissárias em Santos, contavam com apoio de bancos estrangeiros para financiamentos e/ou cobertura de seus investimentos, lançando-se em novas atividades econômicas, uma vez experimentados no uso do capital comercial e financeiro.

Dois perfis de formação diferenciada foram cafeicultores destacados nas terras roxas da região de Ribeirão Preto que receberem a então alcunha de "Reis do Café: o engenheiro Henrique Dumont (1832 – 1892), pai de Santos Dumont e o imigrante Francisco Schmidt (1850 – 1924).

Mas coube a Carlos Leôncio de Magalhães, vulgo Nhonhô Magalhães (1875 – 1931) figurar como proprietário da então considerada "maior fazenda do mundo" e ser cognominado "Rei do Café". Suas origens o colocam em posição diferenciada de seus congêneres "Reis do Café" e mesmo de seus pares fazendeiros. De família cafeicultora, vivenciara toda a dinâmica da comercialização do produto, pois já atuara em Santos a serviço dos negócios do café, participara de investimentos modernizadores na região – inclusive a criação de Casa Bancária – e abriu em pleno sertão de Araraquara a fazenda Santa Ernestina. Conhecia, portanto, toda a dinâmica que regia a lida com a rubiácea e, acima disso, a sensibilidade da cultura do grão e os casuísmos e improvisos dos planos para sua estabilização econômica. Com essa bagagem lançou-se em empreendimento mais arrojado, compatível com as exigências da moderna empresa cafeeira, adquirindo a fazenda Cambuí, na região de Matão, vasta como as antigas sesmarias, ainda em boa parte coberta por mata virgem. Administrou-a como complexo industrial, denominada Companhia Industrial Agrícola e Pastoril d'Oeste de São Paulo, empresa que realimentava todos os negócios a ela afetos – do trato agrícola à comercialização do produto e aplicação de seus lucros em novos ativos.

Fig. 7. Carlos Leôncio de Magalhães - Nhonhô Magalhães. (1875-1931). Proprietário da Fazenda Cambuí, no interior do Estado de São Paulo, considerada então a mais extensa propriedade agrícola paulista por volta de 1920, vendida aos ingleses em 1924. In: SCANTIMBURGO, João. Carlos Leôncio de Magalhães. *Um desbravador de sertão*. Edição do autor, s/d, p. 3.

De alguns milhares de pés de café atingiu a marca de três milhões de cafeeiros. Formou pastagens para cerca de mil cabeças de gado em cinco mil alqueires de terras. Dividiu a fazenda em vinte seções ligadas por linhas telefônicas. Empregava três mil pessoas naquele universo rural, cuja produção chegou a trezentas mil arrobas de café por ano, fora outros produtos. Pelo interior da propriedade avançavam setenta quilômetros de trilhos da Estrada de Ferro Araraquara e Douradense, com nove estações; para os serviços internos foram construídos trezentos quilômetros de estradas de rodagem.[17]

17 MARTINS, Ana Luiza. *História do Café*. São Paulo: Contexto, 2008, p. 263. 2ª.edição.

202 Ana Beatriz Demarchi Barel e Wilma Peres Costa (orgs.)

Logo, a Cambuí tornou-se a mais extensa propriedade agrícola do Estado de São Paulo e a maior produtora de café em coco, com uma superfície de 750 quilômetros quadrados, estendendo-se pelos municípios de Matão, Araraquara e Ibitinga. Era famosa mundialmente. Contudo, ciente da latente crise do produto, Carlos Magalhães vendeu a Cambuí aos ingleses, em 1924 – considerada então a "maior fazenda de café do mundo" com mais de trinta mil alqueires – por vinte mil contos de reis, registrado então como o maior cheque pago no Brasil.

Na sequência desses personagens icônicos tem-se a figura do imigrante Geremia Lunardelli (1885 — 1962), com propriedades na Alta Paulista e na Noroeste. Vivenciou a estiagem de 1916, a geada de 1918 e na crise de 29 contou com o apoio do Banco de São Paulo, quando então se dirigiu para o norte do Paraná, ampliando significativamente seus negócios, lastreados no café, mas diversificando-se em novos ativos.

Note-se que o período de atuação desses reconhecidos "prósperos fazendeiros", assim como sua saída de cena da atividade cafeicultora – fosse por venda da propriedade ou morte – coincide com a sucessão de crises que presidiram a atividade cafeicultora, as quais o governo, também dependente do produto, não podia mais ignorar, a despeito do recorrente estribilho de que "o café dava patra tudo". Vale lembrar as crises de 1897, quando a superprodução do grão fez seu preço despencar, ocorrendo só em 1906 a primeira intervenção protecionista do governo por meio do Convênio de Taubaté, o subsequente endividamento do país com os banqueiros europeus e concomitante aquisição de fazendas cafeeiras pelo capital estrangeiro, assim como a querela entre o protecionismo à indústria nascente em detrimento da proteção requerida pelo café.

A ilusão de que o "café dava para tudo"

Antes, portanto, da crise de 29, a sensação de fragilidade da economia cafeeira era vivenciada por cafeicultores atilados, muitos deles atuando com novos ativos, nascidos do capital cafeeiro. Todavia, a identificação do Brasil com o cultivo do produto, referenciado então

Cultura e Poder entre o Império e a República   *203*

com a colocação de país primeiro produtor do mundo, levou tempo considerável para a conscientização de sua fragilidade, por parte vários segmentos que viviam das rendas do café.

Por vezes, mais que a bibliografia econômica sobre o tema, são as obras literárias que permitem captar o panorama de incertezas, a ronda permanente de insegurança que envolvia o cafeicultor no trato de suas terras, no aguardo das novas safras, dos preços do mercado internacional, da oscilação das bolsas. Os movimentos de apogeu e decadência, enriquecimento e empobrecimento, opulência e ruína são então vivenciados em breve espaço de tempo por gerações de famílias fazendeiras, mesmo nos anos subsequentes à década de 1920.

A despeito dos sinais efetivos de crise, a espera pelas posições do governo, porém, foi longa. Confiantes na recuperação econômica, através das novas safras, a sociedade paulista permaneceu envolvida com o cultivo do produto, sonhando com a retomada espetacular do produto, que faria dos tradicionais fazendeiros novamente ricos, da noite para o dia. Logo, a imagem de riqueza da família cafeicultora ainda se perpetuaria por muitos anos, não obstante o encalhe frequente das safras, os pesados alugueis dos armazéns, a cada vez mais difícil manutenção da propriedade, as subsequentes hipotecas a que se obrigaram face às rendas oscilantes e à fatal desvalorização do produto nos mercados internacionais.

Na poesia de Saulo Ramos (1929-2013), descendente de tradicional família de fazendeiros, da geração das crises das primeiras décadas do século XX, o registro da situação de risco do cafeicultor aparecia:

> A fazenda era bonita... Tinha um pomar e muitos horizontes...
> Um lago e a minha infância... As longas ruas de café...
> As leiras em ondas de terra roxa... A viola dos colonos.
> E, principalmente, a ameaça da pobreza absoluta engatilhada
> no dia seguinte...[18]

---

18 RAMOS, Saulo. *Café. A poesia da terra e das enxadas.* Prefácio de Guilherme de Almeida. São Paulo: Editora Expressão e Cultura, 2002, p. 12.

Já em prosa, o mesmo autor assinala o confinamento obrigatório nas terras da fazenda, à espera de uma solução salvadora:

> Quinze anos com minha família dentro do cafezal: nenhum contato com a sociedade, com divertimentos... Acostumei-me a isso: achei até bom... Pelo menos, esse sacrifício representava a manutenção da terra e – quem sabe? – uma esperança... Para que ir à cidade? A gente, ai, era chamado "filho de fazendeiro", isto é, "rico"; sentia o amargor da ironia, mas não protestava: era preciso manter a ilusão de que "a fazenda dava", para achar, um dia, comprador... Era essa a situação de todos os lavradores de minha zona, eu sei... Faz um ano e tanto, meu pai me fez ver que não seria mais possível continuar. "Meus filhos não serão mais fazendeiros" – disse. E vendeu a fazenda. Estava partida a linha de seis gerações de cafeicultores.[19]

A crise prolongada não foi diferente para a família fazendeira que ficou na cidade, por vezes em casa de parentes, ou morando de aluguel. Orôncio Vaz de Arruda, em seu livro *Memorando,* rememora a fala disfarçada do pai, por conta da lembrança trazida por um persistente pingo dágua no telhado da casa de aluguel, na capital. O diálogo era sempre o mesmo:

> – Corra pegar a bacia e ponha debaixo da goteira. Amanhã precisa mandar ver o telhado, se a chuva passar.
> Gotejou a noite toda. Enervou. Que desconforto!
> – Quando acabar a crise (do café) vou mandar pôr folha de zinco junto à janela do quarto para dormir com o tamborilar da chuva nele – informava alguém.
> É. Há gosto pra tudo...

---

19 RAMOS, Saulo. *Código da vida.* São Paulo: Editora Planeta do Brasil, pp. 12,13.

Cultura e Poder entre o Império e a República 205

E o autor concluía: Crescemos e adolescemos fazendo planos para "quando acabar a crise".[20] Crise do café.

Paulo Prado (1869- 1943), descendente de expressiva família cafeicultora – os Silva Prado – ele próprio fazendeiro à frente de poderosa Casa Comissária em Santos, traduzia a ilusão de sua classe frente aos problemas que se avizinhavam:

> (...) devemos perturbar o sonho enganoso dos fazendeiros paulistas? Câmbio a cinco, café a trinta mil réis a arroba (...). Os cafezais curvam os galhos pesados da safra abundante. A esse preço... A vida é um encanto! [21]

A crônica insegurança do cafeicultor, muitos deles em acentuado declínio econômico, quando não já despossuídos de suas terras, era percebida no elenco de intervenções do governo, em socorro sempre imediatista à política do café.

Em artigo de 1927, Paulo Prado vinha com admoestação severa contra as políticas em curso, preciosa radiografia dos entraves do setor, difundida por quem lidava com o produto em várias de suas frentes:

> (...) que tem feito o poder público para beneficiar nosso produto? Não resolveu nenhum dos problemas atinentes à questão do café. Estancou a corrente imigratória que fornecia braços às lavouras; pouco cuidou dos estudos agrícolas indispensáveis a uma cultura inteligente; não conseguiu baratear os fretes, sendo as empresas oficiais as de transporte mais caro; nunca se ocupou a sério do crédito agrícola; desprezou, salvo um ou outro esforço intermitente, com recursos insuficientes, qualquer plano de propaganda; combateu por temo de perigos políticos a organização de associações de lavradores, base da

---

20 ARRUDA FILHO, Orôncio Vaz de. *Memorando*. São Paulo: s/e, 1973.
21 PRADO, Paulo. *Paulística, etc...* 4ª. ed. Rev. e ampliada por Carlos Augusto Calil. São Paulo: Companhia das Letras, 2004, p. 253.

prosperidade dos grandes países agrícolas; nunca cogitou de promover a melhoria dos nossos tipos; (...)[22]

O escritor Luís Martins vivenciou a luta de Tarsila do Amaral para salvar sua fazenda Santa Teresa do Alto, em Itupeva. Na ficção, recuperou os desdobramentos pós-crise de 1929, com a emergência de novos agentes sociais do universo cafeicultor, quando se deu o declínio do fazendeiro em favor do imigrante bem-sucedido. Descrevendo a falta de opções do fazendeiro que tentava se reerguer, registrava:

Faltava dinheiro para consertar as coisas, faltava dinheiro para fazer a máquina trabalhar, faltava dinheiro para tudo. O café andava numa baixa desanimadora. Depois tinha a broca, tinha as chuvas de pedra, tinha o maltrato. O algodão tinha o curuquerê, tinha a saúva, tinha a broca também. Para combater todas estas pragas, precisava dinheiro. E dinheiro não tinha. (...)

E além de tudo havia outras pragas maiores. Havia o seu Jesuíno (vendeiro), havia os fazendeiros vorazes. Havia o Pedro embriagado, o José Grosso Banana.

Não podia mais esperar para fazer a colheita, senão secava tudo nos pés e dava uma quebra grande demais. Depois, tinha a broca. Quando foram principiar a colheita, caiu uma chuva triste que durou cinco dias. Tempo desgraçado aquele! Quanto mais demorassem para acabar o serviço, mais tempo ele tinha que pagar os colonos, mais cresciam as suas promissórias (...) O pessoal com as peneiras prontas esperava dentro de casa que o tempo melhorasse.[23]

O mundo do cafezal tomou conformações sombrias. No poema *Casarão morto*, o poeta Carlos Drummond de Andrade, ele também descendente de família fazendeira de Minas Gerais, retratou a desolação:

---

22 *Idem*, p. 206,207
23 MARTINS, Luís. *Fazenda*. Drama da decadência do café. Curitiba: São Paulo; Rio de Janeiro: Editora Guairá, 1940, p. 52.

Café em grão enche a sala de visitas,
Os quartos – que são casas – de dormir.
Esqueletos de cadeiras sem palhinha,
O espectro de jacarandá do marquesão
Entre sela, silões, de couro roto.
Cabrestos, loros, barbicachos
Pendem de pregos, substituindo
retratos a óleo de feios latifundiários.
O casão senhorial vira paiol
depósito de trastes aleijados
fim de romance, p.s.
de glória fazendeira.[24]

Datam dessa época os casamentos de conveniência, que tiveram na peça de Jorge Andrade *Os ossos do barão* a representação do acerto de duas classes sociais que se beneficiavam reciprocamente através de uma política de casamentos: aquela da chamada "aristocracia do café", agora falida, e a dos imigrantes enricados, que precisavam abrir novos espaços no restrito e seleto grupo da elite local. Uma classe fundia-se com a outra, gerando os capitais que passavam a atuar na indústria, sem, contudo, deixar de apostar no café. Mantinham boa parte das propriedades agrícolas, fosse para quando o mercado voltasse a responder favoravelmente, fosse como representação do poder conquistado. Afinal, ser proprietário de terras ainda era um valor a ser preservado, permanecendo ainda como um sinal de distinção.

Considerações finais

A monocultura cafeeira foi a grande paisagem que encobriu outros motores econômicos que faziam avançar a economia do país. Certo que a origem das fortunas provinha dos cafezais, porém, a ascensão social e política dos proprietários de terras se dava com os investimentos urbanos, com a substituição do capital agrícola pelo comercial e finan-

---

24 ANDRADE, Carlos Drummond. *Nova reunião: 19 livros de poesia*. Rio de Janeiro: Editora José Olympio, 1985.

ceiro, enquanto a participação na política beneficiava os pares de classe – vale dizer – fazendeiros prósperos e mesmo os endividados.

As estratégias para encobrir a falência das rendas do café foram várias. Desde aquela nas terras do Vale, ao final do Império, que convocava pintores de renomada para retratarem já nos respectivos declínios, as sedes das fazendas apalacetadas, com terras erodidas à sua volta e ao longe um arremedo de cafezal novo e viçoso, miragem que alimentava esperanças de um recrudescimento do produto; ou aquela outra, na República, que contou com empréstimos e hipotecas, acreditando que as crises eram passageiras, sob o refrão: o café dá para tudo!

Assim, a recorrente dinâmica de apogeu e decadência pontuou a trajetória cafeeira no Brasil em sucessivos momentos de sua história. Até porque, ao contrario da tradicional visão de que a lavoura de café sempre fora pródiga e de que o grão vermelho "dava para tudo", as safras do produto conheceram oscilações contínuas e de toda ordem. Intempéries climáticas – a exemplo das geadas – doenças e pragas que vitimavam as plantações, oscilação de preços no mercado internacional e, sobretudo, a ausência de efetiva política reguladora por parte dos governos, intercorrências que sempre deixaram os fazendeiros e os governos sob tensão em relação ao produto.

É questionável, portanto, a afirmação de que as fortunas pessoais dos homens do café correspondiam em montante à solidez do capital cafeeiro. Óbvio que grandes fortunas do país se originaram do café, assim como a inicial constituição da Nação e boa parte do progresso da jovem República se fizeram à sombra dos cafezais. Contudo, seus representantes mais atuantes social e politicamente o foram, quando souberam partir para novos ativos demandados pelo momento. Em outras palavras, quando também questionaram a tradicional monocultura e olharam além.

Os inícios da galeria de retratos da Faculdade de Direito de São Paulo em meados do século XIX

Heloisa Barbuy

Introdução

O presente trabalho insere-se num eixo de pesquisas que definimos como "cultura visual no século XIX", mais especialmente uma "cultura de exposições", que se torna característica do século XIX. Exposições entendidas como uma forma de expressar realidades em transformação no processo de internacionalização econômica e cultural então vivido e propiciar, didaticamente, sua compreensão. Constituem-se em sistemas organizados de coisas e imagens, dispostos em espaços definidos, destinados à apreensão visual. As formações materiais que se realizam vão desde grandes sistemas oficiais internacionais como as exposições universais até vitrines comerciais que se introduzem no espaço urbano.

O reconhecimento de algo que podemos entender como uma "cultura de exposições" específica do século XIX é uma daquelas tendências que se verificam ao mesmo tempo em pesquisas que se vão realizando em diferentes lugares até que há a compreensão clara de uma ideia e se estabelece um modo de sintetizá-la, permitindo assim que passemos a utilizar uma expressão-chave para nos fazermos compreender de imediato.

210 Ana Beatriz Demarchi Barel e Wilma Peres Costa (orgs.)

Em tese de doutorado defendida em 2001, ao falar do museu como instituição, já havíamos formulado a ideia de uma "cultura de exposições" como campo de pesquisa a que nos dedicamos, embora ainda não tivéssemos encontrado o contexto de seu reconhecimento mais amplo.[1] É certamente uma ideia à qual chegaram diferentes pesquisadores que, como nós, tenham se proposto uma imersão no século XIX, em universos envolvendo diferentes formas de exposições, especialmente por meio de fontes como os jornais e outros tipos de impressos destinados a um leque amplo de leitores, que, exatamente por sua natureza pública, cotidiana e explicativa, funcionam como excelentes tradutores daquilo que está "no ar", no "espírito do tempo".

Joe Kember e outros, em 2010, na revista *Early Popular Visual Culture*,[2] em um texto introdutório, falaram sobre a configuração, no meio acadêmico, desde o final dos anos 1970, da ideia de uma "cultura de exposições". Conforme verificaram, embora a expressão "cultura de exposições" estivesse sendo usada apenas recentemente, associava-se, desde 1978, à obra de Richard Altik, *The Shows of London*, referencial para muitos pesquisadores. De fato, é uma obra pioneira em que o autor, um professor de inglês da Universidade de Ohio, nos Estados Unidos, apresentou "uma história panorâmica de exposições, 1600-1862" (este é o subtítulo da obra), construída com base em ampla pesquisa de fontes diversificadas, muitas delas consideradas desimportantes, para apreender aspectos de uma cultura urbana em torno

---

1 Heloisa BARBUY. *A Cidade-Exposição: comércio e cosmopolitismo em São Paulo, 1860-1914* (estudo de história urbana e cultura material). Tese (Doutorado), 2001 – Faculdade de Arquitetura e Urbanismo da Universidade de São Paulo. 297. p. 4. Publicada posteriormente como livro (EDUSP, 2006), ver p. 10.

2 Joe KEMBER; John PLUNKETT; Jill SULLIVAN. Introduction: What is an exhibition culture? *Early Popular Visual Culture*, v. 8, n. 4, nov. 2010p. 347-350.

Cultura e Poder entre o Império e a República   *211*

de diferentes tipos de diversões e espetáculos populares que se realizavam em Londres no longo período estudado.[3]

Considerando-nos partícipes desta corrente de pesquisas, e partindo da constatação de que uma cultura de exposições se fez de fato sentir na São Paulo da segunda metade do século XIX, definimos alguns universos de investigação sobre os quais vimos nos debruçando.[4] Aquele do qual falaremos, nesta oportunidade, diz respeito à existência de galerias de retratos em São Paulo, temporárias ou duradouras, mais especialmente um caso, que constitui nosso eixo central para este tema: a formação paulatina e aparentemente não intencional desde o seu início, de uma galeria de retratos de professores na Faculdade de Direito de São Paulo,[5] a partir de meados do século XIX, que se constitui, possivelmente, numa das primeiras galerias de retratos abertas à visitação ou a alguma visitação pública na cidade de São Paulo.[6]

A Faculdade era cotidianamente frequentada por um grupo circunscrito mas amplo de professores, alunos e funcionários e por ocasião de solenidades e eventos públicos que ali se realizavam, abria-se a um visitação mais geral, inclusive feminina. Especialmente os professores (os lentes) eram em geral atuantes também em outras instituições públicas e isto vale igualmente para alguns funcionários (em-

---

3   Richard ALTIK. *The shows of London*: a panoramic history of exhibitions, 1600-1862. Cambridge-Mass.: The Belknap of Harvard University Press, 1978.

4   Ver BARBUY, Heloisa. "Cultura de exposições em São Paulo, no século XIX". In LOPES, Maria Margaret; HEIZER, Alda. *Colecionismos, práticas de campo e representações*. Campina Grande: EDUEPEB, 2011, p. 257-268.

5   Primeiramente denominado apenas Curso Jurídico. De 1831 a 1854 denominou-se Academia de Direito de São Paulo e, depois disso, Faculdade de Direito de São Paulo. Desde 1934, Faculdade de Direito da Universidade de São Paulo.

6   Assinale-se que houve também a galeria da Câmara dos Vereadores, formada mais ou menos ao mesmo tempo que a da Faculdade de Direito, a galeria dos Bispos e São Paulo no Palácio Episcopal, a galeria da Santa Casa de Misericórdia, além das galerias temporárias de pinturas e aquelas dos estúdios fotográficos estabelecidos na cidade.

212 Ana Beatriz Demarchi Barel e Wilma Perés Costa (orgs.)

pregados); os estudantes eram jovens pertencentes a famílias das elites de diferentes províncias do país. A Faculdade era a mais importante instituição laica imperial em São Paulo. Tudo isso fazia dela um centro de gravitação na cidade, o que confere mais força e caráter público à presença de uma galeria de retratos no interior do velho convento que a abrigava no largo de São Francisco. Além disso, tinha difusão pública também por meio da imprensa, que costumava reverberar os acontecimentos que nela se produziam. Ainda mais que alguns de seus professores, alunos ou antigos alunos eram, normalmente, os próprios redatores dos jornais em circulação.

Quando falamos da galeria de retratos da Faculdade de Direito, estamos nos referindo a uma série de retratos a óleo, representando, de corpo inteiro, velhos lentes do século XIX, que foram os escolhidos por alunos ou por seus pares para ter sua memória preservada no recinto da velha Escola e, com o tempo, figurarem no antigo Salão Nobre ou Salão de Honra, também chamado de "sala dos retratos". A partir de um certo momento, há casos de familiares de professores falecidos que doam seus retratos à Faculdade ou o próprio professor o faz ainda em vida.

Antes, porém, de tratarmos de nossa galeria, vejamos sentidos que podiam ser atribuídos aos retratos naquele contexto.

Significados e usos do retrato no século XIX em São Paulo

O retrato, no século XIX, era, pode-se dizer, um objeto de afeto ou admiração reverenciais, no modo de sentir daquele tempo, fossem esses sentimentos expressos publicamente ou em plano íntimo. Podia-se ter retratos de pessoas próximas como o marido, o filho, a mãe, assim como de celebridades locais ou distantes. O retrato podia figurar em ambientes privados ou públicos, laicos ou religiosos.

Era tão assente o valor de que se revestia o retrato que, no Brasil, esse foi excluído, por lei, dos tipos de bens que, em caso de

Cultura e Poder entre o Império e a República 213

inventário, deveriam ser vendidos em hasta pública para saldar dívidas de pessoa falecida.[7]

Durante a Guerra do Paraguai, um estabelecimento fotográfico[8] noticiou que dava abatimento no preço dos retratos aos jovens que partiriam para o combate, com a seguinte justificativa:

> ... no momento em que uma separação se realiza é de apreço inestimável o retrato da pessoa que se ausenta, e os srs. voluntários da pátria que tantas afeições deixam na sua terra a amigos e parentes, ambicionarão por certo legar aos mesmos uma cópia de sua fisionomia ...[9]

Em diferentes técnicas, tamanhos e práticas, assim é que podemos perceber o retrato em São Paulo como objeto-chave no desenrolar da vida social de meados do século XIX, circulando de diversas maneiras pela capital paulista.

Joias com retratos

O retrato podia estar presente em uma joia – uma medalha, um broche ou alfinete, uma pulseira, um anel, abotoaduras ou numa carteira ou outro tipo de objeto de uso íntimo e individual. De uso pessoal, corporal mesmo, significava trazer o outro junto de si. O retrato em miniatura, embutido seja numa joia, seja numa pequena moldura, é um tipo específico de pintura, normalmente uma aquarela sobre al-

---

7   O Decreto imperial n. 2433, de 15 de junho de 1859, que baixou o Regulamento para a arrecadação de bens de defuntos e ausentes, em seu artigo 38 definia que os bens da pessoa falecida iriam a leilão para pagamento de suas dívidas mas abria exceção, no parágrafo 2º, para "os móveis que sejam de valor de afeição, e.g., retratos de família, coleções de medalhas, manuscritos, etc."

8   O estabelecimento fotográfico de Gaspar Antonio da Silva Guimarães à rua da Cruz Preta (atual Quintino Boacaiúva) n. 22.

9   *Correio Paulistano*, 25 abr. 1865, p. 3. A ortografia foi atualizada em todas as citações do presente texto.

guma lâmina fina de marfim, pergaminho ou papel, que teve seu auge no século XVIII europeu. [10] Uma dessas miniaturas existe no acervo do Museu Paulista, com retrato masculino para ser usado como pingente em colar (FIG. 1). Este tipo de objeto aparece também no retrato de Francisca Miquelina de Souza Queiroz, igualmente pertencente ao acervo do Museu Paulista, no qual ela segura o retrato em miniatura de seu marido, Francisco Ignacio de Souza Queiroz (FIG. 2).[11]

Figura 1 – Retrato em miniatura de homem não identificado, embutido em pingente para uso com corrente. Autor desconhecido. 4 x 3 cm. Acervo do Museu Paulista da Universidade de São Paulo, Coleção Olga de Souza Queiroz.

10 Sobre retratos em miniatura ver L'AGE D'OR DU PETIT PORTRAIT. Paris: Réunion des musées nationaux, 1995 – catálogo de exposição sob curadoria de Jacqueline du Pasquier (Musée des arts décoratifs de Bordeaux); Fabienne Xavière Sturm (Musée d'Horlogerie de Genève), Pierrette Jean-Richard (Musée du Louvre). Ver também Katherine COOMBS. *The Portrait Miniature in England*. London : V&A, 1998.

11 Este retrato foi reproduzido anteriormente por Maria Lucília Viveiros e ARAÚJO, que comenta as joias como bens no século XIX, em *Anais do Museu Paulista*. São Paulo. N. Sér. v. 12. p. 129-160. jan./dez. 2004. Foi posteriormente comentado por Elaine Dias, que trata da "do retrato dentro do retrato", com ênfase no sentido do retrato em miniatura que trata como " um modelo bem sucedido da retratística europeia de caráter familiar e da confirmação das relações de afeto e submissão entre os retratados". *Anais do Museu Paulista*, São Paulo, N. Sér., v. 19, n. 2, p. 11-43, jul.-dez. 2011 (citação à p. 37). De acordo com Coombs (*Op. cit.*, p. 113), a figuração de retratos em miniatura nos próprios retratos em miniatura (o retrato dentro do retrato) tornou-se mais comum no século XIX.

Figura 2 – Retrato de Francisca Miquelina de Souza Queiroz (1808-1831, de acordo com ARAUJO, *op. cit.*), no qual ela segura um retrato em miniatura de seu marido, Francisco Ignacio de Souza Queiroz. Óleo sobre tela, 102 x 81,70 cm. Acervo do Museu Paulista da Universidade de São Paulo.

Fotógrafos, que começaram a se introduzir na cidade por volta de 1855, a partir de um certo momento também passaram a comercializar esse tipo de objeto em seus estabelecimentos pois assim podiam oferecer o retrato e já a joia para colocá-lo.[12] Deste modo, na segunda metade do século XIX, com a disseminação da fotografia, a joia com retrato difunde-se mais amplamente.

Não raro podemos encontrar nos jornais de São Paulo chamadas de pessoas que haviam perdido suas joias com retratos, casos que nos mostram o quão cotidiana era essa prática: "A pessoa que achou uma

---

12 *Correio Paulistano*, 22 maio 1862, p. 3.

216 Ana Beatriz Demarchi Barel e Wilma Peres Costa (orgs.)

medalha de ouro, redonda, com um retrato de menino dentro, queira ter a bondade de entregar..."[13]

Os anúncios comerciais também nos mostram o quanto as joias para retratos eram presentes no dia a dia. Um "completo sortimento de medalhas, e alfinetes para retratos do mais moderno gosto possível" era anunciado pelo comerciante de joias e músico Henrique Luiz Levy. Abotoaduras com retratos estavam à venda na Loja da Cobra, à rua Direita n. 46 e 47.[14] A viúva Suplicy também anunciava "broches para retratos". Estes são apenas alguns exemplos.

Nos muitos leilões particulares que se faziam então, também se podia encontrar joias para retratos em meio a mobília, pratas, porcelanas e cristais que eram leiloados, além de leilões somente de joias que podiam acontecer, como um que foi anunciado em 1859, no qual havia "medalhas e medalhões para relógios e para retratos, e outros. Memórias,[15] aneis e argolões de todo feitio, com ou sem pedra, ditos para retratos."[16]

O retrato nos folhetins

Interessante observar que o retrato relacionado a sentimentos e a joia com retrato estavam frequentemente presentes também nos folhetins publicados semanalmente nos jornais, quase todos traduzidos de língua estrangeira e ambientados na Europa. Apenas para exemplificar, no folhetim "A Quinta das Giestas", de autoria de Etienne Enault, o par romântico, Gabriel e Isoleta, trocava as seguintes palavras: *"Depois de um momento de silêncio: / - Se algum dia eu tornar a usar os meus pincéis, há de ser para tirar vosso retrato. / - Meu retrato? Replicou a*

---

13 *Correio Paulistano*, 20 out. 1864, p. 3.

14 *Correio Paulistano*, 3 jun. 1863, p. 3.

15 "Memória" era o nome dado a um anel destinado a conservar a lembrança de alguém. Ver Alice Aparecida Labarca Puelles. *O vestuário e seus acessórios em São Paulo, em meados do século XIX*. São Paulo, 195, p. Dissertação (Mestrado) – Programa de Pós-Graduação Interunidades em Museologia, 2014. p. 92.

16 *Correio Paulistano*, 7 set. 1859, p. 3.

Cultura e Poder entre o Império e a República

jovem Bretanheza. Que! tirareis o meu retrato? Oh! que prazer!"[17] ou no folhetim "Alberto (romance)", quando alguns personagens são apresentados ao leitor: *"Dona Maria é um senhora de 38 anos mais ou menos (...) e traz no pescoço, como para ocultar o seu belo colo, um lenço de seda, preso por um alfinete de ouro esmaltado de azul, onde se vê o retrato do homem que há pouco descrevemos."*[18]

Álbuns de retratos

Os álbuns para retratos também eram artigo corrente. Frequentemente apareciam nos anúncios da Livraria e Papelaria Garraux, que podiam ser específicos para esse tipo de artigo – "grande sortimento de álbuns para retratos".[19] "Quadros, passepartouts e álbuns para retratos" eram vendidos na Fotografia de Nuno e Perestrello.[20] Até mesmo o cabeleireiro Teyssier pôs à venda "álbuns para retratos, encadernados em madeira".[21] Na casa Ao Livro Verde, à rua do Ouvidor n. 21, que além de artigos de escritório fazia encadernações e quadros, o proprietário anunciava álbuns para retratos entre os artigos que acabara de trazer da Europa[22] e assim por diante.

Os álbuns podiam conter não só retratos de família, como se poderia imaginar, mas também de celebridades estrangeiras ou nacionais, tal como indicado em mais um anúncio: "... coleção de retratos para álbuns, de algumas personagens notáveis do Brasil – entre os quais os dos Patriarcas da Independência – e diferentes artistas nacio-

---

17 *Correio Paulistano*, 24 set. 1856, p. 1.
18 *Correio Paulistano*, 22 out. 1858, p. 1.
19 *Correio Paulistano*, 3 ago. 1864, p. 4.
20 *Correio Paulistano*, 24 mar. 1864, p. 4.
21 *Correio Paulistano*, 12 jul. 1864, p. 4.
22 *Correio Paulistano*, 5 fev. 1865, p. 3.

nais e estrangeiros."[23] ou "Um variado sortimento de álbuns e retratos de pessoas ilustres."[24]

Retratos nas residências

As séries de retratos nas paredes residenciais, criando uma espécie de museu privado no qual se evocavam os antepassados, destacavam-se os membros de uma família ou se criava uma identificação de pessoas com sua morada, podiam estar presentes nas casas ricas paulistanas do século XIX.[25] Também os já mencionados retratos em miniatura podiam estar embutidos em moldurinhas que eram quase caixas de madeira com o retrato incrustado ao centro.[26]

Os anúncios comerciais comprovam o uso de retratos no interior das residências. H. Junge, encadernador, arranjava retratos em quadros.[27] José Casimiro Mouth com loja à rua do Rosário (15 de Novembro), oferecia "quadrinhos para colocar retratos, ditos de alabastro, para enfeite de sala."[28]

Retratos em gravura impressa

O retrato em gravura impressa, avulso ou em livros, era muito usual como forma de dar a conhecer a fisionomia de um homem

---

23 Anúncio do retratista Perestrello no *Correio Paulistano*, 14 out. 1863, p. 3.

24 Era uma das ofertas do fotógrafo Rubini, com oficina à rua Direita. *Correio Paulistano*, 26 fev. 1864. p. 3. O Museu Paulista conta em seu acervo com álbuns desse tipo.

25 Ver ARAÚJO, *Op. cit.* O Museu Paulista conta em seu acervo com alguns dos mais antigos retratos existentes entre os usados por famílias em São Paulo.

26 Além do pingente citado acima, o Museu Paulista tem em seu acervo uma pequena coleção de nove retratos em miniatura mas não como joias e sim em pequenas molduras. Cinco destas miniaturas retratam pessoas da família Taunay, sendo que três foram pintadas por Nicolas Antoine Taunay, bisavô de Affonso Taunay (que foi diretor do Museu Paulista) e outra, datada de 1792, que consta ser de autoria de Bognet (possivelmente Nicolas-Didier BOGNET, 1735-1839). Não se conhece a autoria dos demais.

27 *Correio Paulistano*, 9 set. 1858, p. 4.

28 *Correio Paulistano*, 26 maio 1864, p. 4.

Cultura e Poder entre o Império e a República   *219*

público como um político, um escritor, um compositor ou um artista dramático ou lírico. Por exemplo, retratos do Conde d'Eu e do Duque de Saxe eram vendidos na loja de J. Youds e Irmão.[29]

Nota-se também que faziam parte do cotidiano como se percebe pelo fato corriqueiro de a loja de Julio Joly, à rua do Rosário (atual 15 de Novembro), então conhecida como Salão de Cristal, entre uma variedade de joias, lenços, gravatas, porcelanas, cristais e outros artigos variados, anunciar quadros e imagens para servirem como modelos para estudar desenho, entre os quais "retratos das principais personagens da época."[30]

Havia também a voga das galerias de retratos impressos, isto é, séries de retratos organizados em publicações. O caso mais conhecido é o da *Galeria dos Brasileiros Illustres*, de Sebastien Auguste Sisson,[31] mas outras galerias impressas havia. Anos antes desta obra, Luiz Aleixo Boulanger[32] tinha publicado uma obra contendo os retratos em litogravura dos membros da Assembléia Legislativa do Império, na qual litógrafos diversos constam como autores dos retratos, inclusive o próprio Sisson, que nela assinou vários retratos. No Correio Paulistano eram anunciadas outras galerias impressas como uma obra em cinco volumes com biografias de homens ilustres apresentando seus respectivos retratos[33] ou um "Dicionário Universal", em vinte vo-

---

29   *Correio Paulistano*, 7 out. 1864.

30   *Correio Paulistano*, 14 nov. 1855, p. 4.

31   S. A. SISSON. *Galeria dos Brasileiros Illustres (Os contemporaneos)*. Retratos dos homens mais illustres do Brasil, na politica, sciencias e letras desde a guerra da Independencia até os nossos dias copiados do natural e lithographados por S. A. Sisson acompanhados das suas respectivas biographias publicada sob a protecção de sua Magestade o Imperador. Rio de Janeiro: Lithographia de S. A. Sisson, 1861. 2v. Consultado na Biblioteca Brasiliana Guita e José Mindlin – BBM-USP.

32   Luiz Aleixo BOULANGER. *Assembléa Geral Legislativa (9ª Legislatura)*. Retratos desenhados e publicados por Luiz Aleixo Boulanger Mestre d'Escrita e Geographia da Familia Imperial. Rio de Janeiro, 1853. Consultado na Biblioteca Brasiliana Guita e José Mindlin – BBM-USP.

33   Entre os livros anunciados pela Livraria do largo do Colégio. *Correio Paulistano*, 4 jul. 1856, p. 4.

220 Ana Beatriz Demarchi Barel e Wilma Peres Costa (orgs.)

lumes, contendo 1. 200 retratos que era posto à venda no escritório da *Revista Paulistana*.[34] *Galeria Lusitana* era um jornal literário quinzenal que trazia retratos de grandes personagens de Portugal.[35] *Archivo Pittoresco* era uma jornal semanal, de afirmação nacional, que publicava retratos em gravura de homens ilustres significativos para a história pátria. Era sucessor do antigo *Panorama*, que já trazia xilogravuras.[36]

No caso de retratos de artistas, as mulheres também eram incluídas entre os retratados e havia a prática de artistas distribuírem seus retratos ao público em espetáculos teatrais ou musicais, além de sua venda em lojas e tipografias. Por exemplo, retratos da atriz portuguesa Ludovina Soares da Costa, luminar do Teatro São Pedro no Rio de Janeiro, eram vendidos na tipografia do jornal Correio Paulistano.[37]

Solenidades em que o retrato fazia as vezes da presença do retratado ou evocava sua memória

Em solenidades, era usual alçar-se ao alto do recinto o retrato de um homenageado ou do Imperador quando esse não pudesse estar presente. Assim foi, por exemplo, nas comemorações dos trinta em cinco anos da Independência, realizadas em 7 de setembro de 1857, que, segundo editorial do *Correio Paulistano*, foram especialmente entusiasmadas. Como fechamento de uma série de festejos celebrativos, organizou-se um espetáculo dramático. Ali, "à hora marcada subiu o pano e apareceu o retrato do Augusto Monarca [Dom Pedro II], guardado por duas fileiras formadas pela companhia dramática, que entoou o hino nacional".[38]

Também em missas de exéquias, o retrato ou outra forma de figuração da pessoa falecida era comumente elevado no recinto da igreja. Mais de um mês após o falecimento de D. Pedro II, realizaram-se

---

34 *Correio Paulistano*, 24 out. 1857, p. 3.
35 *Correio Paulistano*, 23 jan. 1859, p. 4.
36 *Correio Paulistano*, 29 abr. 1862, p. 4.
37 *Correio Paulistano*, 15 out. 1863, p. 4.
38 O ENTHUSIASMO que no presente ano se apoderou... *Correio Paulistano*, 12 set. 1857, p. 1.

na Igreja da Sé, como manifestação monarquista, as exéquias do ex-imperador. Isto acabou por gerar, do lado de fora da Igreja, uma manifestação republicana conforme noticiou *O Estado e S. Paulo*. Nessa notícia, fala-se num "busto do Imperador", no seguinte arranjo: "... coroa do Império, em papelão, na cúpula do catafalso, e da bandeira do Império estendida abaixo do busto do finado".[39] Apesar de o evento ter ocorrido já no final do século XIX, quisemos mencioná-lo pois existe uma fotografia do interior da Igreja nessa ocasião, que nos dá uma dimensão mais concreta desse tipo de prática. (FIG. 3)

---

39 *O Estado de S. Paulo*, 20 jan. 1892, p. 1

Figura 3 – Interior da Igreja da Sé, em São Paulo, ornamentada para as exéquias do ex-Imperador Dom Pedro II, em janeiro de 1892. Fotografia de Aurelio Becherini. Acervo Casa da Imagem/Museu da Cidade de São Paulo/Secretaria Municipal de Cultura/PMSP.

***

Culto do retratado

A relativa dificuldade que ainda havia para a obtenção de um retrato contribuía para sua valorização, em muitos casos chegando-se a verdadeiro culto do retratado. Mesmo a partir de meados do sécu-

Cultura e Poder entre o Império e a República   *223*

lo XIX, em que se introduzem as oficinas fotográficas na cidade,[40] o retrato continua a ser cultivado como algo especial; a possibilidade do retrato fotográfico parece até intensificar o interesse pelos retratos em geral, em suas diversas formas e técnicas, mas ele demora ainda algumas décadas para realmente ganhar *status* como meio para representação de figuras públicas. Isto porque embora o retrato fotográfico se mostrasse mais fidedigno, a pintura continuaria a ser considerada mais solene, mais adequada à expressão dos sentimentos elevados que se destinava a externar. O realismo da figura – a semelhança – era desejável mas o sentimento de que a imagem destinava-se a perpetuar a presença do retratado na posteridade, ser sua memória evocativa, em especial no caso de figuras públicas – os grandes vultos –, o colorido, o simbolismo das vestes e dos cenários, com um quê de dimensão superior, não ordinária, eram requeridos.[41]

Homenagear alguém com o seu retrato em pintura, em telas de grandes dimensões, era a expressão máxima da admiração reverencial que se desejava marcar. A preferência pela pintura podia dever-se também, em especial no caso da Faculdade de Direito, àquele referencial de

---

40   A expressão "oficina fotográfica" foi colhida em anúncio de Nuno Perestrello da Camara, no *Correio Paulistano* de 10 de outubro de 1863 mas o mais o corrente era o uso do termo Photographia para referir-se aos estúdios. Sobre os primeiros estabelecimentos desse tipo no Brasil, ver Boris KOSSOY. *Origens e expansão da fotografia no Brasil – século XIX*. Rio de Janeiro: FUNARTE, 1980; KOSSOY, Boris. *Dicionário histórico-fotográfico brasileiro:* fotógrafos e ofício da fotografia no Brasil (1839-1910). São Paulo: Instituto Moreira Salles, 2002; Paulo Cezar Alves GOULART e Ricardo MENDES. *Noticiario geral da photographia paulistana, 1839-1900*. São Paulo: Centro Cultural São Paulo / Imprensa Oficial do Estado de São Paulo, 2007; FERNANDES JUNIOR, Rubens. *Papéis efêmeros da fotografia*. Fortaleza: Tempo d'Imagem, 2015.

41   A aliança entre fisionomia e significação simbólica na produção de retratos é tratada por Sérgio MICELI em *Imagens negociadas* (1996) *apud* Diego Amorim GROLA. "Galeria de retratos". In: D. A. GROLA. *A Memória nas Arcadas:* construção material, simbólica e ideológica do edifício da Faculdade de Direito do Largo de São Francisco. São Paulo: Humanitas/FAPESP, 2012, p. 201.

224 Ana Beatriz Demarchi Barel e Wilma Peres Costa (orgs.)

panteões conhecidos no Velho Mundo desde a Antigüidade[42] e, mais diretamente, às galerias de retratos da Universidade de Coimbra, onde tinha-se formado a imensa maioria das velhas gerações de juristas brasileiros.[43]

De fato, não é difícil estabelecer relações com as matrizes europeias quanto a esta prática e seus sentidos, numa tradição muito enraizada na cultura ocidental. É assim que Schnapper (1988: 123-133) nos faz ver as séries organizadas de retratos, como uma "longa história", que ele vê recuar "ao menos até ao grande livro perdido de Varo, *Hedomades* ou o Livro de imagens, que reunia as biografias de cerca de setecentos grandes homens, cada uma encabeçada por sua efígie desenhada a partir de estátuas ou moedas", passando por uma intensificação no Renascimento e indo até os museus de história do século XIX, com recorrências ainda no século XX. Segundo ele, nesta tradição, as séries de efígies têm um sentido de exemplos de virtude e são normalmente organizadas de acordo com a esfera de atuação dos "homens ilustres": imperadores, reis e príncipes na esfera do poder temporal; papas e santos na esfera religiosa; comandantes militares no que se refere às guerras; intelectuais especialmente quando se trata de galerias de retratos em bibliotecas, embora muitas das vezes as coleções de retratos tivessem um caráter misto ou eclético. Schnapper nos fornece uma numerosa sucessão de casos em seu estudo cujo cerne são coleções francesas do século XVII.

---

42 Antoine SCHNAPPER. "Portrait d'hommes de lettres". In : A. SCHNAPPER. *Le géant, la licorne, la tulipe*: collections françaises au XVIIe siècle. Paris : Flammarion, 1988. P. 123-147.

43 Na Universidade de Coimbra, havia pelo menos duas marcantes galerias de retratos, que existem ainda hoje. A primeira na Sala dos Capelos, também chamada de Sala dos Grandes Actos, a mais importante, destinada às grades solenidades, que, por ter sido a antiga Sala do Trono do Paço Real, reúne retratos dos reis e rainhas de Portugal. A outra na Sala do Exame Privado, na qual se perfilam os retratos dos reitores da Universidade. Mais informações sobre estas salas e seus retratos podem ser encontradas no site da Universidade de Coimbra, que inclui possibilidade de visitas virtuais: http://www.uc.pt/informacaopara/visit.

Cultura e Poder entre o Império e a República

Quanto à escolha do termo galeria, pelo qual optamos aqui, guia-nos Adalgisa Lugli,[44] com seus estudos profundos quanto à espacialidade de museus e exposições. Ensina-nos que o termo galeria refere-se à disposição de uma série de obras num longo corredor ou *loggia*, favorável à observação das obras expostas de modo sequencial, em ordem progressiva e hierárquica. Esta autora considera haver, no Renascimento, dois tipos de espaços que estão na base da coleção e do museu modernos. Um deles é o gabinete de estudos (o *studiolo* ou o gabinete de curiosidades) e o outro, a galeria. Enquanto o primeiro é um tipo de ambiente no qual uma coleção é disposta para ser examinada pelo índivíduo, de forma concentrada e introspectiva, mobilizando as energias intelectuais para o conhecimento aprofundado dos objetos, a galeria é um ambiente social no qual é andando e conversando que se faz a visita, ficando-se apenas alguns instantes diante de cada obra, sempre segundo Lugli.

É desta forma que vemos a galeria de retratos da Faculdade e Direito de São Paulo no século XIX, inserida numa longa tradição ocidental, que em tudo condizia com o estabelecimento da própria instituição. Ainda no contexto de solidificação da Independência nacional, como instituição-chave para a formação de homens públicos – estadistas e governantes –, assim como do próprio sistema jurídico que garantia a existência do Estado nacional, era um momento muito apropriado, no sentimento coletivo, para eleger algumas das figuras que já começavam a representar a construção nacional, por meio de narrativas que envolviam emoção afetiva e repetição mítica a respeito das características e dos feitos pessoais de seus eleitos.

---

44 Adalgisa LUGLI. *Naturalia et mirabilia:* les cabinets de curiosités en Europe. ed. Franc. Paris : Adam Biro, 1988. (1ª Ed. Milano: Mazzotta, 1983). As ideias citadas constam da versão francesa do prefácio da autora à segunda edição italiana (1990), p. 32.

226 Ana Beatriz Demarchi Barel e Wilma Peres Costa (orgs.)

1859 – o retrato do Dr. Gabriel Rodrigues dos Santos[45]

Já havia pelo menos um precedente de retrato colocado na Faculdade de Direito: o retrato de Julio Frank,[46] mestre alemão do curso preparatório, que havia sido encomendado e doado à Faculdade por seus alunos após sua morte, ocorrida em 1841. Era, porém, apenas de busto, sem grandes dimensões.[47]

---

45 Gabriel José Rodrigues dos Santos (São Paulo/SP, 1 abr. 1816 – Mogi das Cruzes/SP, 23 maio 1858). Formou-se na Academia de Direito em 1836 e obteve grau de Doutor em 1838. Inicialmente foi promotor e depois juiz mas firmou-se como advogado. Foi vereador municipal de São Paulo, deputado provincial (a partir de 1838 de acordo com o banco de dados da Assembléia Legislativa de São Paulo) e secretário do Governo de São Paulo durante a segunda administração de Rafael Tobias de Aguiar como Presidente da Província (de agosto de 1840 a julho de 1841); secretário nomeado do governo interino da Revolução Liberal de 1842. Eleito Deputado à Assembléia Geral do Império em 1844 e novamente em 1848. Publicava no jornal *Ypiranga*. Lente substituto em 1854.

46 Sobre o retrato de Julio Frank, ver Ana Luiza Martins e Heloisa Barbuy. *Arcadas: história da Faculdade de Direito do Largo de São Francisco, 1827-1997*. São Paulo: Alternativa/BM&F, 1998. p. 39.

47 Existem, na Faculdade de Direito, um outro retrato ainda mais antigo do que o de Julio Frank mas ainda não sabemos quando passou a fazer parte do acervo da instituição. Trata-se de um retrato de Clemente Falcão de Souza (pai), em busto, de pequenas dimensões, assinado por Fertela (ou Fertala), pintor que não conseguimos identificar até o momento. A obra é datada de 1829, coincidindo com o período em que o retratado fazia seus estudos em Paris, onde se bacharelou em 1828 e concluiu seu Doutoramento em 1830. Neste mesmo ano ele ingressaria no quadro docente da Academia de Direito de São Paulo como lente substituto e, no ano seguinte, 1831, tornar-se-ia Catedrático de Direito Mercantil e Marítimo (Cf. Spencer VAMPRÉ. *Memórias para a história da Academia de São Paulo*. São Paulo: Livraria Acadêmica/Saraiva, 1924. V. 1, p. 178-182)). Existe também um retrato do poeta Álvares de Azevedo (1831-1852), estudante da Faculdade de 1844 a 1851, falecido jovem, que se tornou um dos maiores ícones da Academia de Direito. Este retrato de meio corpo foi realizado pelo pintor Ferdinand Krumholz (1810-1878), que atuou no Brasil de 1848 a 1853, sendo o retrato de Álvares de Azevedo, portanto, deste período, já que não se tem notícia de que Krumholz tivesse pintado retratos de brasileiros em algum outro momento (sobre este pintor, ver José Roberto Teixeira LEITE. *Dicionário crítico da pintura no Brasil*.

Cultura e Poder entre o Império e a República   *227*

Já o retrato a óleo do lente Gabriel José Rodrigues dos Santos (FIG. 4), doado à Faculdade em 1859 pelos alunos do 5º ano para homenagear o professor falecido no ano anterior, foi, até onde se sabe, o primeiro num certo padrão – de corpo inteiro, de pé, em grandes dimensões, aquilo de que se pode dizer "em tamanho natural", um tipo de evocação que representaria uma forma de presença física do retratado, o que permitiria como que perpetuar a presença do mestre no ambiente da Academia. Foi este o padrão que se repetiu na paulatina constituição da Galeria de Retratos que, no início do século XX, estava instalada no Salão de Honra do antigo edifício da Faculdade. Foi registrada em fotografia em 1905.[48] (ver adiante, FIG. 9)

Significativo que o escolhido para esta homenagem fosse o Dr. Gabriel Rodrigues dos Santos pois, após uma trajetória brilhante na Província paulista, havia sido eleito Deputado à Assembléia Geral do Império, e assim tinha se erigido em uma das principais lideranças liberais de São Paulo atuantes na Corte, talvez a mais promissora daqueles anos como intelectualidade e capacidade oratória representativas do próprio *ethos* e do papel da Faculdade e do Direito na construção nacional – o discurso como expressão de ideias e de lógica, com conteúdo idealista e sempre associado à dignidade. Tinha morrido, porém, repentinamente, com apenas 42 anos de idade, o que ceifou as altas expectativas que nele se haviam depositado.

Rio de Janeiro: Artlivre, 1988, p. 273). É, portanto, anterior ao de Gabriel Rodrigues dos Santos mas só veio a integrar o acervo da Faculdade nos últimos anos do século XIX pois foi deixado a esta instituição, em testamento, pela mãe do poeta, falecida em 1895 (cf. Vicente de AZEVEDO. *Cartas de Álvares de Azevedo*. São Paulo: Academia Paulista de Letras, 1976. P. 229; 247-250).

48   Jules MARTIN e Nereu Rangel PESTANA. *São Paulo Antigo, São Paulo Moderno*. São Paulo: Typographia Vanorden, 1905. Biblioteca da Faculdade de Direito/USP.

Figura 4 – Retrato de Gabriel Rodrigues dos Santos. Autoria de Claude Joseph Barandier, c. 1858. Óleo sobre tela, 2,5 x 1,5 m. Acervo Faculdade de Direito da Universidade de São Paulo.

Poucos meses após o seu desaparecimento, já se anunciava a venda, em São Paulo, de retrato seu, trazido do Rio de Janeiro por um comerciante.[49] Pode-se supor que fosse uma tiragem de uma das litogravuras realizadas por Sisson, como veremos logo mais.

A comoção gerada pela perda prematura do lente e a vontade de manter sua presença nas Arcadas levaram por certo os alunos à com-

---

49 Manoel Candido Quirino Chaves, com casa de comércio à rua do Piques (caminho da Consolação), participava ao público que tinha acabado de chegar do Rio de Janeiro com novas mercadorias. No mesmo anúncio, indicava: "Os amigos do falecido Dr. Gabriel José Rodrigues dos Santos, encontrarão na mesma casa estampas com a cópia fiel do retrato do mesmo". *Correio Paulistano*, 13 dez. 1858, p. 4.

Cultura e Poder entre o Império e a República 229

pra do retrato a óleo, adequadamente evocativo, solene e expressivo, para colocar na Faculdade.[50]

Não há assinatura do pintor na obra. Não sabemos se nunca houve ou se teria perdido a assinatura numa possível restauração feita no passado. A primeira hipótese nos parece forte pois no momento e circunstâncias em que a obra foi feita, pouco importaria o pintor; o que interessava era o retratado. Talvez fosse até mesmo considerado conspurcador colocar uma assinatura sobre o retrato de um homem ilustre que se desejava perenizar. Também neste sentido fala-nos Antoine Schnapper. Nota que nas séries de retratos constituídas com sentido predominantemente histórico, o mais importante era ver reproduzida a figura física do retratado e não as qualidades artísticas da obra. Aponta como um sinal de mudança nessa perspectiva o fato de, em dado momento em Paris, um conhecido colecionador de estampas recomendar que para se montar uma coleção de retratos, se procurasse apenas aqueles feitos por bons artistas.[51] E mesmo assim, porém, era somente para garantir a semelhança com o retratado e não por preocupação estética.

Embora em outro tempo e lugar, pode-se perceber a desimportância da autoria também na galeria de retratos da Faculdade de Direito. Esta não costuma ser mencionada nos registros da instituição em meados do século XIX e muito pouco nos períodos posteriores. A mesma ausência de assinatura se verifica nos quatro retratos que se colocaram na Faculdade nos anos seguintes ao do Dr. Rodrigues dos Santos. Somente de 1874 em diante encontramos retratos assinados nesta galeria.

Conseguimos saber, no entanto, por registros encontrados no jornal *Correio Paulistano*, que o autor do retrato do Dr. Gabriel

---

50 Havia sido encomendado para a família do retratado, talvez por políticos, talvez por militares, mas os estudantes decidiram-se a comprá-lo e doá-lo à Faculdade, de acordo com notícias publicadas no jornal *Correio Paulistano*, 26 abr. e 29 maio 1859.

51 SCHNAPPER, *Op. cit.* p. 130.

230   Ana Beatriz Demarchi Barel e Wilma Peres Costa (orgs.)

Rodrigues dos Santos foi Claude Joseph Barandier,[52] francês que embora estivesse radicado no Rio de Janeiro naquele momento, já era conhecido em São Paulo, onde estivera anteriormente por uma ou mais temporadas, desde os anos de 1840,[53] e cujo nome mostra-se presente na imprensa local até à sua própria morte, em 1877, ocorrida na capital paulista, onde então residia.

Examinando-se o retrato do Dr. Gabriel Rodrigues dos Santos realizado em pintura a óleo, por Barandier, nota-se a semelhança com aquele publicado em gravura, por Sisson, na *Galeria dos Brasileiros Illustres* (FIG. 5), especialmente quanto à postura física do retratado – de pé, com o corpo levemente girado à direita, braço direito esticado, com os dedos da mão direita num manuscrito sobre a escrivaninha. É que na obra de Sisson, apesar de quase todos os retratos terem sido "copiados do natural", como indicado na página de rosto, quatro dentre eles foram feitos a partir de pinturas e um a partir de fotografia.[54] Sob o retrato de Rodrigues dos Santos em litogravura, está registrado que Barandier o havia pintado ("Barandier pinx"), indicando que a gravura foi feita a partir da pintura.

---

52   Claude-Joseph Barandier foi um pintor francês radicado no Brasil desde o final dos anos 1830, instalado primeiramente no Rio de Janeiro e depois em São Paulo. Contava com a proteção do Imperador D. Pedro II e participou de importantes exposições. Quanto às sua datas de nascimento e morte, circulam informações de que teria nascido por volta de 1812 e falecido em 1867. Entretanto, encontramos no *Correio Paulistano* a notícia de seu falecimento na seção de obituário do jornal do dia 12 de maio de 1877 da seguinte forma: "Dia 3: Claudio Jose Barandier, 69 anos, solteiro; lesão orgânica do coração". Permitimo-nos, portanto, alterar os dados até aqui conhecidos para: França, c. 1808 – São Paulo, 3 maio 1877.

53   *Correio Paulistano*, 6 set. 1862, p. 3

54   Retratos em gravura feitos a partir de pinturas na obra de Sisson : Gabriel Rodrigues dos Santos e Nicolau Pereira de Campos Vergueiro (ambos retratados em pintura por Barandier) ; Bernardo Pereira de Vasconcellos (pintura de Krumholz) ; Dom Pedro 1º (pintura de Simplicio de Sá). As princesas Leopoldina e Isabel, retratadas andando a cavalo, o foram a partir de fotografia de Victor Frond.

Cultura e Poder entre o Império e a República 231

Figura 5 – Retrato de Gabriel Rodrigues dos Santos, 1858. Litogravura de S. A. Sisson a partir de pintura de Claude-Joseph Barandier. In: S. A. SISSON. Galeria dos Brasileiros Illustres (os contemporâneos). Rio de Janeiro: Lithographia de S. A. Sisson, 1861. V. 1, entre as páginas 51 e 53. Acervo Biblioteca Brasiliana Guita e José Mindlin da Universidade de São Paulo – BBM-USP.

Referindo-se ao retrato de Rodrigues dos Santos publicado na *Galeria* de Sisson, Paulo Antonio do Valle[55] comentou, à época, que este havia captado bem a "atitude oratória" do retratado (p. 55). Este comentário foi feito na biografia de Rodrigues dos Santos que Valle

---

55 Paulo Antonio do Valle (São Paulo/SP, 25 jan. 1824 – id. 9 out. 1886) graduou-se pela Faculdade de Direito em 1848, pela qual obteve título de Doutor em 1860. Foi professor do curso preparatório. Ficou conhecido por sua atuação como jornalista e, principalmente, como autor teatral. (Cf. Luis Correia de MELO. *Dicionário de autores paulistas*. São Paulo: Comissão do IV Centenário da Cidade de São Paulo, 1954, p. 647-648; Elizabeth R. AZEVEDO. *Um palco sob as Arcadas*: o teatro dos estudantes de Direito do Largo de São Francisco. São Paulo: Annablume, 2000 (originalmente dissertação de Metrado, ECA-USP, 1995); Armando Marcondes MACHADO. *Centro Acadêmico XI de Agosto*: Faculdade de Direito de São Paulo. São Paulo: Mageart, 1999, v. 5, p. 2721.

publicou, em 1863, tanto no *Correio Paulistano* como na abertura do volume de discursos parlamentares de Rodrigues dos Santos, organizado pelo Dr. Antonio Joaquim Ribas, também professor da Faculdade de Direito, para publicação póstuma como livro.[56] Na primeira página desta obra, porém, há uma outro retrato de Rodrigues dos Santos em gravura também da Litografia S. A. Sisson (FIG. 6).

Figura 6 – Retrato de Gabriel Jose Rodrigues dos Santos, [1858]. Litogravura de S. A. Sisson. In: DISCURSOS parlamentares do Dr. Gabriel José Rodrigues dos Santos, *op. cit.* Acervo da Biblioteca Brasiliana Guita e José Mindlin da Universidade de São Paulo – BBM-USP.

Ainda em 1862 – quatro anos após a sua morte, a Livraria Garraux continuava a anunciar retratos do Dr. Gabriel Rodrigues dos Santos.[57] Pode-se supor fossem de Sisson, uma vez que provavelmente

---

56 Paulo Antonio do VALLE. *Biographia do Dr. Gabriel José Rodrigues dos Santos*, publicada por partes no *Correio Paulistano*, entre 5 e 23 de setembro de 1863 e em DISCURSOS parlamentares do Dr. Gabriel José Rodrigues dos Santos coligidos pelo Dr. A. J. R. (com a biografia e retrato lithographado do orador). Rio de Janeiro: Typographia Paula Brito, 1863. Acervo da Biblioteca Brasiliana Guita e José Mindlin – BBM/USP.

57 *Correio Paulistano*, 4 fev. 1862, p. 4.

não haveria outro retrato de Rodrigues dos Santos em gravura naquele momento.[58] Observe-se, ainda, que o retrato que integra a *Galeria dos Brasileiros Illustres* é datado de 1858, ano de falecimento do Dr. Rodrigues dos Santos. São estas gravuras, portanto, que podemos imaginar em circulação em São Paulo naqueles anos.

Na pintura, porém, Barandier deu mais ambiência à cena. A cadeira correspondente à escrivaninha e uma estante de livros à direita, que não estão presentes na gravura, são elementos que podem se referir não apenas à condição de lente e de parlamentar do retratado mas também de advogado, profissão que exerceu em São Paulo, com escritório no mesmo endereço de sua residência, o largo da Sé n. 2, (FIG. 7) que passou também a ser rememorado como *locus* de realização de uma vida a um tempo profissional, intelectual e social em torno de sua personalidade:

Figura 7 – O largo da Sé, em São Paulo, em 1862. Um dos dois sobrados na fileira de casas à esquerda seria aquele em que Gabriel Rodrigues dos Santos tinha residência e escritório. A igreja de duas torres é a Igreja de São Pedro dos Clérigos. Fotografia de Militão Augusto de Azevedo. Acervo Casa da Imagem/ Museu da Cidade de São Paulo/Departamento do Patrimônio Histórico/ Secretaria Municipal de Cultura/PMSP).

---

58   Anos mais tarde, outro retrato de Rodrigues dos Santos em gravura, de autoria de Nicolau Huascar Vergara, foi publicado no jornal *O Polichinello*, ano I, 6 ago. 1876, n. 17, p. 8 (foi acompanhado de uma biografia do retratado publicada em três partes nos números 17, 18 e 19 do jornal). Edição fac-similar: São Paulo, Imprensa Oficial, 1981.

234   Ana Beatriz Demarchi Barel e Wilma Peres Costa (orgs.)

> O seu escritório de advocacia no largo da Sé, em sobrado há pouco demolido, fronteiro à catedral, era o ponto de reunião dos seus amigos, durante todas as horas úteis do dia, e também aos domingos e feriados. Ali se discutia, ali se conversava, liam-se jornais; e ele, o grande homem, o chefe amado e cidadão popularíssimo, despachava clientes ou resolvia assuntos políticos, no meio daquele contínuo rumor, a todos ouvindo, atendendo a todos."

Não sabemos se nesta narração, Almeida Nogueira teria se baseado apenas numa tradição oral que pudesse subsistir no início do século XX, quando escreveu sua obra, ou se teria recuperado os diferentes trechos da já citada biografia do Dr. Rodrigues dos Santos nos quais seu autor, Paulo Antonio do Valle, evoca o escritório do largo da Sé n. 2. Num primeiro momento, Valle dá depoimento de situação vivida por ele próprio. Tendo feito uma visita ao Dr. Rodrigues dos Santos, na qual tinha levado, para leitura daquele, o manuscrito de sua peça teatral *Caetaninho*, lembra-se ele:

> Na despedida, ele exigiu que eu prometesse vir sempre a sua casa, visto, dizia ele, que eu não era mais estudante, e que tinha necessidade de sociedade, tendo-se dispersado a minha. Notou-me que a sua casa era um ponto de reunião, que recebia jornais de todo o Império, e alguns de Europa, e que pois eu contraia o dever de lá ir todos os dias, e que me encontraria sempre com os Srs. Dr. Chaves, Brotero, Ramalho e Pinto Junior,[59] de quem eu já era amigo.[60]

Valle traz, ainda, outro trecho evocativo do escritório e da operosidade do Dr. Gabriel Rodrigues dos Santos, transcrito, segundo ele, do *Diário Mercantil* do Rio de Janeiro:

---

59   Refere-se, provavelmente, a Manoel José Chaves, José Maria de Avellar Brotero, Joaquim Ignacio Ramalho, Joaquim Antonio Pinto Junior.

60   VALLE, *Op. cit.*, p. 48.

Cultura e Poder entre o Império e a República   *235*

...Acontece que este doutor na aparência fleugmático e indolente, é talvez sem exageração o homem mais pensionado e incansável no trabalho. Ele habitualmente levanta cedo, dá um pequeno passeio a pé ou a cavalo, e às 7 horas da manhã abre o escritório a uma multidão de partes, que o esperam à porfia, e é raro o dia em que ele pode ir almoçar às 9 horas; às vezes dá meio-dia sem que seja desembaraçado dos fregueses. Depois do almoço, além das partes vêm inúmeros amigos, porque o escritório do doutor é a *causerie* de S. Paulo. Formam-se nas duas salas grupos de palestradores, lê-se jornal, discute-se política, fala-se das secas ou das chuvas, do preço dos gêneros, enquanto o Dr. Rodrigues dos Santos faz o milagre de despachar os clientes, escrevendo às vezes longamente no meio deste tumulto, em que vê-se na necessidade de tomar parte, porque indiscretamente uns e outros o atormentam de perguntas. Depois do jantar continua o mesmo trabalho até noite fechada: então o Dr. some-se até o dia seguinte, e é esse o único tempo em que ele descansa. Nos domingos e dias santos o escritório está aberto, e o doutor, trabalhando como sempre, muitas vezes nem pode sair para ouvir missa.[61]

Pode-se supor, ainda, que Barandier tivesse chegado a ver o Dr. Rodrigues dos Santos em vida,[62] possivelmente em São Paulo, já que esse era figura proeminente na cidade ou na capital do Rio de Janeiro. Observe-se que a vestimenta – o tipo de casaca e de calças – com que Rodrigues dos Santos está representado na pintura de Barandier (tal-

---

61 VALLE, *Op. cit.*, p. 65.

62 De acordo com o *Correio Paulistano* (6 set. 1862, p. 3), Barandier tinha estado em São Paulo já nos anos 1840. É certo que tenha estado novamente nesta cidade em 1856: "O Sr. Barandier retratista, e pintor histórico, de passagem nesta cidade abriu sua oficina na rua de S. Bento n. 10 1º andar" (*Correio Paulistano*, 6 jun. 1856, p. 4). Assinale-se que o número 10 da rua de São Bento, naquele período, ficava muito próximo do largo de São Francisco e, assim, da Faculdade de Direito, conforme pesquisa realizada anteriormente (H. Barbuy. "Seguindo Militão pelas ruas da cidade". In: FERNANDES JUNIOR, Rubens. *Militão Augusto de Azevedo*. São Paulo: Casa da Imagem/Cosac Naify, 2012. p. 34-49).

vez mais próxima daquela que era usada, de fato, por Rodrigues dos Santos em São Paulo), é diferente da que se vê na gravura de Sisson.

A condecoração imperial de Oficial da Ordem da Rosa, presente na pintura de Barandier, está também na gravura de Sisson, sendo que nesta, na folha de papel sobre a escrivaninha, pode-se ler "1846", referência, por certo, ao ano em que havia ocorrido a concessão da condecoração por D. Pedro II, por ocasião da visita do Imperador a São Paulo, como uma distinção conferida ao condecorado em seu próprio ambiente político de origem.[63]

Quando o retrato ficou pronto, Barandier veio trazê-lo a São Paulo. Organizou primeiro uma exposição no Hotel do Lefèbre, no qual se hospedavam muitos franceses como ele, recém-chegados ou de passagem por São Paulo. Uma crônica noticiosa[64] sobre esta exposição fala em "retratos de mr. Barandier" que estavam expostos, permitindo-nos compreender que havia uma série de retratos e não um apenas. De fato, depois de comentar mais demoradamente o retrato do Dr. Gabriel Rodrigues dos Santos, a crônica menciona também "os retratos das senhoras que primam na galeria de mr. Barandier".[65]

Ao afirmar "*Não sei onde, em que lugar da academia, será depositado o retrato do professor ilustrado, do distinto parlamentar, do orador consumado, que tão cedo desapareceu da arena política e científica do*

---

63 Aqui é preciso assinalar que poucos anos antes, Rodrigues dos Santos estivera junto de Rafael Tobias de Aguiar na Revolução Liberal de 1842 e, como consequência, havia sido condenado à prisão, razão pela qual se exilou no sul do país, tendo sido absolvido dois anos depois.

64 *Correio Paulistano*, 29 maio 1859, p. 1.

65 O Museu Paulista tem em seu acervo dois retratos femininos, de corpo inteiro, de autoria de Barandier, que podem ter sido expostos nessa ocasião. São eles o retrato de Balbina de Toledo Oliveira, Baronesa de Mogi-Mirim, e de sua filha, Angelina Leopoldina de Oliveira Adams. São ambas de corpo inteiro e de grandes dimensões, com cerca de 2m50 de altura por 1m70 de largura. Vieram integrar o acervo do Museu Paulista juntamente com o retrato de Manuel Claudiano de Oliveira, Barão de Mogi Mirim, (1794-1887), também de autoria de Barandier, por doação de Ana Val de Oliveira Adams e seus filhos.

Brasil", por demonstrar incerteza sobre o lugar de colocação do retrato, o cronista nos faz supor que naquele momento não haveria de fato uma sala que se pudesse presumir como destino certo para a pintura. A ideia de uma galeria de retratos na Faculdade provavelmente sequer existia ainda naquele momento. Depois, em 1862, em nova notícia sobre o pintor Barandier, há menção ao "sublime retrato do Dr. Gabriel José Rodrigues dos Santos que existe numa das salas da faculdade de direito".[66] O uso da forma "numa das salas" leva-nos a crer que o retrato não estivesse em nenhuma sala (ou salão) em especial, que pudesse estar preparada para receber outras pinturas.

Bustos

Bustos escultóricos também eram forma usual de representar figuras ilustres. Também nesta forma o Dr. Gabriel Rodrigues dos Santos foi representado. Um busto em gesso – em dois exemplares –, fazia parte do museu particular do Coronel Joaquim Sertório, que viria depois a se constituir no núcleo inicial de acervo do Museu Paulista.[67] (FIG. 8)

---

66 *Correio Paulistano*, 6 set. 1862, p. 3.

67 Paula Carvalho. *O Museu Sertório*: uma coleção particular em São Paulo no século XIX (primeiro acervo do Museu Paulista). Relatório apresentado à FAPESP, jun. 2013. p. 25.

Figura 8 – Busto de Gabriel Rodrigues dos Santos. Autoria de Carlos Rath. Gesso patinado, 51 x 44 x 25 cm. Acervo Museu Paulista/USP, Coleção Sertório.

É de autoria de Carlos Rath, figura reconhecida publicamente. Condecorado por Dom Pedro II, Rath atuava como engenheiro na Província de São Paulo.[68] Uma conjunção de elementos pode nos dar ainda uma outra dimensão do Dr. Rodrigues dos Santos, que levou à realização de seu busto por Carlos Rath. Este era conceituado, no contexto paulistano de então, como importante cientista alemão, que juntamente com outras personalidades então atuantes na cidade, era

---

68 Carl Friedrich Joseph Rath (Stuttgart, 31/03/1802 – São Paulo/SP, 12/06/1876) vindo da Alemanha, tinha formação em mecânica e era pesquisador em ciências naturais, com diversos trabalhos realizados em seu país de origem e atuação em geologia, confeccionando mapas em relevo. Veio para o Brasil em 1845, desenvolvendo atividades, inicialmente, no Rio de Janeiro. Em 1846 veio para a Fábrica e Ferro Ipanema, onde havia um importante núcleo de alemães. No início dos anos 1850 fixou-se na cidade de São Paulo, onde manteve uma coleção de minerais e outros elementos naturais, que viria a doar ao museu particular de Joaquim Sertório. Informações biográficas extraídas de INSTITUTO MARTIUS STADEN. Exposição virtual *Carl Rath:a vida e obra de um grande alemão em São Paulo*. Disponível em http://www.martiusstaden.org.br/CarlRath/carl_rath_flash-full.html.

Cultura e Poder entre o Império e a República 239

associado àquele espírito moderno, realizador, que buscava na ciência e nas ações práticas, o desenvolvimento do país.[69] Também neste perfil pode se enquadrar o Dr. Gabriel Rodrigues dos Santos. Embora mais cultuado como parlamentar e orador brilhante, mais associado à exposição de ideias, há sinais de que procurava também atuar no campo prático em favor de suas ideias, que se alinhavam com o que havia de mais moderno. Se defendia, no plano político, o desenvolvimento e a modernização da agricultura da Província de São Paulo, também se dedicava a iniciativas concretas para este fim. Não só plantava trigo em sua fazenda de Mogi das Cruzes,[70] como fazia distribuição gratuita, em seu escritório, de sementes de trigo, juntamente com um folheto explicativo sobre o modo de cultivá-lo.[71] Também investia na melhoria de raças animais e, em pleno regime escravocrata, planejava fundar uma associação para contratação de colonos para o trabalho na lavoura.[72] Trabalhou pela fundação de um banco para financiamento da agricultura, o Banco de S. Paulo, que chegou a ser criado e ter estatuto, poucos meses antes de seu falecimento.[73] Assim também, como vereador em São Paulo, tinha se empenhado em questões urbanas e fabris.

Retratos literários

O padrão estabelecido na construção da imagem a rememorar vai além dos retratos plásticos (as gravuras, os retratos a óleo, as esculturas). A eles se somam os retratos literários ou simplesmente verbais. Assim, a já citada biografia de Rodrigues dos Santos escrita por Paulo

---

69 Sobre o perfil profissional e a modernidade de Carlos Rath e sua atuação em obras públicas na Província de São Paulo, ver Ivone Salgado. "Carl Friederich Joseph Rath: o 'higienismo' na formação do corpus disciplinar do urbanismo na cidade de São Paulo". *Vitruvius*, 2009. Disponível em http://www.vitruvius.com.br/revistas/read/arquitextos/10. 113/18

70 Paulo Antonio do Valle, *Op. cit.* p. 73.

71 *Correio Paulistano*, 26 ago. 1857, p. 3.

72 Valle, *op. cit.*, p. 73.

73 *Correio Paulistano*, 21 out. 1857 e 19 fev. 1858, p. 3

240 Ana Beatriz Demarchi Barel e Wilma Peres Costa (orgs.)

Antonio do Valle, traz esse tipo de evocação no tocante às suas qualidades de orador, fazendo-nos como que ver Rodrigues dos Santos em ação, como que apreender sua presença física e sentir as emanações de sua personalidade, através da escrita literária:

> Apaixonado, como todos os adeptos sinceros de uma ideia, seguindo a política como uma profissão grande e nobre, Rodrigues dos Santos falando, atraía as atenções, impunha silêncio, e arrastava pela emoção com que se exprimia, sem deixar escapar contudo um grito descomunal, ou uma censura mais violenta, ou descortês, ou menos polida às pessoas de quem tratava ou em relação à altura, e gravidade de seu auditório. Sua voz não era grave, nem aguda, era de um tom médio, e sons redondos e aveludados que nem nos fortes parecia áspera, nem nos tons de intimidade e segredo se lhe tornava falha, ou difícil: antes se insinuava sempre aos ouvidos como uma harmonia suave, que pouco a pouco adormenta as paixões, e restaura a placidez da alma e a seguridade da razão. / No seu retrato da elegante galeria de contemporâneos ilustres de M. S. A. Sisson, a sua atitude oratória está admiravelmente apanhada. / Nada de afetado, nem de imponente; a serenidade da confiança em suas crenças, ou na fecundidade de seu gênio, ou na benevolência de seu auditório o envolve com um véu diáfano, que se transfigura totalmente. É como uma cópia dessas estátuas do sublime cinzel grego, que na brancura do mármore, e a despeito da ausência das cores, revelam toda a beleza tocante, e toda a majestade simples dos deuses de Homero.[74]

No século XIX, é prática corrente descrever fisicamente alguém que se homenageia ou evoca, muitas vezes associando suas características físicas à sua personalidade ou às suas qualidades morais. Em seu *Ano biográfico brasileiro*, outro escritor, Joaquim Manoel de Macedo descreve Gabriel Rodrigues dos Santos, sublinhando também sua voz:

---

74 VALLE, *Op. cit.*, p. 55.

Cultura e Poder entre o Império e a República 241

Nada lhe faltava para ser orador de primeira ordem. Ele tinha figura elegante, rosto como illuminado, belos olhos, presença sympathica, voz sonora e vibradora de todas as cordas dos sentimentos, palavra facil, fluente, e tão prompta que parecia advinhar a ideia, arrebatamentos de eloquencia que obrigavam a admiração dos adversarios, lógica – Hercules – a esmagar a argumentação que combatia, imaginação vivíssima, criterio e frio bom senso no meio dos vulcões das proprias discussões mais tumultuosas.[75]

No que tange os memorialistas internos às Arcadas, porém, José Luiz de Almeida Nogueira foi imbatível nas finas evocações de figuras, escritas já no início do século XX, nem sempre benévolas, muitas vezes mordazes. Foi reverencial, no entanto, com o Dr. Rodrigues dos Santos, de quem, porém, não poderia se lembrar pois tinha em torno de apenas seis anos de idade quando aquele faleceu. É de interesse perceber como as descrições vão em parte se repetindo, firmando como que um retrato ritual do rememorado. Daí que Almeida Nogueira inicia sua descrição de Rodrigues dos Santos de forma próxima do que havia feito Macedo:

Era alto, figura elegante, moreno, fisionomia expressiva e de irresistível atração, olhar cheio de luz, testa larga e inteligente, voz sonora, palavra fluente e colorida. Quanto ao moral, espírito superior, nobilíssimo caráter...

E continua, agora mais prosaico, pois que para suas crônicas Almeida Nogueira costumava consultar antigos professores e colegas que tivessem conhecido a figura sobre a qual escrevia:

---

75 Joaquim Manoel de MACEDO. *Anno biographico brazileiro*. Rio de Janeiro: Typographia e Lithographia do Imperial Instituto Artistico, 1876. v. 2, p. 98 Publicação organizada por ocasião da Exposição Nacional de 1875 no Rio de Janeiro, preparatória para a participação do Brasil na Exposição internacional de 1876 em Filadélfia.

...Na sua quadra acadêmica estava ainda imberbe. Trouxe depois a barba raspada, deixando apenas tênue colar emoldurando-lhe o rosto. Teve prematura calvície, que habilmente dissimulava com a cabeleira...[76]

Descrição semelhante fez Spencer Vampré, sucessor de Almeida Nogueira como grande memorialista da Faculdade de Direito, além de também transcrever a descrição de Macedo:

Alto, elegante, moreno, fisionomia iluminada, palavra fluente, colorida e sonora, caráter nobilíssimo, tal o moço acadêmico. / Este último traço moral, como aqueles físicos, não os havia de perder. Usava, estudante, a cara raspada, e assim se conservou, na idade madura, acrescentando somente uma barba à portuguesa, que lhe passava por baixo do queixo, emoldurando-lhe o rosto.[77]

Os retratos que se sucederam

Depois do retrato de Gabriel Rodrigues dos Santos, vieram outros, dos quais falaremos de forma mais geral, deixando os exames mais demorados para oportunidades futuras. Cumpre sublinhar que aqueles retratos que foram imediatamente subseguintes ao de Rodrigues dos Santos, chamam a atenção pelo inusitado de seus autores, muito mais conhecidos como gravuristas ou, mais que isso, como caricaturistas. Sabe-se que estes gravuristas eram também pintores mas pouco se conhecem obras suas em pintura. São quatro obras que não trazem assinatura mas cujos autores pudemos descobrir em notícias de jornais.

O primeiro deles é o retrato de Antonio Joaquim Ribas, de 1863, de autoria de Nicolao Huascar Vergara, que lhe foi oferecido pelos alunos do 5º ano para colocação na Faculdade.

---

76 José Luiz de ALMEIDA NOGUEIRA. *A Academia de S. Paulo*: tradições e reminiscências. Estudantes, estudantões, estudantadas. São Paulo: Typografia Vanorden / Lisboa: Typ. A Editora, 1909-19012. v. 7, p. 37.

77 VAMPRÉ, *Op. cit.* v. I, p. 236.

Cultura e Poder entre o Império e a República   *243*

O segundo é o de José Maria de Avellar Brotero, de 1866, de autoria de Angelo Agostini, encomendado ao artista pelos alunos do 3º ano.

O terceiro, o retrato de José Bonifácio, o moço, também de 1866 e de autoria de Angelo Agostini, encomendado pelos alunos do 5º ano e inaugurado no dia de sua formatura.

O quarto retrato a que nos referimos é o de Francisco Justino Gonçalves de Andrade, de 1874, de autoria de Jules Martin, oferecido pelos alunos.

A Sala dos Retratos

Não nos foi possível detectar com precisão o momento em que uma sala foi especificamente destinada a receber, em suas paredes, a série desses retratos que foi se formando ao longo da segunda metade do século XIX na Faculdade e nem se foi sempre uma mesma sala na qual foram aos poucos colocados os retratos. O fato é que pelo menos em 1881, esta já estava constituída pois a Congregação mandou colocar um novo retrato, de Vicente de Pires da Motta, "na sala onde acham-se retratos de outros distintos lentes".[78] Em 1883 é comunicado que *"a Congregação resolvera ofertar ao seu venerando decano e erudito mestre o Exmo. Sr. Conselheiro Doutor Joaquim Ignacio Ramalho"* o retrato que dele havia sido feito e que *"estando próximo o dia 11 de Agosto, aniversário de criação dos cursos jurídicos do Império, propunha que nesse dia às quatro e meia da tarde, no salão respectivo, e perante a Congregação, fosse colocado o retrato no lugar que lhe compete entre os que lá já existem."*[79] Depois disso, no mesmo ano, ficou deter-

---

78   *Correio Paulistano*, 2 set. 1881, p. 2.
79   UNIVERSIDADE DE SÃO PAULO. FACULDADE DE DIREITO. Actas da Congregação dos Lentes da Academia de Direito de São Paulo. São Paulo: Faculdade de Direito/The Document Company Xerox, 1998. 4v. (ed. fac-similar de original manuscrito). Ata da reunião de 7 ago. 1883. – Biblioteca da Faculdade de Direito/USP (grifos nossos).

244   Ana Beatriz Demarchi Barel e Wilma Peres Costa (orgs.)

minado que a cerimônia de colação de grau na Faculdade de Direito iria se realizar na "sala dos retratos".[80]

Mais para o final do século XIX, em 1897, também foi mencionada a "sala dos retratos" para que a ela se recolhesse o busto do jurisconsulto alemão Rudolf von Ihering, que havia sido doado à Faculdade por seu filho, Hermann von Ihering, diretor do Museu Paulista.[81]

A expressão "galeria dos retratos" também era utilizada para se referir à mesma sala. É o que se registrou em ata da Congregação em 1892 quando o professor aposentado José Ignacio Silveira da Motta ofereceu seu próprio retrato "para figurar na galeria dos retratos dos Lentes desta mesma Faculdade".[82] Assim também em 1899, quando o retrato de Joaquim Augusto de Camargo foi doado por seu irmão, foi registrado que "ocuparia na galeria dos retratos dos lentes o lugar que lhe compete".[83]

Já no início do século XX, fala-se em "salão nobre". Logo após o falecimento do Dr. João Monteiro, a Congregação decide encomendar o seu retrato "para ser colocado no salão nobre".[84]

Surge-nos então uma dúvida sobre esta sala ser a mesma à qual se fazia referência como "sala dos retratos" ou "galeria dos retratos" ou se houve mudança de lugar. Não deixaria de haver a possibilidade de que os retratos estivessem anteriormente em outro recinto como o "salão dos professores", também no primeiro pavimento do edifício.[85]

---

80   *Correio Paulistano*, 3 nov. 1883, p. 2.

81   *Op. cit*. Ata da Congregação, 1897, fls. 287-288.

82   *Op. cit*. Ata da Congregação de 20 out. 1892. UNIVERSIDADE DE SÃO PAULO. FACULDADE DE DIREITO. O retrato de Silveira da Motta (1807-1893) é de autoria de Auguste Petit.

83   *Op. cit*. Ata da Congregação de 3 jun. 1899.

84   *Op. cit*. Ata da Congregação de 18 nov. 1904.

85   Ressalve-se que a referência que encontramos ao salão dos professores no primeiro pavimento é tardia. Está presente na planta do edifício desenhada em 1929, no início dos trabalhos que resultariam em sua demolição, que se encontram no Arquivo da Biblioteca da Faculdade de Arquitetura e Urbanismo da Universidade de São Paulo, Coleção Escritório Severo & Villares, sucessor de Ramos de Azevedo.

Cultura e Poder entre o Império e a República   *245*

É certo, porém, que o retrato de D. Pedro II foi desde o início instalado no salão nobre. A notícia datada de 21 de dezembro de 1875, intitulada "A sala nobre da academia", que dá conta, de forma algo detalhada, da conclusão dos trabalhos decorativos executados na "sala principal"[86] da Faculdade pelo artista José Maria Villaronga, menciona o retrato de Dom Pedro II ali instalado sob um "docel de riquíssimo damasco carmesin".[87] Nada fala, porém, de qualquer outro retrato nesse recinto. Entretanto, note-se que o próprio retrato e a decoração da sala eram os fatos recentes a noticiar, restando assim a possibilidade de que os outros antigos retratos já existentes pudessem estar ali mas não houvesse novidade em mencioná-los. A dúvida se esclarece relativamente com outra notícia, embora cerca de seis anos mais tarde (1881), sobre a extração da loteria do Ipiranga[88] que aconteceria em um salão da Faculdade. Encontra-se a seguinte descrição:

"O salão escolhido é bem vasto; na extremidade contígua ao salão do retrato de S. M. o Imperador havia uma balaustrada encerrando um recinto reservado às autoridades, aos representantes da imprensa, à comissão das loterias e aos empregados da loteria geral do Império vindos da corte. / Os retratos dos srs. conselheiros José Bonifácio e Leoncio de Carvalho foram tirados da sala e colocados ao lado do do Imperador, na sala contígua; Gabriel Rodrigues dos Santos, Ribas e Brotero, foram postos também fora da sala. A porta da sala de honra aberta sobre o salão da loteria deixava ver por cima da máquina o retrato de S. M. o Imperador como que presidindo a operação ...".

Para melhor nos situarmos, examinemos as fotografias existentes do antigo Salão Nobre. A primeira delas foi impressa em publicação de 1905 (FIG. 9) e pode-se nela ver que há a galeria de retratos mas

---

86 "Sala principal da faculdade e direito" foi o modo como se fez referência àquela em que seria colocado o retrato de Dom Pedro II, em notícia do *Diario de S. Paulo* de 16 mar. 1875, depois de a obra já ter sido entregue à Faculdade.

87 *Correio Paulistano*, 21 dez. 1875, p. 1-2.

88 Loterias do Ipiranga.

não é possível identificá-los individualmente pois quase não se consegue distinguir nenhum detalhe. Vê-se, porém, uma balaustrada à sua frente, dividindo o ambiente, como aquela mencionada na notícia de 1881. Ao fundo, para além da balaustrada, há três retratos, e aquém, uma série de retratos em ambos os lados da sala. Outras três fotografias são datadas de 1933, realizadas pelo Escritório Severo & Villares como registro que antecedeu a demolição do velho convento (FIGS. 10 a 12). Apesar de as três documentarem esse salão quase meio século depois daquela colocação do retrato de Dom Pedro II (1875), é possível cotejar a descrição a respeito da decoração de Villaronga com estas imagens, encontrando nelas parte dos elementos descritos, o que permite seguir com os olhos, nestas fotografias, parte dos elementos descritos nas velhas notícias:

Figura 9 – "Faculdade de Direito – o Salão de Honra". Fotografia impressa em Jules MARTIN e Nereu Rangel PESTANA (ed.) *São Paulo Antigo e São Paulo Moderno*. São Paulo: Typographia Vanorden, 1905. Acervo Faculdade de Direito da Universidade de São Paulo - Biblioteca.

Cultura e Poder entre o Império e a República   247

Figura 10 – Aspecto do Salão de Nobre da Faculdade de Direito de São Paulo, 1933. Fotografia. Acervo Biblioteca da Faculdade de Arquitetura e Urbanismo/ USP, Coleção Escriptorio Technico "Ramos de Azevedo" – Severo & Villares, n. 2111. Em sentido horário: Duarte de Azevedo, Falcão Filho, Justino de Andrade, Herculano de Freitas, João Mendes Junior Dino Bueno, João Monteiro, Leôncio de Carvalho, Arouche Rendon, D. Pedro II, Brotero.

Figura 11 – Aspecto do Salão de Nobre da Faculdade de Direito de São Paulo, 1933. Fotografia. Acervo Biblioteca da Faculdade de Arquitetura e Urbanismo/ USP, Coleção Escriptorio Technico "Ramos de Azevedo" – Severo & Villares, n. 2112. Em sentido horário: Joaquim Augusto Camargo, Aureliano Coutinho, não identificado, não identificado, Duarte de Azevedo, Falcão Filho, Justino de Andrade, Herculano de Freitas, João Mendes Junior Dino Bueno, João Monteiro, Leôncio de Carvalho, Joaquim Ramalho.

248   Ana Beatriz Demarchi Barel e Wilma Peres Costa (orgs.)

Todo o trabalho de arte é feito debaixo dos rigorosos preceitos do estilo renascença, assim pelo que respeita às delicadas decorações das paredes como às do teto que são feitas com primorosos arabescos em alto relevo, tanto em ouro como em bronze, havendo também baixos relevos de mármore polido admiravelmente imitado.[89] / A rodaça[90] do teto é de belíssimo efeito, apresentando com a mais perfeita ilusão, "plafonds" de claros e escuros artisticamente graduados[91] pelo habilíssimo pincel do sr. Villaronga. / Nos espaços deixados pelos relevos das paredes nota-se uma imitação de tapeçaria roixa, de efeito grave e apropriada à importância do salão. / Ao fundo deste vê-se o grande quadro com o retrato de Sua Majestade o Imperador do Brasil, de tamanho natural e pintado de maneira a fazer honra ao artista.[92]/ O vistoso quadro está sob um belo docel de riquíssimo damasco carmesin, preparado com a máxima elegância, de acordo com a opulência geral dos adornos artísticos que mencionamos. / As janelas são todas guarnecidas com cortinas da mesma fazenda e cor, e o assoalho é coberto com um belo e custoso tapete de cores vivas e apropriadas para o efeito gradável que o recinto do salão oferece.[93]

Retomando-se a descrição feita em 1881, que menciona a balaustrada, conclui-se que aquilo que era considerado o Salão Nobre é apenas a parte além da balaustrada, mais elevada e sob o teto que tem uma rosácea ao centro e outras menores circundantes. Só esta parte é descrita como ambiente decorado por Villaronga. Em 1881, ali estava, portanto, centralizado, o retrato de Dom Pedro II. Naquela que era considerada outra sala ("sala contígua"), aquém da balaustrada, ficava a galeria de re-

---

89 A imitação, aqui, não é depreciativa e sim referência aos *trompe-l'oeil* ilusionistas característicos do gosto renascentista.

90 Provavelmente um erro tipográfico levou à impressão de "rodaça" no lugar de "rosácea".

91 O "chiaro oscuro" diz respeito ao uso contrastado de luz e sombra nas pinturas, que foi muito explorado no Renascimento.

92 O autor do retrato é o pintor Julio Balla.

93 A sala nobre da academia. *Correio Paulistano*, 21 dez. 1975, p. 1-2.

Cultura e Poder entre o Império e a República   *249*

tratos de professores – no mínimo os cinco mencionados por ocasião da extração da loteriá, sendo que pelos registro encontrados, naquela data seriam seis os existentes, no total, no padrão aqui considerado. Pode-se concluir, portanto, que em 1881, o salão nobre e a sala dos retratos eram, na verdade, um mesmo ambiente dividido pela balaustrada.

Pensando-se no investimento que havia sido feito nesta sala, em 1875, para a colocação do retrato do Imperador, pode-se supor, com alguma segurança, que dificilmente teriam deixado vazias as paredes da outra parte da sala, tratada como "sala contígua", e mantido os retratos dos professores em outro ambiente. Assim, consideramos que no mínimo em 1875, senão antes, até mesmo desde o início, a galeria de retratos já estava instalada como tal na sala mais solene da Faculdade.

Até ali, as notícias nos informam sobre as doações de retratos à Faculdade e indicam que eles seriam colocados na sala dos retratos, no salão nobre ou apenas "em local apropriado." A partir de 1883, porém, começa a haver notícias sobre inaugurações de retratos com descerramento de cortinas, na sala dos retratos ou salão de honra. Assim foi com o retrato do Conselheiro Ramalho (1883), Rubino de Oliveira (1892), Aureliano Coutinho (1898),[94] Joaquim Augusto de Camargo (1899).[95]

Embora o ambiente tenha sido mantido em sua essência, algumas mudanças foram se operando ao longo do tempo. Em razão de uma solicitação do Centro Acadêmico XI de Agosto atendida pela Direção da Faculdade, em 1905, para que o retrato do Imperador retornasse ao Salão Nobre, ficamos sabendo que após a proclamação da República este havia sido retirado dali.

Outro aspecto a observar na fotografia de 1905 é que nela se vê que há retratos entre as janelas à direita. Por ali havia entrada de luz natural pois estas janelas davam para um jardim que existia externamente, pertencente ao convento, na face sobre a antiga rua da Casa

---

94 *O Estado de S. Paulo,* 12 ago. 1898, p. 2.

95 *O Estado de S. Paulo,* 26 maio 1899, p. 3. A notícia fala do salão de honra mas não menciona descerramento de cortina.

250   Ana Beatriz Demarchi Barel e Wilma Peres Costa (orgs.)

Santa, depois rua Riachuelo. Nas fotografias de 1933, porém, percebe--se que já não se colocavam mais retratos entre as janelas. Na configuração de então, o salão nobre aproximava-se ainda mais do modelo de galeria, de *loggia*, de que falava Lugli, no qual a luminosidade entra por um lado só e neste não se colocam obras em exposição.

Outro momento importante quanto às alterações realizadas no salão nobre ocorreu em 1906. No início daquele ano, por ocasião do recebimento do retrato do Dr. Manoel Dias de Toledo, Brasilio Machado observa que haveria necessidade de dar "nova ordem na colocação dos retratos dos lentes no Salão de Honra, guardada a respectiva antiguidade, reservando-se a parte do fundo do salão aos retratos do Imperador, do Conselheiro Brotero e dos Diretores da Faculdade".[96]

O estudo aqui apresentado é parte de um trabalho mais amplo sobre a galeria de retratos a Faculdade de Direito e outras galerias de retratos existentes em São Paulo na segunda metade do século XIX e primeiras décadas do século XX como universos de investigação sobre uma cultura de exposições em São Paulo naquele período.

---

96   *Op. cit.* Ata da Congregação de 1º mar, 1906.

De Berlim às capitais do Império: a experiência fotográfica em Alberto Henschel

Cláudia Beatriz Heynemann

Alberto Henschel chegou a Pernambuco em 1866 e morreu no Rio de Janeiro, no bairro de Botafogo, no Rio de Janeiro, após dezesseis anos, durante os quais atuou como fotógrafo e empresário, abrindo estabelecimentos nas cidades de Recife, Salvador, Rio de Janeiro e São Paulo. O vasto acervo produzido por Henschel e seus associados nessas capitais, tem sido bastante explorado pela historiografia do Império, recorrentemente do ponto de vista temático, como ilustração sobre o século XIX, ou em estudos de história da fotografia no Brasil. Em outra perspectiva, ensaiamos pensar sobre sua origem e trajetória no âmbito do Império Habsburgo ou da Alemanha anterior a 1871, e, ainda, da Europa central, da *Mitteleurope*, em uma vinculação cultural. Trata-se assim de compreender o significado de que se reveste o exercício profissional da fotografia no século XIX, principalmente para os judeus "emancipados" pelas Luzes, como um evento da modernidade.

Tal seria o principal componente de seus retratos de estúdio no Brasil, como os de Pedro II, de donos de engenhos, dos membros da "boa sociedade", das classes médias, de abolicionistas, poetas, de negros livres e escravizados, de muitas crianças, em todos os extratos

252   Ana Beatriz Demarchi Barel e Wilma Peres Costa (orgs.)

sociais do Império, provavelmente como nenhum outro, de modo tão abrangente, em tantas cidades e em tal volume. Esse álbum, ou arquivo, produzido em seus estabelecimentos, é para alguns a manifestação de um olhar próprio e simultaneamente modificado pela realidade encontrada do outro lado do Atlântico, exigindo ou desconsiderando mudanças nos esquemas compositivos, na relação com os indivíduos retratados e com o público daquelas imagens.

O século em imagens fotográficas

Em 1839 o daguerreótipo traz nitidez e precisão, fornecendo, no entanto, um exemplar único, fixado em uma placa de metal. É a fotografia que democratiza o retrato, com sucessivas melhorias até o registro instantâneo, em 1851. Três anos depois, André Adolphe Eugène Disdéri (1819-1889) inventa o formato *carte de visite* vendido em 12 cópias ao cliente, sob a forma de uma pequena imagem retangular, com aproximadamente 6x9cm, colada sobre um cartão com o nome do fotógrafo. Fotógrafos mais ou menos célebres ou talentosos irão inundar as salas de visitas e álbuns com esses retratos; em 1862, Disdéri vende sozinho, 2.400 cartões por dia, indicando que "ascender à representação e posse de sua própria imagem é algo que instiga o sentimento e autoestima, que democratiza o desejo de atestado social (…)".[1]

O efeito do invento de Disdéri havia popularizado de forma definitiva o retrato, disse em seu clássico estudo Gisèle Freund, assinalando que diante do aparato fotográfico, artistas, sábios, homens de Estado, funcionários e modestos empregados tinham satisfeitos os seus impulsos, seu desejo de igualdade. Como outro lado do processo deslanchado pelas *carte de visite*, tem-se a rápida multiplicação de ateliês, em todas as cidades francesas, diante do relativo baixo custo de equipamentos e

---

1   CORBIN, A. "O segredo do indivíduo, a democratização do retrato". In: Perrot, M. (dir.). *História da vida privada: da Revolução Francesa à Primeira Guerra*. São Paulo: Companhia das Letras, 1991, p. 423.

Cultura e Poder entre o Império e a República 253

da promessa de sucesso sem maiores exigências. A nova profissão, diz essa autora, tornou-se uma saída para indivíduos de todos os gêneros.[2]

Os estúdios chegaram cedo ao Império, em meados do século, e mesmo que em uma escala modesta, se comparada a das metrópoles europeias e norte-americanas, mantiveram um crescimento constante, espalhando-se pelos principais centros urbanos. Assim, nos anos 1850-59, contavam-se cerca de noventa fotógrafos, saltando na década seguinte para 200, entre os quais ao menos 40% estrangeiros, de presença majoritária nas províncias e que tem um aumento progressivo nas últimas décadas do século XIX[3] também em compasso com as ondas de imigração. Entre esses fotógrafos, alguns eram judeus: embora poucos em números absolutos, destacam-se, levando-se em conta a população judaica e o universo profissional a que se refere, o que nos levaria a inquirir sobre a existência de uma fotografia judaica na Europa oitocentista, tema ainda pouco abordado, se comparado à reconhecida tradição judaica nesse campo já no século XX.[4]

Para diversos grupos, entre eles os judeus, a prática da fotografia apresentou oportunidades sem precedentes, e também, os dilemas de um novo meio de representação e comunicação. Algumas recusas viriam dos ultraortodoxos (face à interdição de gerar imagens) ou dos que temiam o uso desses registros como uma ferramenta antissemita

---

2   FREUND, G. *La fotografia como documento social*. Barcelona: Ed. Gustavo Gili, 1976, p. 58-59.

3   KOSSOY, B. *Dicionário histórico-fotográfico brasileiro*: fotógrafos e ofício da fotografia no Brasil. São Paulo: Instituto Moreira Salles, 2002, p. 26.

4   Na fotografia americana, escreve William Meyers, os judeus tem tido um papel tão indispensável quanto os negros no jazz. Mas para esse autor trata-se essencialmente de um fenômeno do século XX, "embora seja verdade que um número de judeus na Europa oriental fosse ativo na fotografia durante o período de seu primeiro crescimento no século XIX". Ver MEYERS, W. Jews and Photography. *Commentary*, jan. 2003. Disponível em http://williammeyersphotography.com/wp-content/uploads/jewsandphotography.pdf. Acesso em 9 de janeiro de 2013.

254   Ana Beatriz Demarchi Barel e Wilma Peres Costa (orgs.)

de estigmatização racial. Ainda assim, diz Jeffrey Shandler[5] a fotografia teve um importante papel na vida judaica moderna, podendo ser vista como uma *performance*, demonstrativa do modo como se engajaram no mundo moderno. Além de fotografados, muitos assumiram o ofício; por volta de 1840 a novidade chegou à Rússia e a outros países da Europa Central, tendo os judeus à frente no desenvolvimento da nova arte, por vezes como instrumento de crítica social.[6] A princípio bastante cara, a técnica se populariza na segunda metade do século, favorecendo a concentração desse segmento na atividade, enquanto as *cartes-de--visite*, tiradas por fotógrafos judeus, locais, em pequenas cidades ao longo da Europa oriental passaram a ser um modo popular de contato entre as famílias. Mais ainda, se a fotografia se massificava e se justificava comercialmente, ela já trazia seu contraponto como manifestação artística: alguns entre os mais importantes fotógrafos do Império russo tinham essa mesma origem, favorecidos pela ausência então de escolas de arte, júris, leis estatais, ou outras formas de autoridade para admitir ou negar sua entrada. Assim, os judeus popularizaram práticas de estúdio, desenvolveram filmes e tecnologias óticas, deixaram uma marca no fotojornalismo, nas especialidades de moda, de esportes, de arte e de contestação social,[7] formando um significativo acervo sobre uma vida e cultura judaicas destruídas na Segunda Guerra Mundial.

Uma grande parte dessa comunidade constituiria a *Mitteleurope*, esse lugar que é mais do que uma localização geográfica, a Europa Central, que também coincidiria com a Alemanha unificada, uma

---

5   SHANDLER, Jeffrey. What does it mean to be photographed as a Jew? *The Jewish Quaterly Review*, Winter 2004, p. 9. Disponível em: http://www.jstor.org/stable/1455513. Acesso em 9 de janeiro de 2013

6   SHNEER, David. Photography. *YIVO Encyclopedia of Jews in Eastern Europe.* 15 september 2010. 3 june 2012. Disponível em: http://www.yivoencyclope-dia.org/article.aspex/Photography. Acesso em 9 de janeiro de 2013

7   BERKOWITZ, M. Photography as a Jewish business: from high theory, to studio, to snapshot. Review Article. *East European Jewish Affairs.* Vol. 39, No 3, December 2009, 389-400. Disponível em: http://www.tandfonline.com/doi/abs/10. 1080/13501670903298286. Acesso em 9 de janeiro de 2013

Cultura e Poder entre o Império e a República   255

vasta região do poder econômico alemão que para alguns incluiria a Bélgica, Luxemburgo e a região dos Bálcãs. Mas, esclarece Eric Hobsbawn, uma visão contemporânea restringe a denominação ao império Habsburgo, por sua centralidade no continente. É como conceito que ela de fato se define, essa cultura 'centro-europeia' que certa vez existiu, diz: "a da emancipada e em muitas partes da Europa Central, majoritariamente judaica classe média na larga zona da Europa que vivia sob a hegemonia da Bildung alemã. Ela não existe mais...".[8] A língua alemã serviria de passaporte para a modernidade, escreve em outro capítulo o historiador, assinalando o desejo dos judeus de pertencimento, sem que por isso negassem sua identidade, sendo antes um processo de secularização massiva que mantinha a consciência judaica.[9]

Nas capitais do Império

Não seria um acaso, portanto que entre os fotógrafos que se dirigiram ao Brasil de Pedro II alguns fossem judeus, como Moritz ou Maurício Lamberg, que trabalhou com Henschel em Recife. A pesquisadora Margrit Prussat inseriu Henschel no grupo de judeus europeus que face às condições de vida naquelas sociedades, onde lhes era vedada a expressão na vida política e a igualdade de direitos imigrou para a América do Sul na segunda metade do século XIX.[10] A capital da en-

---

8   HOBSBAWN, E. *Tempos fraturados*: cultura e sociedade no século XIX. São Paulo: Companhia das Letras, 2013, p. 115

9   *Ibid.*, p. 105

10   *Apud* Mônica Cardim. *Identidade branca e diferença negra*: Alberto Henschel e a representação do negro no Brasil do século XIX. Dissertação (Mestrado - Programa de Pós-Graduação Interunidade em Estética e História da Arte). Universidade de São Paulo, 2012, p. 28. Observamos que a autora, a despeito dessa citação e de afirmar que "buscou-se identificar e analisar tanto o perfil biográfico de Alberto Henschel (sua origem, formação e sua rede de relações sociais)", parece desconsiderar tais aspectos, apresentando-o recorrentemente como "alemão", "empresário alemão", propondo que "as imagens de negros de um fotógrafo como o alemão Alberto Henschel, que manteve uma relação muito estreita com

256 Ana Beatriz Demarchi Barel e Wilma Peres Costa (orgs.)

tão província de Pernambuco possuía uma expressiva colônia, sendo simultaneamente um porto destacado no tráfico e comércio de escravos, responsável por uma singular mescla cultural atuante ao longo do século XIX.[11] Embora na quase totalidade das biografias insista-se que pouco se sabe sobre Alberto Henschel, alguns dados puderam ser reunidos sobre um dos quatro filhos de uma família de gravadores, sendo assumido que já fosse um fotógrafo experiente em Berlim, ao desembarcar aqui aos 37 anos. Ele chegou à cidade em 1866, acompanhado de Carl Heinrich Gutzlaff, abrindo naquele mesmo ano a *Photographia Allemã*, em sociedade com o irmão José. Vivendo nos principais centros urbanos, entrou em contato com um país a essa altura bem conhecido, mas não menos chocante para muitos viajantes confrontados com a população escrava, com cidades insalubres e acanhadas, os grandes desertos interrompidos pela selva, florestas, latifúndios, cenários que interpelaram artistas e fotógrafos, incidindo sobre a imagem fotográfica, enquadradas nos esquemas formais a elas aplicados.

Os retratos de estúdio no século XIX não teriam uma assinatura, não seriam autorais, na concepção de muitos, a começar pelo verdadeiro protocolo na decoração dos ambientes, nas poses, objetos, vestuário. Para Maurício Lissovsky, a lógica do retrato tal como enunciada pelo próprio Disdéri, responsável pela revolução do formato *carte de visite*, estava essencialmente em "revelar a semelhança moral dos indi-

---

os negócios e com o poder, possa nos ajudar a melhor compreender o papel que tanto brancos quanto negros nela desempenharam…" De modo geral, além de deslocar Henschel do quadro mais amplo da produção fotográfica no Império, o modo como são tratadas a origem judaica e a "nacionalidade" (lembramos que ele deixa Berlim nos anos 1860) do fotógrafo, associado a "uma nação expansionista e recém-unificada (…) o Império Alemão - em 1871, de população branca, na qual emergia a valoração do arianismo" (quando se sabe ser essa ideologia fundamentada no antissemitismo, que considera os judeus como inferiores) e o esquematismo de parte da análise comprometem esse interessante trabalho.

11 Recife Antigo. Biblioteca Digital Mundial. Coleção Thereza Cristina. Biblioteca Nacional do Rio de Janeiro. Disponível em: http://www.wdl.org/pt/item/1673/. Acesso em 14 de agosto de 2013

Cultura e Poder entre o Império e a República   257

víduos" extraindo do retratado a essência do caráter e uma fisionomia que o expressasse. Daí que essa "automodelação exemplar" explique em parte que os retratos pouco evidenciem a autoria da imagem, não por falta de recursos estéticos, afirma Lissovsky, mas porque para essas composições o modelo se sobressai ainda mais, como um dos "coautores" de seu retrato.[12] Ainda assim investimos na possibilidade de um específico dessas imagens oitocentistas, nas linhas de fuga que se abrem por meio do enquadramento, das negociações entre o retratado e o fotógrafo, e, mais ainda, da captura padronizada da imagem de indivíduos tão distanciados social e culturalmente, todos compreendidos pela moldura, própria do século e da técnica, das multidões e do anseio em possuir uma imagem de si, de familiares, bem como de aproximar-se e tomar posse da realidade percebida. Um fenômeno descrito por muitos como o inventário iniciado em 1839, daquilo que se poderia ou deveria ver, um mundo a ser registrado do modo mais amplo, reunindo pessoas, paisagens, aspectos geológicos, guerras, expansão colonial, arquitetura. No lugar da experiência, cada vez mais se solicita a mediação da imagem fotográfica, alçada a documento, a um "verdadeiro fotográfico", na expressão de André Rouillé. A segunda metade do século XIX foi a era do álbum, sobre todos os temas, sendo a forma mais comum de encomenda, servindo às expedições, viagens, comemorações. É na década de 1860 que a expansão das *carte de visite* enseja a entrada em cena do álbum privado, de família.[13]

Autor de fotografias de paisagens, vistas e retratos ao ar livre, valorizados por sua qualidade, foi com as tomadas de estúdio que Henschel efetivamente se destacou; atuando em casas tidas como luxuosas, contava com recursos que impressionavam o público e a im-

---

12   LISSOVSKY, M. O visível e os invisíveis: imagem fotográfica e imaginário social. In: JAGUARIBE, B. (Org). *O choque do real*. Rio de Janeiro: Rocco, 2007, p. 46-47.

13   ROUILLÉ, A. *A fotografia*: entre documento e arte contemporânea. São Paulo: Editora Senac, 2009, p. 97-98.

prensa, alardeados em jornais desde a primeira casa no Recife, para a qual contratou artistas, fotógrafos, técnicos.[14] Gilberto Ferrez consolida essa avaliação, lembrando que este, "antes de tudo era exímio retratista. Não há quase nenhum álbum de família em que não figurem retratos de avós tirados por Alberto Henschel".[15] Isso se confirma quando visitamos acervos públicos e privados que trazem as imagens das famílias brasileiras, abastadas, das camadas médias em ascensão, de libertos, de escravizados, gente de todas as origens, senhores de escravos e abolicionistas, poetas e políticos, integrantes da Casa Imperial, posando nos tradicionais cenários com suas cortinas, poltronas, colunas que brotavam dos tapetes e todo o arsenal reservado à ambientação das *carte de visite* ou *carte-cabinet* com os acessórios, cenários e tudo mais que os distinguiriam.

Como fotógrafo do público infantil tinha prestígio no Rio de Janeiro, chamando a atenção não apenas pela produção numerosa, como noticiado em 1878: "O Sr. Alberto Henschel, proprietário da importante e muito popular Photographia alemã, acaba de fazer expor em uma vidraça à Rua do Ouvidor, um quadro contendo 28 retratos de crianças de dois a quatro anos de idade (...). Ante este quadro, que tem prendido a atenção geral, conclui-se logo à primeira vista que nem todas as crianças são rebeldes para tirar retratos e nem o Sr. Henschel falto de jeito para com elas lidar. Se este senhor, como nos parece, fosse a um concurso de paciência acreditamos que bastaria apresentar semelhante

---

14 "Os proprietários deste estabelecimento, sobremodo penhorados pela confiança pública e desejosos de corresponder a ela, acabam de dar notável impulso a sua oficina fotográfica, que está atualmente montada a não temer o paralelo com qualquer da Europa. Vendo que não era suficiente para a concorrência pública o pessoal, aliás numeroso que já tinham, fizeram a custo de grandes despesas, vir da Europa três distintos artistas, dois pintores e um fotógrafo. Anúncio da Photographia Allemã de Alberto Henschel & C. Jornal do Recife. 31 de julho de 1868. Acervo Biblioteca Nacional. Disponível em: http://hemerotecadigital.bn.br/. Acesso em 9 de março de 2014.

15 FERREZ, G. *Apud* VASQUEZ, P. K. *Fotógrafos alemães no Brasil do século XIX*. São Paulo: Metalivros, 2000, p. 111.

Cultura e Poder entre o Império e a República   259

quadro para merecer o maior prêmio".[16] A pesquisa aos jornais cariocas da década de 1870 e início dos 1880 mostra que além de publicar anúncios, os fotógrafos eram assunto de notícias, apreciações e críticas. Por vezes elogiado pelo retrato de Castro Alves[17] também seria citado por resultados que não condiziam com a realidade dos fotografados em proporção, simetria e outros aspectos[18] e o trabalho de seus retocadores foi duramente questionado em edição da *Revista Ilustrada*.[19]

Na década de 1860 a movimentada rota europeia para a América transformaria em fato rotineiro a chegada ao Brasil de alemães e austríacos, como Franz Benque, que veio a ser sócio de Henschel. Vinham para trabalhar em fotografia documental nas expedições científicas, para produzir fotos de paisagens, cidades, monumentos culturais e populações indígenas ou ainda se fixar no país, disseminando a técnica e o estilo, repetidos nos retratos locais, diferindo apenas pela vegetação tropical de fundo.[20] A parceria mostrou-se profícua e lucrativa, atribuindo-se a Benque, profissional que tinha grande domínio da técnica e da composição estética, segundo Barbara Shaukal, a ampliação do repertório do ateliê, incluindo as vistas e a participação nas

---

16 *Gazeta de Notícias*. Rio de Janeiro, 11 de março de 1879. Acervo Biblioteca Nacional. Disponível em: http://hemerotecadigital.bn.br/. Acesso em 25 de novembro de 2013

17 *O Correio do Brasil*. Rio de Janeiro, 24 de junho de 1872. Acervo Biblioteca Nacional. Disponível em: http://hemerotecadigital.bn.br/. Acesso em 25 de novembro de 2013

18 *Revista do Rio de Janeiro*. 1876. Acervo Biblioteca Nacional. Disponível em: http://hemerotecadigital.bn.br/. Acesso em 25 de novembro de 2013

19 *Revista Ilustrada*. Rio de Janeiro, Ano 7, nº 295, 1882. Acervo Biblioteca Nacional. Disponível em: http://hemerotecadigital.bn.br/. Acesso em 25 de novembro de 2013

20 SHAUKAL, Barbara. Sebastianutti & Benque. Five Photographers. Four Generations. Three Continents. In: European Society for the History of Photography. *Photography and Research in Austria – Vienna, the Door to the European East*. Germany: Dietmar Klinger Verlag, 2002. Disponível em: www.donau-uni.ac.at/imperia/md/content/studium/kultur/zbw/eshph/symposien/photography_and_research_in_austria2001.pdf. Acesso em 12 de março de 2013.

260 Ana Beatriz Demarchi Barel e Wilma Peres Costa (orgs.)

exposições nacionais e internacionais. À frente de diferentes estabelecimentos, inclusive em Salvador, destaca-se a sua *Fotografia alemã* no Rio de Janeiro, nome alterado para *Fotografia imperial* em São Paulo, estabelecimento inaugurado em 1882, ano em que veio a falecer.

Em 1874 receberam o titulo de Fotógrafos da Casa Imperial, uma distinção para poucos, que vinha inscrita no verso das *carte de visite*, justificando visitas do imperador e da imperatriz, como a noticiada em um jornal da corte em 25 de setembro de 1872: haviam ido à "oficina fotográfica alemã dos Srs. Henschel & Bengen [sic], onde examinaram vários trabalhos valiosos merecendo muito a atenção dos augustos visitantes um belo quadro representando a cena bíblica Judith e Holophernes (…). Depois de visitarem o estabelecimento, Suas Majestades e Altezas dirigiram-se à oficina, onde se fizeram retratar, tendo-se demorado na visita cerca de duas e meia horas".[21] O ateliê contou com a colaboração do pintor Karl Ernest Papf, formado pela Academia de Pintura de Dresden,[22] e que veio da Europa em 1867, o que significou um aprimoramento na produção de retratos em tamanho natural, e em serviços de foto pintura. Pintores e retocadores foram os principais colaboradores dos estúdios nesse período, dando cor aos retratos, modificando as imagens, conforme a tendência de então: "o fotógrafo que julgava a estética de sua arte em relação à da pintura, acreditava ser pitoresco quando, à base de retoques, criava figuras lisas e sem sombras. Desse modo ia ao encontro do gosto do momento, do gosto do grande público que prefe-

---

21 *Correio do Brasil*. Rio de Janeiro, 25 de setembro de 1872. Acervo Biblioteca Nacional do Rio de Janeiro. Disponível em: http://hemerotecadigital. bn.br/. Acesso em 8 de janeiro de 2014

22 Papf iniciou os trabalhos em Recife. Uma década mais tarde mudou-se para o Rio de Janeiro, permanecendo na Fotografia Alemã até 1880. Papf. In: Enciclopédia Itaú Cultural. http://enciclopedia.itaucultural.org. br/pessoa10158/Papf. Acesso em 24 de setembro de 2014.

Cultura e Poder entre o Império e a República

ria os quadros lisos e de contornos bem perfilados do pintor Delaroche, em lugar das harmonias tumultuadas de cores de um Delacroix".[23]

Além dos quadros expostos em muitos pontos comerciais e anunciados nos jornais, na era das exposições eles participariam de duas delas, promovidas pela Academia Imperial de Belas Artes, recebendo a medalha de ouro em 1872 quando foi exposto o retrato de Castro Alves, autor do poema *Navio negreiro*. O encontro, ainda que fugaz, entre o poeta e o fotógrafo acabou por constituir um capítulo da trama romântica que envolveu as belas filhas do rabino Amzalak, dono de uma casa "frequentada pela melhor sociedade da época",[24] na Bahia e sogro de Henschel.[25] Foi à Esther, uma das irmãs que Castro Alves segundo se sabe, dedicou os versos de *A Hebreia*. O episódio do enamoramento do poeta pelas meninas foi narrado no livro de Pedro Calmon, de 1947, que se valeu da correspondência do escritor em *A vida de Castro Alves*. De início, tratando da frágil saúde do poeta, lemos que o retrato, (da oficina de Alberto Henschel) saíra excelente: "não pelo simples desejo de mostrar obra de autor de frontispício; mas para lhes provar que, apesar de tantas e tão boas, ainda não tenho as feições de um doente".[26] Mas das salas do sobrado da Rua do Sodré, em Salvador, prossegue o narrador,

---

23 FREUND, G. *La fotografia como documento social*. Barcelona: Ed. Gustavo Gili, 1976, p. 63.

24 Cf. Frédéric Mauro. *A vida cotidiana no tempo de dom Pedro II*. São Paulo: Companhia das Letras, 1991, p. 174.

25 Alberto Henschel casou-se, provavelmente em 1870, com Semy Amzalak,, "filha do rabino inglês Isaac Amzalak, dono de armazéns e armador bem sucedido". Cf. Alberto Henschel (Berlim, 13 de junho de 1827 – Rio de Janeiro, 30 de junho de 1882). Brasiliana Fotográfica. Disponível em http://brasilianafotografica.bn.br/?page_id=1371. Acesso em 5 de fevereiro de 2018.

26 CALMON, P. Textos Escolhidos. Academia Brasileira de Letras. Disponível em http://www.academia.org.br/abl/cgi/cgilua.exe/sys/start.htm?infoid=311&sid=193. Acesso em 24/9/2014

262   Ana Beatriz Demarchi Barel e Wilma Peres Costa (orgs.)

…se projetava na rua a claridade do salão literário frequenta-do pelos jovens poetas, e estes, chegando ao gradil, veriam com melancolia que não havia luz na casa dos Amzalacks. As judias se tinham casado; ou viajavam. Augusto, aliás, prevenira-o, irô-nico: "Estive hoje na oficina fotográfica do Henschel. Vi lá uns sujeitos que me apontaram como *i promessi sposi* das duas pom-bas de esperanças no teu amar de escolhos, mau gosto tiveram as meninas! São uns lagartos que se vão colocar nos tais lírios dos vales orientais. Dou-te os sinceros pêsames, ou parabéns, porque deve ser uma consolação para os desprezados verem os seus anjos de luzes desposados com ruins marmanjos.[27]

Na oficina de Henschel se avistava a dupla de irmãos, José e Alberto, a Photographia Allemã de Henschel & C., estabelecida na Rua da Piedade 16, e na qual se fizeram grandes investimentos. Tendo em vista o anúncio publicado em 1871, havia ali um estúdio de grande porte, montado "com gastos consideráveis a fim de ficar a par das pri-meiras casas da Europa", destinados à escolha dos melhores aparelhos e produtos, a contratação de empregados experientes, o que propor-cionado uma "reputação notável" em algumas das mais importantes "fotografias" europeias. Valorizava-se a posição muito vantajosa da vidraça, pois nem com tempo chuvoso haveria obstáculo aos ótimos resultados obtidos. A Photografia Allemã também dispunha de servi-ços de confecção de retratos a óleo, alternativa para retratos que iam até o tamanho natural, "quer de pessoas vivas por natureza, quer de pessoas defuntas ou ausentes por qualquer fotografia, ambrótipo ou daguerreótipo (…) dando-se a semelhança a mais absoluta".[28]

A ambição do retrato a óleo, carregada do seu status, do caráter único e por tanto tempo inatingível para as camadas médias da socie-dade imperial, submetia-se, por meio da fotopintura, gênero que se tor-

---

27 *Idem.*
28 *Jornal da Bahia*, 17 de setembro de1871, p. 4. Acervo Biblioteca Nacional. Disponível em: http://hemerotecadigital.bn.br/

Cultura e Poder entre o Império e a República   *263*

naria popular no Império, ao rigor documental que se esperava do processo fotográfico, valorizado pela máxima semelhança com as figuras humanas, vivas ou mortas.

Em seguida ao prêmio de 1872, um novo reconhecimento viria na Exposição Internacional de Viena em 1873, quando recebeu a medalha do mérito com a "vendedora de frutas", datada de aproximadamente 1870.[29]

A vendedora de frutas

A vendedora de frutas,[30] traía os signos tropicais de boa acolhida no gosto europeu, em diálogo com a iconografia dos viajantes iniciada no início do XIX e se quisermos, ainda antes, quando encontramos em Albert Eckhout a tela *Mulher africana* de 1641, devendo-se notar que o tema da vendedora ou vendedores de frutas também se encontraria na pintura europeia dos séculos XVI e XVII, com tipos e cenas do continente. Nas primeiras décadas do século XIX, Joaquim Cândido Guillobel tem uma série de vendedoras de frutas, de abacaxis, de quitandeiras, e é sobretudo do período joanino em diante, que vemos desfilar todo o comércio ambulante das cidades, com cestos, tabuleiros, frequentemente portados sobre a cabeça, e a negra vendendo caju, de Debret, as muitas quitandeiras de Rugendas com cestos na cabeça, entre elas a prancha *Nègresses de Rio-Janeiro*, do álbum *Viagem pitoresca*.[31]

Tratava-se de um jogo com o modo de representação, pois as escravas de tabuleiro vistas nas aquarelas, mesmo que originadas de

---

29 Cf. KOSSOY, B. *Dicionário histórico-fotográfico brasileiro*; HEYNE-MANN, C. B, RAINHO, M. C. T. *Retratos Modernos*. Rio de Janeiro: Arquivo Nacional, 2005.

30 Fruchtverkäuferin in Rio de Janeiro. Ca 1869. Leibniz-Institut für Länderkunde. Também conhecida como "baiana quitandeira" ou "baiana vendedora de frutas". Disponível em http://ifl.wissensbank.com/starweb/IFL/DEU/OPACG/servlet.starweb#. Acesso em 20 março de 2013

31 Cf. DIENER, P., COSTA, M. F. *Rugendas e o Brasil*. Rio de Janeiro: Capivara, 2012, p. 450.

modelos, não se individualizam, diferentemente da suposta vendedora de frutas do estúdio, que mesmo compreendida em uma tipificação, tem um referente externo visível. Se a ideia da prova, do lastro de realidade da fotografia apresentou-se desde o início como seu traço distintivo, é porque há a presunção de que algo aconteceu, mesmo que de forma distorcida, vinculada à crença de que a imagem é semelhante ao objeto. Desse modo, indica Susan Sontag, ao contrário do que provoca a recepção da pintura, ou da descrição em prosa, certamente uma interpretação, a foto pode ser tratada "como uma transparência estritamente seletiva. Porém, apesar da presunção de veracidade que confere autoridade, interesse e sedução a todas as fotos, a obra que os fotógrafos produzem não constitui uma exceção genérica ao comércio usualmente nebuloso entre arte e verdade".[32] Nessas trocas, valemo-nos de signos conhecidos para analisar o retrato: indumentária, joias, sapatos, marcas, ambientação. Representações de que também se valem fotógrafos e até retratados, ainda que nessas circunstâncias, para se desvincular da condição escrava, para expor os corpos, para filtrar o sofrimento, a sujeição e para destacar a beleza e o exotismo que se enxergava naquelas imagens. De tudo isso se dependeu essencialmente do enquadramento, do ângulo, de escolhas, daquilo que o fotógrafo procurou como assinala ainda Susan Sontag, ao se referir a uma agressão da fotografia, que é a sua mensagem: "ao decidir que aspecto deveria ter uma imagem, ao preferir uma exposição a outra, os fotógrafos sempre impõem padrões a seus temas".[33]

Mas do ponto de vista da sua realidade, dos padrões obedecidos pelo gênero, a *Vendedora* desobedece aos pressupostos mais recorrentes dos "tipos de negros".

---

32 SONTAG, S. *Sobre fotografia*. São Paulo: Companhia das Letras, 2004, p. 16-17.

33 *Ibid.*, p. 17

Nesse retrato, Henschel foge da regra no que diz respeito aos retratos de negros em estúdio que em geral, eram feitos contra fundos neutros. Além disso, o fotógrafo elabora a cena no plano estético, preocupação que se contrapõe aos paradigmas antropológicos de representação seguidos por fotógrafos como Christiano Jr., Marc Ferrez, entre outros.[34]

A vendedora de frutas é um tema constante também nas tomadas externas, nas cenas de mercado, como se pode observar nas últimas décadas do século. Nas *carte de visite* elas foram recorrentes entre fotógrafos como Christiano Junior, tido como paradigmático nesses retratos "souvenires"[35] ou de Marc Ferrez, em foto de estúdio, sobre fundo neutro.[36] Também é sabido que o fundo neutro acompanhou os retratos de escravos, dominando quase todas as séries, embora o próprio estúdio Henschel já houvesse ensaiado retratos de corpo inteiro, de escravas posando com frutas e fundo pintado com paisagens[37] A despeito dos inesgotáveis exemplos do gênero, a *Vendedora* de Henschel, fez confluir para esse retrato, uma gama de interpretações que investem em sua especificidade. E antes mesmo de se tornar contemporânea, a vendedora saltaria da pose de estúdio para o relato de viagem de Charles d' Ursel ao Brasil,[38] de 1879, com a legenda, "tipos de escravos no Rio de Janeiro".

Diversamente da fotografia que exibe como fundo uma "paisagem natural" e por isso mesmo tanto mais irreal, evidenciando o artifício do ateliê, no livro ela é transposta com o mesmo arranjo das

---

34 KOSSOY, B. *Um olhar sobre o Brasil*. a fotografia na construção da imagem da nação (1833-2003). Rio de Janeiro: Objetiva, 2012, p. 74.

35 Cf. as fotografias "Vendedora" e "Simulação entre vendedora e comprador". In: ERMAKOFF, G. *O negro na fotografia brasileira do século XIX*. Rio de Janeiro: Georges Ermakoff Casa Editorial, 2004, p. 132-133.

36 *Ibid.*, p. 139

37 *Ibid.*, p. 117.

38 URSEL, Charles d', Comte. *Sud-Amérique*: séjours et voyages au Brésil, a la Plata, au Chili, en Bolivie et au Pérou. 2. ed. Paris: E. Plon et Cie., 1879

frutas, bambus, cestos e demais apetrechos para as ruas da cidade, do mesmo modo como, com algumas variações, encontramos na iconografia dos viajantes oitocentistas que vieram ao Brasil. Nesse caso, o retrato fotográfico, com sua inscrição na realidade é suplantado pelo desenho, que do ponto de vista científico, se validava também como registro, renovando a ambiguidade entre o tipo e o indivíduo. Produzindo imagens para o gosto europeu, procurava-se aqui reunir todos os signos dos trópicos, tudo que pudesse excitar a imaginação sobre a natureza local e os escravos que compunham a população brasileira. Afinal esses seriam elementos definidores e em muitos aspectos, conflitantes para a imagem e identidade do Império, sua herança ilustrada e o ideário romântico, com as contradições impostas a uma natureza majestosa e à sociedade escravista. Objeto de tantas telas e gravuras produzidas no século XIX, mesclados a sítios urbanos ou em florestas, chega-se aqui, não a um esforço de fidelidade ao real, como poderia sugerir o acúmulo de itens, mas a uma composição deliberada. Para Sandra Koutsoukos, autora de uma tese sobre esse gênero de retratos, Henschel se esmerou nesse cenário,

> Incluindo nele quase tudo o que encontrou de "exótico", tanto que a modelo quase se perdeu no meio do arranjo. Todos os detalhes foram bem colocados e chamam a atenção, começando com o enorme guarda-sol, a variedade e a fartura de frutas e legumes tropicais, entre eles bananas, abacaxis, cocos, mamões, cana-de-açúcar e, finalmente, a figura da moça, com seu enorme turbante, sua roupa clara, seu calor e suas pulseiras e o comprido cachimbo (que era comum de ser "pitado", principalmente entre as negras africanas). Para completar a cena de "rua", Henschel colocou uma graminha no piso e um painel com uma paisagem tropical no fundo. Nessa foto, vemos, então, o forte apelo aos diversos elementos considerados "exóticos", típicos, como um pequeno "gabinete de curiosidades". Não são quaisquer itens que ali apareceram, mas a exuberância tropical em variedade de formas e tons de cores (mesmo que em tons diferentes de sépia) e em quantidade. Podia ser

Cultura e Poder entre o Império e a República   *267*

uma visão romântica de uma terra distante, uma visão romântica dos trópicos.[39]

Ainda que não propriamente fosse uma "cena de rua", correspondia a essa visão romântica dos trópicos, que os fotógrafos sabiam ser compartilhada por seus pares, sendo eles mesmos estrangeiros, viajantes, ainda que residentes. Para outros pesquisadores, o retrato dialoga com diferentes tradições da história da arte, como em um estudo sobre a imagem dos mulatos na pintura modernista: considerada um "exemplo da contaminação histórica entre pintura e fotografia", a foto transitaria entre um quadro de Anita Malfatti e a pintura holandesa: "na imagem de Henschel, é perceptível um certo modo de representar a abundância que nos remete igualmente a exemplos da pintura holandesa do século XVII. Possivelmente conhecidos pelo fotógrafo alemão, nada impede que algum desses exemplos tenham-no inspirado na hora de compor a cena da fotografia da Vendedora".[40]

A captura das imagens

Um conjunto de quarenta *carte de visite*, "tipos de pretos", produzidas pelo estúdio de Henschel essencialmente nos anos 1869 e 1870, entre Recife e Salvador, foi localizada em passado recente por Pedro Vasquez, nas coleções de Wilhelm Reiss e Alphons Stübel.[41] A descoberta, que alterou o que até então se conhecia da obra do fotó-

---

39 KOUTSOUKOS, Sandra Sofia Machado. *Tipos de pretos no estúdio do photographo*: Brasil segunda metade do século XIX. Anais do Museu Histórico Nacional. V. 39, p. 455-482, 2007. P. 467

40 HILL, Marcos César de Senna. *Quem são os mulatos?* Sua imagem na pintura modernista brasileira entre 1916 e 1934. Tese (doutorado) - Universidade Federal de Minas Gerais, Escola de Belas Artes, 2008.

41 Collection Alphons Stübel, atualmente preservada no acervo do Leibniz--Institut für Länderkunde, em Leipzig. A esse respeito ver Frank Stephan Kohl. "Um olhar europeu" em 2000 imagens: Alphons Stübel e sua coleção de fotografias da América do Sul (I/IV). Revista *Studium* n. 21, inverno 2005, p. Disponível em: http://www.studium.iar.unicamp.br/21/04.html Acesso em 10 de junho de 2013

268   Ana Beatriz Demarchi Barel e Wilma Peres Costa (orgs.)

grafo, levou Vasquez a constatar que este não havia fotografado escravos ou libertos apenas de forma casual, mas realizado a série de cerca de quarenta itens. Ainda assim, na sua leitura desses retratos, o autor contrasta o que classifica de exploração de uma "curiosidade malsã" provocada pela escravidão naquele período, com "um certo clima de descontração que parece ter sido fruto de uma visão mais respeitosa dos retratados, alguns dos quais indiscutivelmente escravos (...)."

> Outros certamente já haviam escapado da condição servil como as moças aqui vistas com ricos trajes e até mesmo portando joias; mas mesmo os homens que não possuem tais adereços, não parecem constrangidos a posar, fazendo-o ao contrário com satisfação, como o pernambucano que arrumou cuidadosamente seu chapéu coco de través na cabeça, ou o menino baiano sentado numa pose de informalidade pouco comum para o período. Os demais personagens também parecem bastante orgulhosos e seguros de si, como o matuto com chapelão de camponês ou a jovem de turbante de Salvador, enquanto a jovem cafuza pernambucana (...) tem o ar francamente desafiador, fitando o observador direto nos olhos.[42]

A mesma coleção mereceu variadas hipóteses sobre sua gênese. Inserido no álbum Dammann da Sociedade de Geografia francesa, os retratos passam a ter um perfil taxionômico. É possível, diz Jussara Nunes, que Henschel tenha atendido a uma demanda proveniente da Alemanha, ou ainda que ele já as possuísse e apenas as tenha enviado a partir de seus arquivos.[43] Visavam à comercialização na Europa, que era essencialmente seu destino naquele momento, ou ainda como

---

42 VASQUEZ, P. K. *Fotógrafos alemães no Brasil do século XIX*. São Paulo: Metalivros, 2000, p. 114.

43 NUNES, Jussara. La presence du Bresil dans le fonds historique de la collection de photographies de la Societé de Geographie. *Passages de Paris* 1 (2005) 71-90. Disponível em: www.fr.org/passagesdeparis. Acesso em 10 de junho de 2013.

Cultura e Poder entre o Império e a República 269

acreditam Bia e Pedro Correia do Lago, foram vendidas no Brasil, a um estudioso alemão de passagem em 1875, encontrando-se o conjunto, hoje no Leibniz-Institut, na Alemanha.[44] Para esses autores, conquanto não seja possível saber de fato quais clichês foram tirados por Henschel, dada a febril atividade de seus três estúdios, ele talvez tenha sido "depois de Augusto Stahl, o artista mais completo em todos os campos aos quais se dedicaram os fotógrafos do Brasil: retrato, paisagens e imagens etnográficas". Tais imagens etnográficas, consideram, percorreram a trilha de Christiano Jr., mas "enquanto este último, dez anos antes, destacava a atividade dos personagens, Henschel está sobretudo interessado em seus rostos, como vemos na maior parte das imagens destas páginas".[45]

Uma parcela específica desses retratos vincula-se ao processo que teve como réu o acusado de feitiçaria Juca Rosa, o "Pai Quilombo", no início dos anos 1870. Com muitos seguidores, a maioria de negros, mas contando também com mulheres brancas de posses entre elas, o pai-de-santo reunia, entre outras solicitações, retratos de homens e mulheres que frequentavam sua casa. Autora de uma tese sobre Rosa, Gabriela Sampaio encontrou no processo conservado pelo Arquivo Nacional uma das fotografias na qual é encenada parte do ritual, com um dos seguidores ajoelhado a frente do "feiticeiro", com roupas especiais relacionadas à tradição dos sacerdotes.[46] Outras foram publicadas na revista *Vida Fluminense*, como os retratos de Juca Rosa e seus seguidores.[47] Ali estão Julia, Leocádia, Miguel, todos citados no processo e que se inscrevem na galeria de retratos – principalmente bustos de escravos, de libertos e de africanos livres que passaram pelo estúdio de Alberto Henschel, situado bem próximo da casa de Juca Rosa na rua do Senhor

---

44 LAGO, B. C., LAGO, P. C. *Os fotógrafos do Império*: a fotografia brasileira do século XIX. Rio de Janeiro: Capivara, 2005, p. 150.

45 *Ibid.*, p. 148.

46 SAMPAIO, Gabriela. *Juca Rosa: um pai de santo na Corte imperial*. Rio de Janeiro: Arquivo Nacional, 2009, p. 189.

47 *Apud* CARDIM, Monica. *Op. cit.* p. 90.

dos Passos quase esquina com a rua do Núncio na capital.[48] As *carte de visite* suscitaram análises distintas, como a de Margrit Prussat, que supõe serem eles registros judiciais dos membros do culto de Juca Rosa, bustos com fundo neutro e sem objetos decorativos semelhantes às fotos de identificação, em contraste a outros trabalhos de Henschel, nos quais, segundo Prussat, os "africanos são retratados no ambiente aristocrático da fotografia de estúdio da época e usam acessórios associados à alta sociedade".[49] Apesar dessa hipótese plausível, a tese de Gabriela Sampaio evidencia a circulação dos retratos entre Rosa e seus seguidores como parte daquela relação. A apreensão dos mesmos acabou por incriminá-los como participantes do culto, o que não diminui a importância de terem sido gerados no estúdio Henschel.[50] De todo modo, e ainda por merecer novas reflexões, a proximidade entre os membros do Candomblé e o ateliê do fotógrafo torna mais complexa a interpretação dessas séries e singulariza a produção de tais imagens.

Os estúdios Henschel são responsáveis por retratos que incluem donos de engenho, homens como José do Patrocínio, a criança com ama de leite, negociantes, professores, deputados, abolicionistas homens e mulheres, personagens que passariam por estabelecimentos si-

---

48 SAMPAIO, Gabriela, *Op. cit.* p. 24-25.

49 PRUSSAT, Margrit. Alberto Henschel und die frühe Porträtfotografie in Brasilien | Visual History, 23. 6. 2015. Disponível em https://www.visual--history.de/en/2015/06/23/alberto-henschel-und-die-fruehe-portraetfotografie-in-brasilien/ Acesso em 6 de fevereiro de 2018.

50 CARDIM, Monica. *Op. cit.* p. 98. Para Cardim, o que chama de "arquivo do feiticeiro", formado pelas fotografias de Henschel dos acusados no processo Juca Rosa permite também refletir sobre a dignidade que muitos atribuem a esses retratos realizados nos estúdios Henschel. Esse atributo partiria antes do retratado do que do fotógrafo que a seu ver "eram escolhidos por profissionais como Henschel justamente pela capacidade de transmitir sua dignidade pelo olhar, ainda que sob a direção do fotógrafo". Especula ainda ser possível que Juca Rosa encomendasse sua imagem no estúdio Henschel, ou que por outro lado o convite partisse do fotógrafo o que tornaria "compreensível a composição padrão das imagens, a naturalidade, força e intimidade dos retratados com a câmera".

Cultura e Poder entre o Império e a República

milares nesse mesmo período. Qualidade profissional destacada, uma ousada estrutura empresarial,[51] distintas tradições culturais, convivem nesse imenso álbum e em sua moldura [52] insinuando uma talvez frágil, mas inegável assinatura. Nós a encontramos entre os marcadores da modernidade presentes na fotografia oitocentista, em que é central a sua invenção como "máquina de ver", realizando "imagens de captura" como define André Rouillé. Tratava-se de capturar o novo, o que obedecia ao ritmo da Revolução industrial: telégrafos, estradas de ferro, navegação a vapor, em escala mundial. E esse será, diz Rouillé, o imenso papel que coube à fotografia:

> Produzir as visibilidades adaptadas à nova época. Bem menos o de representar coisas novas do que o de extrair coisas das novas evidências. Pois as visibilidades não se reduzem aos objetos, às coisas ou às qualidades sensíveis, mas correspondem a um esclarecimento das coisas: uma maneira de ver e de mostrar, uma certa distribuição do opaco e do transparente, do visto e do não visto. Se a fotografia produz visibilidades modernas, é porque a iluminação que ela dissemina sobre as coisas e sobre o mundo entra em ressonância com alguns dos grandes princípios modernos; é por ajudar a redefinir, em uma direção moderna, as condições do ver: seus modos e seus desafios, suas razões, seus modelos e seu plano – a imanência.[53]

---

51 A maior parte dos fotógrafos oitocentistas de renome mantinha ateliês como empresários, quase sempre associados em firmas comerciais.

52 Entre os mais de 1. 300 retratos feitos em Recife, por Alberto Henschel & C º, hoje reunidos na coleção Francisco Rodrigues do acervo da Fundação Joaquim Nabuco, citamos as *carte de visite*: *Mulher não identificada* (FR-00336); Mulher não identificada [vendedora de doces, ambulante, Goiana, PE] (FR-01801); *José Eugênio Moreira Alves com ama de leite* (FR-00551); *Leonor Porto, Abolicionista, Modista* (FR-04305); *Guilherme Ferreira Pinto* [abolicionista] (FR-04843). Disponível em http://www.fundaj.gov.br/. Acesso em 24 de junho de 2013.

53 ROUILLÉ, A. *A fotografia*: entre documento e arte contemporânea, p. 39.

Nesse capítulo da história visual do Império, e da história da visualidade na sociedade escravista nos trópicos, o estúdio fotográfico acolhe narrativas e dramatizações, por meio de cenários, indumentária, poses, entre tantos elementos conhecidos. O retrato em estúdio remete em princípio à esfera privada, ao álbum, por suas convenções mesmas, e sob esse aspecto é ao fixar as imagens de escravos, de libertos ou africanos livres, quer tipificando-os ou adotando os esquemas compositivos habitualmente aplicados ao retrato, que se estabelece uma indeterminação. Esses dispositivos davam conta da incessante massificação da fotografia, de seu caráter urbano, industrial, com a crescente popularização dessas imagens. Guardavam assim o sentido de uma passagem, para todos, e de especial significado para alguns grupos, quando a fotografia leva a que cada um transponha o limiar da experiência moderna: algo que a câmera de Alberto Henschel estava pronta a capturar em sua aventura pelas cidades do Recife, Salvador e Rio de Janeiro.

Cultura e Poder entre o Império e a República

Mulher com criança. Rio de Janeiro [1874-1878]. Henschel & Benque. Fotografia Alemã. Carte cabinet. Coleção Fotografias avulsas. ArquivoNacional

Retrato de criança. Recife [1867-1882]. Alberto Henschel & Co. Carte de visite.
Coleção Fotografias Avulsas. Arquivo Nacional

O caso do pintor Estevão Silva e a crise da Academia de Belas Artes do Rio de Janeiro no final do século XIX

Letícia Squeff

O fato aconteceu em 9 de dezembro de 1879. Era o dia da tradicional entrega de prêmios aos alunos da Academia Imperial de Belas Artes. Como acontecia há décadas, a *"melhor sociedade"* da corte estava reunida no edifício projetado por Grandjean de Montigny (1776-1850): políticos, ministros, professores e alunos. Sentado em cadeira de honra colocada sobre um tablado, o próprio Imperador dava brilho e pompa ao evento.

Ao ser chamado para receber uma medalha de prata das mãos do monarca, o pintor Estevão Roberto da Silva (1845-1891) gritou, a plenos pulmões: *"Injustiça!"*, recusando-se a aceitar o prêmio. Antonio Parreiras (1860-1937) conta o caso com grande dramaticidade:

> Estávamos convencidos de que o primeiro prêmio seria concedido a Estevão Silva.
> Ele, trêmulo, comovido, esperava. Mas foi outro o distinguido pela Congregação.
> Estevão ficou como aniquilado. A sua cabeça pendeu, seus olhos se encheram de lágrimas.
> Recuou, e foi ficar atrás de todos.

íamos nos revoltar.
— Silêncio! Eu sei o que devo fazer.

(...)

Finalmente, o nome de Estevão Silva ecoou na sala.
Calmo, passou entre nós. A passos lentos atravessou o salão.
Aproximou-se do estrado onde estava o imperador.
Depois, belo, Oh! Muito belo – aquele negro ergueu arrogantemente a cabeça, e forte gritou:
— Recuso![1]

O constrangimento provocado pelo ato de rebeldia daquele artista negro marcou toda uma geração. A figura trágica e heroica de Estevão Silva seria lembrada não apenas pelo pintor Parreiras, mas também por Gonzaga Duque (1863-1911) e Coelho Neto (1864-1934), entre outros. Agindo no calor da emoção, decepcionado por perder um prêmio que muitos concordavam que lhe pertencia, Estevão Silva não se deu conta do quanto sua intervenção era perigosa. O momento que o Império atravessava tornava atitudes como aquela particularmente dignas de preocupação.

Minha intenção aqui é iluminar a história da Academia Imperial de Belas Artes. Tendo sido inaugurada em 1826, a academia carioca foi um dos eixos de sustentação da cultura do Império. Contudo, já antes da proclamação da República, a instituição dava sinais de que entrara em crise. O episódio protagonizado por Estevão Silva ilumina a falência da instituição como instância de julgamento do mérito artístico, e como instituição de ensino de artes. Mais do que isso, o episódio narrado neste artigo permite iluminar a crise social instaurada pela perspectiva da abolição – que já se manifestava, em decretos e leis, desde o fim do tráfico de escravos, em 1850 e que seria finalmente realizada em 1888.

---

1   Antonio Parreiras (1999, p. 50-51)

Cultura e Poder entre o Império e a República

A Academia de Belas Artes e a nação independente

A abertura dos portos ao comércio internacional, e a criação do Reino Unido de Portugal, Brasil e Algarves (1815) deram à antiga colônia uma situação peculiar entre as congêneres americanas: as condições para a emancipação foram criadas pela própria metrópole, anos antes da Independência política (1822).[2] Transformada do dia para a noite em sede do Império português, a cidade do Rio de Janeiro precisava ganhar uma rede de instituições e monumentos capazes de criar um aparato de corte na antiga vila colonial. É deste ponto de vista que se deve compreender a criação, por decreto, de instituições como museus, bibliotecas e escolas 'científicas' no Rio de Janeiro. Além de órgãos destinados a dar o suporte político e financeiro à corte recém instalada na colônia, foram criadas por decreto a Imprensa Régia (1808), a Biblioteca Pública (1810), o Real Teatro de São João (1810), o Real Horto, o Museu Real (1808), entre outros.[3]

Ao contrário do que ocorrera nas colônias espanholas, no Brasil não havia centros de ensino superior. A criação de instituições de cunho científico ou cultural respondia, assim, à intenção de instituir um aparato de corte no Rio de Janeiro. Mas a criação destas instituições continuava uma tradição mais antiga. Tratava-se de fazer do progresso científico e do melhoramento do país uma política de Estado,

---

2   A questão tem larga tradição nos estudos sobre o período, a partir do trabalho de Caio Prado Jr. PRADO JR, Caio. *Formação do Brasil Contemporâneo (Colônia)*. São Paulo: Brasiliense, 1945.

3   Cf. por exemplo LYRA, Maria de Lourdes Viana. *A utopia do poderoso Império*. Rio de Janeiro: 7 letras, 1994; MALERBA, Jurandir. *A corte no exílio. Civilização e poder no Brasil às vésperas da Independência (1808-1820)*. São Paulo: Cia das Letras, 2000. Entre as instituições de cunho político e financeiro estavam o Banco do Brasil (1808), o tribunal da Real Junta do Comércio, Agricultura, Fábricas e Navegação do Estado do Brasil (1808), entre outras. Dentre as instituições destinadas à cultura, criadas por decreto, várias só foram inauguradas efetivamente nos anos posteriores.

278   Ana Beatriz Demarchi Barel e Wilma Peres Costa (orgs.)

buscando meios objetivos de melhor explorar o potencial do território dos domínios portugueses.[4] Essa política, que remonta ao projeto pombalino de sintonizar Portugal ao progresso das demais nações europeias, vinculava-se à crença, de teor iluminista, na difusão das luzes como condição para o progresso e melhoramento dos povos.[5] Desde o fim do século XVIII, já sob o reinado de D. Maria I (1777-1799), houve um surto de publicações de experiências práticas de comerciantes e lavradores nas colônias portuguesas.[6] As medidas de D. João no Brasil continuavam, assim, uma política de Estado para promover o progresso científico e cultural em Portugal e seus domínios.

Em consonância com outros projetos que visavam sintonizar Portugal e seus domínios aos progressos científicos e técnicos que se espalhavam na Europa, também a transformação da prática artística vinha sendo buscada por diversos monarcas portugueses. A situação do ensino de artes em Portugal destoava do que acontecera em outras partes da Europa a partir de fins do século XVI. Não havia uma Academia, nos moldes das que existiam em diversos países da Europa, mas sim pequenas escolas e aulas destinadas ao ensino de um ofício. Caso, por exemplo, da Aula Régia de Desenho e Arquitetura, fundada em 1785, mas que só começou a funcionar em 1800, com 10 alunos. Ou da Casa do Risco de Lisboa, que fechou após a fuga da corte para o Brasil, entre outras iniciativas que só existiram no papel ou tiveram uma existência curta e acidentada. Por causa disso, diversos monarcas portugueses adotaram uma política de subsídio para que

---

4   O iluminismo teve efeitos variados na Europa. Traço marcante do iluminismo português foi o projeto de promover o progresso "sem alterar a estrutura do poder e da ordem social". Tratava-se de incorporar os valores iluministas para realizar reformas pontuais, através de uma ação coordenada pelo governo monárquico. Os focos principais do reformismo ilustrado luso foram a administração e o ensino. Lyra, *op. Cit.*, p. 32ss, 131.

5   Iniciativas nesse sentido foram feitas também durante o reinado de D. João V (1689-1750).

6   DIAS, Maria Odila da Silva. Aspectos da Ilustração no Brasil. *A interiorização da metrópole e outros estudos.* São Paulo: Alameda, 2005.

Cultura e Poder entre o Império e a República 279

arquitetos e artistas lusos passassem temporadas de estudo na Itália. Alguns dos mais importantes artistas portugueses do século XIX como Vieira Portuense (1765-1805) e Domingos António de Sequeira (1768-1837), estudaram na Itália custeados pelo governo. Foi também tendo em vista o *aggiornamento* das artes portuguesas que D. João V (1689-1750) fundaria a Academia de Portugal em Roma (1718- c. 1760), além de trazer pintores italianos e franceses para trabalhar no Reino.[7] Esta prática envolveu também a colônia americana, quando o ex-escravo Manoel Dias de Oliveira foi enviado a Lisboa e, mais tarde, a Roma. Retornou com a missão de criar a primeira Aula Pública de Desenho e Pintura, fundada em 1808. A iniciativa visava romper com a organização tradicional da prática artística na colônia, fundada nas corporações de ofício. O curso funcionou por mais de 20 anos, e o prestígio do professor nativo só seria abalado com a chegada da chamada "Colônia Lebreton", em 1816.[8] A vinda dos artistas e artífices franceses deve ser vista, assim, como nova etapa no projeto de reformar o gosto e a prática artística da colônia, sintonizando-os com que o que ocorria na Europa.

A "colônia artística francesa" e o projeto da Academia

A chamada "missão francesa" é tema conhecido dos estudos sobre arte brasileira do século XIX. Contudo, este episódio crucial na história das artes e da cultura oitocentistas tem passado por diversas revisões nos últimos anos. A começar pelo próprio termo utilizado– "missão artística" –, que nunca foi utilizado nem pelos próprios franceses, nem pelos críticos e artistas do século XIX. A expressão, cunhada por Afonso Taunay no começo do século XX, veio associada

---

7 FRANÇA, José Augusto. *A arte em Portugal no século XIX*. 3ª ed., Lisboa, Bertrand, 1990, p. 137ss.

8 Mas a aula de Manoel Dias não teve o efeito modernizador esperado. Os artistas franceses também encontraram enormes obstáculos a seu projeto. *Apud*. EULALIO, Alexandre. *O século XIX. Tradição e ruptura*. Catálogo de Exposição. São Paulo, 1984.

280 Ana Beatriz Demarchi Barel e Wilma Peres Costa (orgs.)

a uma visão eurocêntrica e um tanto simplificada das artes produzidas pelos artistas do período.[9] Também as causas para a ida dos franceses para o Rio de Janeiro vêm sendo objeto de diversos artigos e livros. Se durante muito tempo se repetiu que o convite fora feito por representantes de D. João aos franceses, desde as pesquisas pioneiras de Mário Pedrosa sabe-se que ocorreu justamente o contrário.[10] Finalmente, também novas biografias de artistas vêm iluminando aspectos pouco conhecidos da atuação dos franceses no Rio de Janeiro.[11]

Com o fim da era napoleônica, o erudito Joachim Lebreton e alguns artistas e artífices franceses tiveram problemas políticos, e encontraram na corte portuguesa exilada na América uma oportunidade de trabalho. Deste modo, os franceses contataram a diplomacia de D. João, entre eles o Marquês de Marialva, que vivia em Paris, e o Conde da Barca.[12] Além de Lebreton, que negociara a viagem com as autoridades portuguesas, vieram para o Rio de Janeiro também os pintores Jean-Baptiste Debret, Nicolas-Antoine Taunay com sua família, o arquiteto Grandjean de Montigny, o gravador Simon Pradier, além de artífices e artesãos diversos, totalizando cerca de quarenta pessoas.[13]

---

9 Para uma crítica à ideia de "Missão Artística Francesa" cf Leticia Squeff, "Revendo a Missão Francesa: a Missão Artística de 1816, de Afonso D'Escragnolle Taunay", in: *Anais do I Encontro de História da Arte do IFCH-Unicamp,* 2004. http://www.unicamp.br/chaa/eha/atas/2004/SQUEFF,%20 Leticia%20-%20IEHA.pdf *(acesso em 8 de março de 2017)* Cf. também SCHWARCZ, Lilia. *O sol do Brasil.* São Paulo: Cia das Letras, 2008.

10 Cf. PEDROSA, Mário. Da misão francesa: seus obstáculos políticos. In: ARANTES, Otília. (org.) *Mario Pedrosa: Acadêmicos e Modernos. Textos Escolhidos III.* São Paulo: Edusp, 1998.

11 Pode-se mencionar, só para citar alguns exemplos, sobre Debret, os trabalhos de Rodrigo Naves (1997), Valéria Lima (2007); sobre Nicolas Taunay os trabalhos de Lilia Schwarcz (2008), já citado, entre outros; sobre Joachim Lebreton, as pesquisas de Elaine Dias (2004) e Paulo Kühl (2010, e.o.).

12 DIAS, Elaine. "Correspondências entre Joachim Le Breton e a Corte Portuguesa na Europa. O nascimento da Missão artística de 1816". *Anais do Museu Paulista,* v. 14, p. 301-316, 2006.

13 TAUNAY, Afonso. *A missão artística de 1816.* Rio de Janeiro: IHGB, 1912, reeditado com modificações em 1956.

Cultura e Poder entre o Império e a República   *281*

Chegando ao Rio de Janeiro em março de 1816, a tempo de acompanhar os funerais da Rainha Maria I, os franceses logo perceberam que o governo português estava ocupado organizando a estrutura da administração do Império português na ex-colônia.[14] Na longa espera até a inauguração efetiva da Academia de Belas Artes carioca, em 1826, foram muitos os percalços.

De fato, a instituição teve, desde o início, uma trajetória bastante acidentada. Houve, a princípio, certa indecisão do governo quanto à função que o órgão devia desempenhar. A criação da Escola Real de Ciências, Artes e Ofícios, em 12 de agosto de 1816, foi uma primeira manifestação do projeto que incluía os franceses. A instituição devia formar profissionais capacitados para promover os progressos da *"agricultura, mineralogia, indústria e comércio"*. O decreto vinculava, assim, arte e ciência, técnica e estética num projeto único, típico daquela mentalidade de feição cientificista e pragmática.[15] Após o decreto que criara a "Escola Real de Ciências, Artes e Ofícios" seguiram-se outros. Em 1820 era fundada a "Real Academia de Desenho, Pintura, Escultura e Arquitetura Civil", tendo como modelo a Academia de Londres. Novo decreto referia-se à instituição genericamente como *"algumas aulas de belas artes"*. Finalmente, a *"Academia Imperial de Belas Artes"* só foi inaugurada sob o reinado de D. Pedro I, em 1826. Além da confusão de nomes, suas atribuições e objetivos deram motivo a intermináveis disputas.

Além de convicções diferentes e mesmo antagônicas quanto à função da Academia brasileira, o clima político da época contribuiu para

---

14   Os funerais da rainha são narrados por Debret em *Viagem pitoresca e histórica ao Rio de Janeiro*. São Paulo/ Belo Horizonte: Itatiaia, 1989.

15   "O século XIX, em nossa história, nas suas primeiras décadas, prolonga ainda modos setecentistas, apesar da novidade da transferência da coroa. Fundem-se e confundem-se, numa selva de pequenas brenhas estanques ou de pouca afinidade, fatos antitéticos em todas as atividades: (...)" Bardi, 1975: 137.

282 Ana Beatriz Demarchi Barel e Wilma Peres Costa (orgs.)

uma polarização entre artistas franceses e portugueses.[16] Como resultado, houve uma quantidade razoável de normas de autoria de franceses e portugueses, com disciplinas criadas e abolidas com enorme velocidade, aulas que nunca saíram do papel, professores que jamais chegaram a lecionar, cursos inexistentes.

A morte do Conde da Barca e a demora do governo em inaugurar efetivamente a escola desarticulou o grupo de franceses, cuja maior parte dos membros voltou para sua terra natal. Com a morte de Lebreton, em 1819, o pintor português Henrique José da Silva foi nomeado Diretor da Academia.[17]

A instituição que começou a funcionar então de forma sistemática teria como legado uma tarefa árdua: chegar ao termo de um projeto sonhado, mas despedaçado na origem, de constituir uma Academia de Belas Artes *à la française* nos trópicos. Para isso, era preciso se bater com um outro projeto– esse sim, com a solidez da duração de três séculos– o da colonização. A existência da escravidão, e o desprezo pelas atividades manuais que a acompanhava, seria um obstáculo constante para a sobrevivência daqueles formados pela AIBA.[18] O relatório do Ministro do Império de 1840 é um dos raros testemunhos da época a apontar, de modo explícito, a relação entre as dificuldades de sobrevivência do artista e a escravidão. A situação de isolamento em que caíam os formados pela Academia seria comentada nos seguintes ter-

---

16 Naqueles primeiros anos de instalação na Colônia, a corte portuguesa estava dividida em duas correntes: a inglesa e a francesa. Nesse sentido, a vinda dos artistas franceses para o Rio de Janeiro pode ser vista também como busca de uma alternativa diplomática para a influência econômica inglesa sobre D. João VI. BANDEIRA ET ALLI, *A missão Francesa*. Rio de Janeiro, Editora Sextante Artes, 2003, pp. 33,34.

17 O governo só passou a prestar atenção à Academia após a consolidação de outros órgãos de Estado, tidos como mais importantes. *Apud.* BITTENCOURT, "Da Europa possível ao Brasil aceitável– A formação do imaginário nacional na conjuntura de construção do Estado Imperial (1808-1840)" Niteroi, Tese de mestrado, UFF, 1988.

18 *Apud.* MOACYR, P. *A instrução e o Império*, vol. 1, p. 511–512.

Cultura e Poder entre o Império e a República

mos: "(...); conviria um mancebo tantos anos de aplicação, para se ver à triste necessidade de se entregar a trabalhos mais grosseiros da arte, trabalhos em que nenhuma parte toma a inteligência, e que entre nós são, em geral, executados pela mão rude do escravo?"

Nesse contexto, práticas e conhecimentos que no âmbito da ex- -colônia haviam sido pouco mais que instrumentais encontrariam na doutrina dos franceses um significado completamente inédito.

A Academia de belas artes: funcionamento e impasses

Contudo, apesar dos inúmeros problemas e dificuldades, a Academia Imperial de Belas Artes foi parte essencial do longo proces- so de construção de imaginários sobre a jovem nação brasileira, assim como esteve comprometida com o projeto de fazer do Império uma nação civilizada. Seus artistas produziram quadros históricos e paisa- gens que decoraram os salões do palácio imperial, retrataram a famí- lia real, e seus principais eventos históricos: não apenas a colonização portuguesa, personagens da trajetória política e religiosa como José de Anchieta, Pedro Álvares Cabral ou Tiradentes, bem como eventos relacionados com a guerra do Paraguai, entre outros.

Pouco após a morte de Henrique Silva, Félix Emile Taunay as- sumiu a direção da Academia. Filho do pintor de paisagem Nicolau Taunay, culto, e com ótimas relações com o paço imperial, Taunay é considerado o homem que consolidou a Academia de Belas Artes[19]. De fato, o pintor conseguiu que o prêmio de viagem– até então letra morta dos estatutos– fosse colocado em prática, além de fazer com que as exposições gerais fizessem parte do calendário oficial das efe- mérides do Império. E talvez resida aí seu maior mérito: ter atraído D. Pedro II para a instituição. Ao conseguir que o monarca participas- se dos eventos da Academia, Taunay iniciou uma longa luta, na qual

---

19 Taunay foi professor de desenho de D. Pedro II e suas irmãs. CF. RIOS Fº, Op.cit.; SANTOS, Afonso Carlos Marques dos. "A Academia Imperial de Be- las Artes e o projeto civilizatório do Império". In: *180 Anos da Escola de Belas Artes. Anais do Seminário ABA 180.* Rio de Janeiro: UFRJ, 1997, p. 127-146.

Porto Alegre teria papel destacado, pela legitimação das artes plásticas e da AIBA como órgão do Estado Monárquico.

Araújo Porto Alegre, que voltou para o Brasil após uma estada na Europa, em 1837, seria o grande inimigo do pintor francês. As brigas entre os dois foram ruidosas, ecoando por jornais da corte e publicações avulsas. Em 1848 Porto Alegre se transferiu para a Academia Militar em razão da perseguição de Taunay e seus discípulos. Dois anos depois o Diretor da Academia se exonerava do cargo, na esteira de uma série de denúncias feitas por Porto Alegre pelos jornais.

Após um breve intervalo, em que Job Justino de Alcântara assumiu a direção interina da Academia, Porto Alegre finalmente foi chamado para dirigir a AIBA.[20] Sua queda, menos de quatro anos depois, seria motivada pelas desavenças com outro professor da instituição, Joaquim Lopes Barros Cabral Teive. A direção da AIBA seria dada então para o médico do Paço Imperial Tomás Gomes do Santos indício da intenção do governo de acabar com as disputas internas. Ele dirigiu a AIBA até sua morte, em 1874, quando o órgão passou a ser administrado por Nicolau Antônio Tolentino (1874-1888).

Além das brigas internas, outro aspecto que dificultou o funcionamento da academia carioca encontra sentido na história das instituições de ensino do Império. Na diversidade que caracterizava essas instituições – que consistiam em aulas avulsas de latim ou álgebra, passando por um curso centrado em disciplinas voltadas para o cálculo e o desenho, caso da Academia Militar, até um Liceu completo nos moldes do modelo francês, o Pedro II – a Academia de artes se distinguia por fornecer um ensino voltado exclusivamente, ao menos

---

20 Abordei a questão em diversos artigos, entre eles SQUEFF, Letícia Coelho. A Reforma Pedreira na Academia de Belas Artes (1854-1857) e a constituição do espaço social do artista. *Cad. CEDES,* Campinas, v. 20, n. 51, p. 103-118, Nov. 2000. cf <http://www.scielo.br/scielo.php?script=sci_arttext&pid=S0101-32622000000200008&lng=en&nrm=iso>. Acesso em 8/03/ 2017. http://dx.doi.org/10. 1590/S0101-32622000000200008

Cultura e Poder entre o Império e a República   *285*

até a Reforma Pedreira, para as artes plásticas.[21] Assim, enquanto os cursos avulsos e o Colégio Pedro II eram caminhos seguros para o diploma universitário – índice de prestígio e de superioridade caro às elites do Império, a Academia oferecia pouco mais ou menos que uma formação artesanal. Por isso, ofícios dos Diretores para o Ministro do Império, bem como documentação interna da Academia atestam a falta de verbas sistemática da instituição.[22]

1879 e a crise da Academia

Contudo, o ano de 1879 começara bastante promissor. A Exposição Geral daquele ano, a 25ª do Império, abrira em março, despertando as melhores expectativas nos contemporâneos: *"Com razão dissemos que a exposição deste ano é a mais brilhante que temos visto no Rio de Janeiro, já pelo numero das obras de arte, já pela sua importância e merecimento."*[23]

O número de obras expostas era inédito: 396, segundo o catálogo. Até então, as exposições gerais raramente ultrapassavam muito a marca de 100 objetos. A exposição anterior, de 1876, tivera 33 expositores, com apenas 147 trabalhos. Além disso, provavelmente o Rio de Janeiro ainda não vira, juntas, tantas obras que marcariam seu posto, a partir daquele momento, como obras mestras da arte oitocentista no Brasil. Na exposição foram apresentadas pinturas tão importantes como *A Primeira Missa no Brasil* (exposta pela primeira vez na cidade

---

21 O curso no colégio D. Pedro II compreendia: latim, francês, inglês, alemão, filosofia racional e moral, retórica e poética (ensino da língua e literatura nacional), história e geografia (ênfase na história nacional), matemáticas elementares, aritmética, álgebra, ciências naturais, noções de mineralogia, botânica, zoologia. CF. MOACYR, P. *A instrução e o Império*, vol. 1, p. 27-28. O Colégio Pedro II foi, infelizmente, uma exceção e um não modelo.

22 Tratei longamente da questão no livro *O Brasil das letras de um pintor*: Manoel de Araújo Porto Alegre, Campinas: editora da Unicamp, 2004.

23 [Anônimo]. "A ultima hora". In *Revista Musical* nº11, sábado dia 15 de março de 1879. p. 5. Agradeço a Hugo Guarrilha e Rosângela Silva que generosamente cederam transcrições de textos críticos a respeito da Exposição Geral de 1879 e da *Revista Ilustrada*.

em 1862), a *Batalha de Guararapes*, de Victor Meirelles (1832-1903), a *Batalha do Avaí*, de Pedro Américo de Figueiredo e Melo (1843-1905), além de outras que causariam impacto, como *Elevação da Cruz*, de Pedro José Pinto Peres (1841- 1923), *O Óbulo da Viúva* e *A Caridade* de João Zeferino da Costa (1840-1915), entre outras.

No entanto, logo a situação configurou-se completamente diferente do esperado. As pinturas de batalha de Victor Meirelles e Pedro Américo tornaram-se o eixo de um longo debate que começou comparando as duas pinturas e se estendeu por ramificações inesperadas, em que outras questões, mais profundas, apareceram.

As duas obras haviam sido encomendadas pelo governo para comemorar a vitória do Império brasileiro na Guerra do Paraguai. Tendo este mote, os dois maiores artistas do tempo optaram por temas diferentes: Vítor Meirelles escolheu um episódio da expulsão dos holandeses do território, pintando a primeira batalha dos Guararapes, ocorrida em 19 de abril de 1648. Américo optou por abordar um fato recente, retratando uma das mais sangrentas lutas contra os paraguaios: a batalha que ocorreu perto do arroio do Avahy em 11 de dezembro de 1868. Além de escolherem assuntos diferentes, – um que remontava à história colonial, outro definido como 'contemporâneo', os dois pintores realizaram obras que pareceram, aos olhos dos críticos da época, configurar propostas artísticas francamente antagônicas.

As discussões foram se polarizando cada vez mais, e culminaram com acusações de plágio de parte a parte. Num episódio que não deixa de ter seu lado cômico, um dos polemistas acusaria Américo de ter copiado os cavalos do quadro *Napoleão em Arcole*, de Andrea Appianni (1754-1817). Logo a seguir um dos defensores do pintor vinha a público bradar que a tela em questão não tinha nenhum cavalo representado.[24] E aproveitava para apontar não apenas um, mas dois

---

24 Tratava-se de um dos mais ferrenhos defensores de Victor Meirelles, o Dr. Mello Morais. Dr. Mello Moraes Filho. *Folhetim - Bellas Artes. Gazeta de Noticias*, dia 16 de abril de 1879. p. 1. A resposta veio em: X. (escrito

Cultura e Poder entre o Império e a República   *287*

quadros que Vítor Meirelles teria plagiado: a *Virgínia morta na praia* de Eugéne Isabey (1803-1886), para pintar a *Moema* (1862) e *Primeira Missa em Kabilia*, de Horace Vernet (1789-1863), que teria servido de modelo para o pintor fazer a *Primeira Missa no Brasil* (1861).[25] Sinal da repercussão da polêmica, o próprio Meirelles acabou entrando no debate para se defender.[26] Esta polêmica, denominada pela historiografia como "Questão artística de 1879", é episódio crucial na história da arte brasileira.[27] Em primeiro lugar, por ser um momento em que se confrontaram os dois mais importantes pintores do Império – Pedro Américo e Vítor Meirelles. Nesse embate, a pintura de Américo seria identificada com os desejos de renovação do momento, enquanto a de Meirelles seria associada à tradição.[28] Além disso, a polêmica marca a crise da pintura histórica no contexto da academia carioca, algo que já ocorrera em outros países da Europa há algum tempo. Finalmente, os debates de 1879 inauguram um momento de virada no desenvolvimento da pintura oitocentista, em que a arte produzida na Academia, e a própria competência da instituição enquanto órgão de ensino artístico, começam a ser questionados por muitas pessoas.

Era esse, na verdade, o tom de fundo da maioria dos artigos: a Academia não era mais o lugar ideal para a formação dos artistas. Era isso o que dizia, não sem alguma virulência, o cronista da *Revista*

---

em Petrópolis no dia 16 de abril e destinado a Y.). "Folhetim do Repórter - Bellas Artes". *O Repórter*, dia 22 de abril de 1879. p. 1. Mais tarde, Mello Morais admitiu seu erro, para em seguida acusar Américo de ter plagiado na verdade *A Batalha de Montebello*, de Gustave Doré (1832-1883). *Folhetim- Belas Artes, Gazeta de Notícias*, 1º de maio de 1879, p. 1.

25   Dr. Y. (Corte, 22 de abril – destinada a X.). *Folhetim do Repórter - Bellas Artes*. *O Repórter*, dia 24 de abril de 1879, p. 2.

26   Pedro Américo morava em Florença. Por isso, não participou diretamente das discussões.

27   A denominação foi estabelecida por Donato Mello Jr (1983).

28   Sobre a polêmica, cf. Cardoso (2007); Guarilha (2005).

288 Ana Beatriz Demarchi Barel e Wilma Peres Costa (orgs.)

Ilustrada – uma das mais ferrenhas opositoras do sistema acadêmico tal como ele vinha se desenvolvendo no Rio de Janeiro:[29]

> Quem visitou este ano a exposição de belas artes da nossa Academia, sentiu forçosamente a condolência irritante que nos causa a criança decrépita, a infância a desmembrar-se, corroída pela podridão hereditária; e se a compararmos ás exposições anteriores, é ainda mais profundo o nosso desgosto, mais desconsoladora a esperança no futuro das artes no Brasil, que se prenuncia cada vez mais estreito, mais acanhado, mais mesquinho. Nem um só quadro revelando bom gosto, nem uma só composição mostrando aproveitamento, nem um só trabalho de inspiração própria! O gosto corrompe-se, a inspiração desaparece, a técnica estraga-se, vicia-se, retrograda.[30]

As palavras duras do cronista A. Gil abordam alguns dos temas e imagens que seriam retomados para falar da instituição naqueles anos. A ideia de "criança decrépita" seria glosada vinte anos mais tarde, em chave literária, no romance *Mocidade Morta* (1899) de Gonzaga Duque. A Academia de Belas Artes parecia um projeto que envelhecera antes de amadurecer e dar frutos. Um órgão precocemente decadente, que, já na década de 70 era vista como incapaz de ser um pólo formador de artistas e de divulgação de criações artísticas relevantes.

Na verdade, a Academia do Rio de Janeiro vinha sendo alvo de críticas por parte de um amplo espectro de pessoas: além de jornalistas e críticos em geral, a partir de meados do século manifestam-se, também, pessoas ligadas ao órgão. Em 1874, um ex-aluno comentava que as exposições gerais eram sistematicamente adiadas, por falta de espaço no prédio, ou simplesmente por desinteresse do governo em despender somas consideráveis no custeio das festividades, na cunha-

---

29   Agostini não era contra o ensino acadêmico, mas achava que a academia do Rio de Janeiro devia passar por grandes reformas. *Apud.* Silva (2010).
30   "Rio, de Dezembro de 1879". *Revista Ilustrada.* 1879, ano IV, n. 187, p. 2.

Cultura e Poder entre o Império e a República   *289*

gem de medalhas, entre outras. De fato, a falta de espaço no edifício foi problema sempre mencionado pelos contemporâneos. Esse mesmo aluno, Antonio Araújo de Souza Lobo, comentava em 1874 que "Os concursos se têm convertido em uma impostura de aparência enganosa, que iludem ou perturbam o julgamento do público, (...)"[31]

Em 1879 a instituição deu razões para ser novamente criticada. Com grande dose de ironia, a mesma *Revista Ilustrada* vinha a público ridicularizar a distribuição de prêmios da 25ª Exposição Geral. A Academia conferira condecorações iguais a Pedro Américo e a Victor Meirelles. Com essa decisão salomônica, ela buscava, talvez, ficar acima da polêmica que colocara seus dois maiores artistas em situação de rivalidade. Mas foi, sobretudo, o outro premiado que mais incomodou alguns contemporâneos: também Francisco Bethencourt da Silva (1831-1911) fora premiado. Este *"distinto"* arquiteto e professor, comentava com ironia o escandalizado cronista da *Ilustrada*, não havia participado da Exposição. Algum tempo depois, outro comentarista retomava a questão:

> Realizou-se essa semana, com a presença imperial e música do maestro Fiorito, a distribuição de prêmios aos artistas que mais se distinguiram na última exposição de belas artes e na opinião do júri da Academia.
>
> Foi uma cerimônia tocante. Houve discursos do Sr. Moreira Maia, Terremoto do Conservatório e mais discurso da aluna Cunha Bittencourt, que agradeceu, muito comovida, os prêmios e menções conferidos.... aos outros.
>
> Como vê-se, a retórica e o cantochão deram-se as mãos para o realce dessa festa artística, em que uns foram injustamente esquecidos e outros lembrados injustamente.
>
> Uma cousa compensa a outra; e o júri...
>
> O júri é o júri. [32]

---

31 Cf. Lobo (1874, p. 43).

32 "Rio, 9 de Agosto de 1879". In: *Revista Ilustrada*, ano 4, no. 172.

Além de nociva à formação de artistas, a Academia agora também era acusada de injusta. Entre os *"injustamente esquecidos"* e os *"lembrados injustamente"*, o júri, formado tradicionalmente por alguns de seus professores, era transformado em objeto de suspeita, sendo o mote para diversas piadas nos salões caricaturais da *Ilustrada*. Num deles, a legenda observava:

> Não conhecemos os ilustres membros do júri, mas pela maneira como distribuíram os prêmios, faltaríamos ao mais sagrado dos deveres, se deixássemos de apresentá-los ao público.
>
> Não garantimos uma semelhança perfeita, mas sempre dão uns ares.

Acima, estava representada uma cena dentro da academia. À direita, encostados nas paredes, alguns quadros. No centro, de pé, muito elegantes em suas casacas, três homens com cabeça de burro examinavam as obras. Uma outra ilustração, ao lado desta, mostrava o Imperador concedendo uma medalha a um homem que se ajoelhava a seus pés, todo encurvado e subserviente, com a inscrição: "Concluído o tal discurso [do diretor da Academia] o nosso Imperial Senhor houve por bem distribuir com suas augustas mãos os prêmios conferidos pelo juri com toda a parcialidade e injustiça."[33]

ILUSTRAÇÃO: CENA DA ACADEMIA, Revista *Ilustrada*

Os salões caricaturais e os comentários dos cronistas da *Revista Ilustrada* sugerem que, àquelas alturas, pairavam sérias dúvidas sobre os critérios de julgamento da Academia. Nesse contexto, o episódio Estevão Silva reveste-se de novos significados. Ao se recusar a receber o prêmio, o artista sabia que muitos iriam compreender seu ato. Talvez até mesmo apoiá-lo, como sugere o texto de Parreiras.

---

33 *Revista Ilustrada*, ano 4, n. 172.

Cultura e Poder entre o Império e a República   *291*

O julgamento de Estevão Silva

Estevão Silva era filho de escravos, mas, segundo os parcos dados biográficos que sobraram de sua trajetória, sempre fora livre.[34] Numa sociedade que só conhecia o sistema escravocrata, a presença de homens negros nesta condição certamente ainda era rara. Ainda mais naqueles conturbados anos de 1870, quando a lei do Ventre Livre (1871) e os movimentos abolicionistas haviam trazido ventos que prometiam sacudir, finalmente, as estruturas mais profundas da sociedade. O fim da escravidão já estava no horizonte. O Estado vinha estimulando programas de imigração estrangeira, e os espíritos mais atentos já buscavam conscientizar os contemporâneos da necessidade de instaurar o trabalho assalariado. Mas a maior parte das elites ainda se assustava com o que o fim da escravidão poderia acarretar.[35] Segundo mais de um relato, o clima era, entre alguns, de verdadeiro terror: como transformar uma sociedade que se constituíra sobre a desigualdade, numa nação de direitos iguais para todos?[36] Para esses, a atitude de Estevão Silva deve ter parecido mais do que insolente. Talvez, também, ameaçadora. Sinal de que os tempos estavam mudando.

Para julgar seu o ato de rebeldia, a Academia criou uma Comissão, formada pelos Professores Francisco Chaves Pinheiro (1822-1884), José Maria de Medeiros (1849-1925) e o Vice-Diretor Ernesto Gomes Moreira Maia. No relatório enviado ao Ministro do Império, a Comissão contemporizava:

> Mas, a comissão, ouvindo a defesa do delinquente, convenceu-se de que, por acanhamento da inteligência, aquele aluno,

---

34 Dados biográficos sobre o artista cf. Leite (1988). Para uma análise da trajetória do artista em relação com as biografias de outros artistas negros do período, cf. Lima (2000).

35 Conforme mostram as pesquisas de Alonso (2002) e Carvalho (2003) entre outros.

36 No calor dos debates José de Alencar chega a fazer a "primeira justificativa explícita da escravidão no Segundo Reinado" (ALONSO, 2002., p. 82-83).

292   Ana Beatriz Demarchi Barel e Wilma Peres Costa (orgs.)

> quer tivesse procedido de <u>motu</u> próprio, quer cedesse às sugestões de algum mal intencionado, não teve pleno conhecimento do mal nem intenção de o praticar.[37]

O relatório da Comissão fala de Estevão Silva como alguém incapaz de julgar a extensão de seus atos com discernimento. A razão: "acanhamento de inteligência". Pode-se perceber aqui, explicitamente, traços das teorias raciais, tão fortes nas ideias do tempo, permeando o julgamento da comissão.[38] No contexto do enfraquecimento da escravidão e elaboração de um novo projeto político para o Brasil, essas teorias ajudavam a defender um complicado jogo de interesses, justificando a hierarquia social e estabelecendo critérios diferenciados de cidadania.[39]

Mas por trás do posicionamento francamente racista da Comissão, configura-se também uma suspeita: a ideia de que Estevão Silva não teria agido sozinho. Um "mal intencionado" poderia ter influenciado o artista. Essa suposição, mencionada apenas de passagem, ilumina o quadro de tensões e disputas em que se encontrava a instituição naquele momento. A Academia sabia que tinha inimigos. Não apenas entre cronistas como Ângelo Agostini (1843-1910), mas também entre os que frequentavam seus cursos.

A mencionada "pouca inteligência" do artista servirá, também, para a Academia buscar uma solução mais branda para o caso:

> Entretanto a Comissão, sabendo que não deve passar sem corretivo o perniciosíssimo exemplo levantado pelo aluno em questão, e vendo que o regime disciplinar da Academia exige que não se tolere a menor quebra de disciplina, é, em conclusão, de parecer que, sendo tomada em conta de circunstância atenu-

---

37   "Minuta de Proposta de Ernesto Gomes Moreira Maia, para que se forme uma comissão, para tomar providências quanto ao comportamento indisciplinado do aluno Estevão Roberto da Silva. Acompanha parecer da referida comissão, minutas e ofícios sobre o assunto." MDJVI: 5911

38   Conforme aponta também Lima (2000, p. 109).

39   Sobre o tema cf. por exemplo Schwarcz (1993).

Cultura e Poder entre o Império e a República   *293*

antes a inépcia intelectual do aluno delinqüente, seja este considerado unicamente incurso no grau mínimo do artigo 155 dos Estatutos e punido com a suspensão dos estudos por um ano.[40]

Roberto Teixeira Leite (1988) e Heloísa Pires Lima (2000), analisando o episódio, concluem que a opção pela pena mínima foi também uma forma sutil de reconhecer que a Academia cometera uma injustiça com o pintor ao deixá-lo em segundo lugar. Essa interpretação parece plausível. Estevão Silva recebeu e assinou a notificação enviada pela Comissão, que informava da pena de suspensão pelo período de um ano.[41]

Por outro lado, ao se recusar a receber um prêmio das mãos do imperador, Estevão Silva colocou em questão, publicamente, a legitimidade do soberano. A presença de D. Pedro nas festividades da Academia de Belas Artes era aguardada e preparada minuciosamente. Para recebê-lo, a instituição mandava construir dosséis e tablados, trazendo cadeiras especiais apenas para acomodar, com a pompa e o destaque que mereciam, d. Pedro e sua família.[42] Mais de uma vez exposições gerais foram adiadas para que o monarca pudesse participar da abertura do evento.[43] Numa sociedade de corte, a presença do imperador tinha uma função que ia além de simplesmente abrilhan-

---

40 "Minuta de Proposta de Ernesto Gomes Moreira Maia, para que se forme uma comissão, para tomar providências quanto ao comportamento indisciplinado do aluno Estevão Roberto da Silva. Acompanha parecer da referida comissão, minutas e ofícios sobre o assunto." MDJVI: 5911.

41 Documento disponível na pasta "Minuta de Proposta de Ernesto Gomes Moreira Maia, para que se forme uma comissão, para tomar providências quanto ao comportamento indisciplinado do aluno Estevão Roberto da Silva. Acompanha parecer da referida comissão, minutas e ofícios sobre o assunto." MDJVI: 5911.

42 Há diversas referências a isso na documentação interna das exposições gerais. Ver, por exemplo "Relação de contas das diferentes despesas feitas com a Exposição Geral da Academia em 1859" (28/03/1859). MDJVI: 3464.

43 Cf. por exemplo "Ofício da 4ª seção do Ministério do Império ao Diretor da AIBA, declarando que a Exposição ocorrerá em março, assim que o Imperador chegue à capital, e que as próximas exposições ocorrerão em dezembro, como consta da proposta enviada." (14/12/1859). MDJVI: 1591

tar a festa. Conferia visibilidade ao chefe supremo da nação e ao seu poder, reforçando os laços que o uniam aos seus súditos. Assegurava, assim, no âmbito simbólico e no das práticas sociais, a manutenção do sistema monárquico.[44]

Ao enfrentar a corte e o próprio monarca, negando-se a receber um prêmio que era tradicionalmente "outorgado" por d. Pedro II, Estevão Silva deve ter parecido a alguns contemporâneos mais do que um simples rebelde. O Partido Republicano existia formalmente desde 1870, e as discussões sobre a transformação do sistema em República estavam nas mentes, e nas bocas, de militares, homens de letras e políticos de destaque. Por isso, certamente seu ato também foi lido por muitos como antimonárquico.

Nesse quadro, o episódio protagonizado por Estevão Silva revestiu-se de significados extremamente inquietantes para diretores da Academia e elites imperiais: foi visto como gesto de insubordinação de um artista negro, numa sociedade vivia a crise do fim da escravidão; foi percebido como atitude potencialmente revolucionária, numa monarquia que já vinha sendo sacudida por debates e discursos republicanos. Como homem e como artista, Estevão Silva pagou um alto preço por isso. Ele merece, contudo, um lugar nesse dossiê sobre a história das relações entre cultura e poder no longo século XIX brasileiro, como alguém que ousou questionar as regras da Academia, bem como os valores da sociedade escravocrata.

---

44 Sobre a relação entre as práticas cortesãs e o funcionamento da monarquia cf, por exemplo, Elias (2001). Lilia Schwarcz compartilha de pontos de partida similares ao abordar a figura de d. Pedro II (SCHWARCZ, 1998).

Referências gerais da obra

ABREU, Martha. "O caso do Bracuhy" In: MATTOS, Hebe; SCHNOOR, Eduardo. (Orgs.) *Resgate: Uma Janela para o Oitocentos.* Rio de Janeiro: Top Books, 1995.

ADET, Emile. Belas Artes: representação da Norma. *Minerva Brasiliense*, Rio de Janeiro, n. 7, p. 218-220, 1º fev 1844

ALENCASTRO, Luis Felipe de. "O fardo dos bacharéis", *Novos Estudos Cebrap*, n. 19, 1987.

Almeida Júnior – um criador de imaginários. Catálogo de Exposição. Organização de Maria Cecília França Lourenço. Pinacoteca do Estado, 25 de janeiro a 15 de abril de 2007.

ALONSO, A. M., *Idéias em movimento a geração 1870 na crise do Brasil-Império* SP. Paz e Terra, 2002

ALTIK, Richard. *The shows of London*: a panoramic history of exhibitions, 1600-1862. Cambridge-Mass.: The Belknap of Harvard University Press, 1978

ANDRADE, Ayres de. *Francisco Manuel da Silva e seu tempo*: 1808-1965: uma fase do passado musical do Rio de Janeiro à luz de novos documentos. Rio de Janeiro: Tempo Brasileiro, 1967

ANDRADE, Carlos Drummond. *Nova reunião: 19 livros de poesia*. Rio de Janeiro: Editora José Olympio, 1985.

ANDRADE, Luiz Humberto Martins. *Teatro da memória*: história e ficção na dramaturgia de Jorge Andrade. São Paulo: Annablume; Fapesp, 2001

ARANHA, Graça (Org.). *Machado de Assis & Joaquim Nabuco. Correspondência.* 3ª ed. Rio de Janeiro: Topbooks, 2003, p. 90

ARARIPE, Tristão de Alencar, "Guerra civil do Rio Grande do Sul". *R. IHGB.* Rio de Janeiro, t. 43, v. 61: 115-191, 1880. R. IHGB, Rio de Janeiro, t. 45, v. 65: 33-236, 1882. *R. IHGB.* Rio de Janeiro, t. 46, v. 67: 156-564, 1883. R. IHGB,. Rio de Janeiro, t. 47, v. 69: 47-238, 1883

ARRUDA FILHO, Orôncio Vaz de. *Memorando.* São Paulo: s/e, 1973

ARTE NO SÉCULO XIX. MOSTRA DO REDESCOBRIMENTO: SÉCULO XIX. Texto de Luciano Migliaccio. São Paulo: Fundação Bienal de São Paulo/ Associação Brasil 500 anos Artes Visuais, 2000.

AUGUSTO, Antonio José. *A questão Cavalier*: música e sociedade no Império e na República: 1846-1914. Rio de Janeiro: Folha Seca, Funarte, 2010

AZEVEDO, Vicente de. *Cartas de Álvares de Azevedo.* São Paulo: Academia Paulista de Letras, 1976

AZEVEDO, Elizabeth R. *Um palco sob as Arcadas:* o teatro dos estudantes de Direito do Largo de São Francisco. São Paulo: Annablume, 2000

BANDEIRA ET ALLI, A missão Francesa. Rio de Janeiro, Editora Sextante Artes, 2003.

BARATA, FREDERICO. *Eliseu Visconti e seu tempo.* Rio de Janeiro: Zélio Valverde, 1944.

BARBOSA, Januário da Cunha. "Discurso", *R IHGB*, Rio de Janeiro. 1(1): 18-21, 1839. Reimpressão de 1908

BARBOSA, Januário da Cunha. "Lembrança do que devem procurar nas províncias os sócios do Instituto Histórico e Geográfico

Brasileiro para remeterem à sociedade central". *Revista do IGHB*, Rio de Janeiro, 1(4): 128-130, 1839BARBOSA, Januário. "Relatório do Secretário Perpétuo". R. IHGB. Rio de Janeiro, 3 (Suplemento): 537, 1841

BARBOSA, João Alexandre. 'A Biblioteca Imaginária ou O Cânone na História da Literatura Brasileira' in *A Biblioteca Imaginária*. São Paulo, Ateliê, 2003

BARBUY, Heloisa. "Cultura de exposições em São Paulo, no século XIX". In LOPES, Maria Margaret; HEIZER, Alda. *Colecionismos, práticas de campo e representações*. Campina Grande: EDUEPEB, 2011. P. 257-268

BARBUY, Heloisa. A Cidade-Exposição: comércio e cosmopolitismo em São Paulo, 1860-1914 (estudo de história urbana e cultura material). SP. EDUSP, 2006

BAREL, Ana Beatriz D. *Um Romantismo a Oeste: Modelo Francês, Identidade Nacional*. São Paulo, Annablume/FAPESP, 2001

BAREL, Ana Beatriz de M. (org.). *Nitheroy: Revista Brasiliense, Sciencias, Lettras e Artes*, (ediçãoo fac-símile acompanhada de textos críticos). Coimbra, MinervaCoimbra, 2006

BEILER, Aloysio. Clemente Breves. "O Imperador do café". *Revista de História on line*. In: http://www.revistadehistoria.com.br/secao/retrato/o-imperador-do-cafe, Acessado em 29. 09. 2014

BERGER, Stefan, DONOVAN, Mark & PASSMORE, Kevin. "Apologias for the nation-state in Western Europe since 1800". _____ (eds.). *Writing National Histories. Western Europe since 1800*. London and New York: Routledge, 1999, p. 3-14

BERKOWITZ, M. Photography as a Jewish business: from high theory, to studio, to snapshot. Review Article. *East European Jewish Affairs*. Vol. 39, No 3, December 2009, 389-400. http://www.tandfonline.com/doi/abs/10. 1080/13501670903298286

BITTENCOURT, "Da Europa possível ao Brasil aceitável- A formação do imaginário nacional na conjuntura de construção do Estado Imperial (1808-1840)" Niteroi, Tese de mestrado, UFF, 1988.

BIVAR, Diogo Soares da S. de. Apêndice à Crônica de 1842. *R. IHGB*. Rio de Janeiro, 5 (20): 385-402, 1843

BIVAR, Diogo Soares da S. de. *Crônica de 1842*. Ms. Arquivo IHGB, Dl 33. 21, p. 78 e verso

BIVAR, Diogo Soares da S. *Efemérides brasileiras*. Ms. Arquivo IHGB. Lata 45, pasta 3, março de 1838 a março de 1841

BLOCK, M. Maurice (dir). *Dictionnaire génralle de la poltique*. Tome Premier. Paris: O. Lorenz Libraire- Edicteur, 1863

BOIME, Albert. Art in the age of Revolution (1750-1800)- a social history of modern art. vol. 1, Chicago: The University of Chicago Press, 1987.

BOIME, Albert. *Art in the age of Revolution (1750-1800)- a social history of modern art*. vol. 1, Chicago: The University of Chicago Press, 1987.

BOSI, Alfredo. 'Por um Historicismo Renovado: Reflexo e Reflexão em História Literária' in *Literatura e Resistência*. São Paulo, Companhia das Letras, 2002

BOULANGER, L. A., *Assembléa Geral Legislativa (9ª Legislatura)*. Retratos desenhados e publicados por Luiz Aleixo Boulanger Mestre d'Escrita e Geographia da Familia Imperial. Rio de Janeiro, 1853

BOURDÉ, Guy & MARTIN, Henri. *As escolas históricas*. Tradução de Ana Rabaça. Lisboa: Publicações Europa América, [s.d.]

BOURDIEU, Pierre. *As Regras do arte. Gênese e estrutura do campo literário*, São Paulo, Companhia das Letras, 1996

BOURDIEU, Pierre. Campo do poder, campo intelectual e *habitus* de classe. In: _____. *A economia das trocas simbólicas*. 2. ed. São Paulo: Perspectiva, 1987, p. 183-202

BREVES, Renato. *A Saga dos Breves. Sua Família, Genealogia, História e Tradições*. Rio de Janeiro: Ed. Valença S. A, s/d.

BROGLIE, Gabriel de. *Histoire Politique de la Revue des Deux Mondes de 1829 à 1879*. Paris: Librarie Académique Perrin, 1979

CAMARGO, Kátia Aily Franco de *A Revue des Deux Mondes*. 2ed. ed. Natal: EdUFRN, 2013

Cultura e Poder entre o Império e a República 299

CANDIDO, Antonio, *O Método Crítico de Sílvio Romero*. São Paulo, EdUSP, 1988

CANDIDO, Antonio. *Formação da Literatura Brasileira*: Momentos Decisivos (1750-1880). 11ª. ed. Rio de Janeiro, Ouro sobre Azul, 2007

CARDOSO, Rafael. Ressuscitando um velho cavalo de batalha: novas dimensões da pintura histórica do Segundo Reinado. *19&20*, Rio de Janeiro, v. II, n. 3, jul. 2007. Disponível em: http://www.dezenovevinte.net/criticas/rc_batalha.htm

CARRILHO, Marcos José. *Os Estabelecimentos de Café no Caminho Novo da Piedade*. São Paulo: mestrado em arquitetura e urbanismo – FAU- USP, 1995

CARVALHO, J. M. de. *A construção da ordem/ Teatro de Sombras*. 3a ed., Rio de Janeiro: Civilização Brasileira, 2003

CARVALHO, M. A. Rezende. *O quinto século, André Rebouças e a construção do Brasil*. Rio de Janeiro, Revan/Iuperj, 1995

CASTRO, Hebe Maria de; SCHNOOR, Eduardo (Organizadores). *Resgate: uma janela para o Oitocentos*. Rio de Janeiro: Topbboks, 1995

CAVALCANTI, Ana Maria Tavares. "Os prêmios de viagem da Academia em Pintura." In: PEREIRA, Sonia Gomes (ed.). *185 Anos de Escola de Belas artes*. Rio de Janeiro: Programa de Pós-graduação em Artes Visuais, Escola de Belas Artes – UFRJ, 2001-2002, pp. 69-91

CESAR, Guilhermino. (org.) *Historiadores e Críticos do Romantismo*: 1- a A Contribuição Europeia – Crítica e História Literária. Rio de Janeiro, Livros Técnicos e Científicos; São Paulo, EdUSP, 1978

CEZAR, Temístocles. A retórica da nacionalidade de Varnhagen e o mundo antigo: o caso da origem dos tupis. In: GUIMARÃES, Manoel Luiz Salgado (Org.). *Estudos sobre a escrita da história*. Rio de Janeiro: 7 Letras, 2006. p. 29-41

CHARLE, Christophe, *La discordance des temps – une brève histoire de la modernité*, Paris, Armand Colin, 2011

CHARTIER, Roger, "O homem de letras", in *O Homem do Iluminismo*, Direção de Michel Vovelle, Lisboa, Editorial Presença, 1997, pp. 117-153

CHARTIER, Roger, *Origens culturais da Revolução Francesa*, tr. George Schlesinger, São Paulo, Editora UNESP, 2008

CICHELLI, Ana Flávia. Tráfico Ilegal de Escravos: Os Caminhos que Levam a Cabinda. Dissertação de Mestrado em História, UFF, 2006

CLARCK, T. J. *Image of the people*. Gustave Courbet and the 1848 Revolution. Princeton: Princeton University Press, 1988

CLAUDON, Francis. *La musique des romantiques*. Paris: PUF, 1992

COLI, Jorge. *Como estudar a arte brasileira do século XIX?* São Paulo: SENAC, 2005

CONDORCET, *Esquisse D'un Tableau Historique des Progrès de L'Esprit Humain*, Paris, Librairie Philosophique, J. Vrin, 1970, p. 117

CONRAD, Robert. Tumbeiros. O Tráfico de Escravos para o Brasil. São Paulo: Brasiliense, 1985

COOMBS, Katherine *The Portrait Miniature in England*. London : V&A, 1998

COSTA, Laura Malosetti. *Los primeros modernos. Arte y sociedad em Buenos Aires a fines del siglo XIX*. México: Fondo de Cultura Económica, 2007

COUTINHO, Afrânio (Org.). *A polêmica Alencar/Nabuco*. 2ª ed. Rio de Janeiro: Tempo Brasileiro; Brasília: Ed. Unb, 1978

DANTAS, Luis, "A presença e a imagem do Brasil na Revue des Deux Mondes no século XIX" em *Imagens Recíprocas do Brasil e da França* (Projeto France-Brésil), Paris IHEAL, 1991, p. 139-146

DIAS, Elaine. "Correspondências entre Joachim Le Breton e a Corte Portuguesa na Europa. O nascimento da Missão artística de 1816". Anais do Museu Paulista, v. 14, p. 301-316, 2006.

DIAS, Elaine. *Paisagem e Academia - Félix-Émile Taunay e o Brasil (1824-1851)*, Campinas, Ed. Unicamp, 2009

Cultura e Poder entre o Império e a República 301

DIAS, Elaine. *Pedro Américo*. São Paulo: Folha de S. Paulo: Instituto Itaú Cultural, 2013. p. 50

DIAS, Maria Odila da Silva. *Aspectos da Ilustração no Brasil. A interiorização da metrópole e outros estudos*. São Paulo: Alameda, 2005.

DISCURSOS parlamentares do Dr. Gabriel José Rodrigues dos Santos coligidos pelo Dr. A. J. R. (com a biografia e retrato lithographado do orador). Rio de Janeiro: Typographia Paula Brito, 1863

Diversos autores, L'AGE D'OR DU PETIT PORTRAIT. Paris: Réunion des musées nationaux, 1995 – catálogo de exposição sob curadoria de Jacqueline du Pasquier (Musée des arts décoratifs de Bordeaux); Fabienne Xavière Sturm (Musée d'Horlogerie de Genève), Pierrette Jean-Richard (Musée du Louvre)

ELIAS, Norbert. *A sociedade de corte*: investigação sobre a sociologia da realeza e da aristocracia de corte. Tradução de André Telles. Rio de Janeiro: Jorge Zahar, 2001

ELIAS, Norbert. *Mozart*: sociologia de um gênio. Rio de Janeiro: Jorge Zahar, 1991

ENGELSING, Rolf . "Die Perioden der Lesergeschichte in der Neuzeit. Das statistische Ausmass und die soziokulturelle Bedeutung der Lektüre", *Archiv für Geschichte des Buchwesens*, X, 1970, pp. 944-1002

ERMAKOFF, G. *O negro na fotografia brasileira do século XIX*. Rio de Janeiro: Georges Ermakoff Casa Editorial, 2004

EULALIO, Alexandre. "Estrutura Narrativa de Mocidade Morta". In: GONZAGA DUQUE. Mocidade Morta. Rio de Janeiro: Fundação Casa de Rui Barbosa, 1995.

EULALIO, Alexandre. "Estrutura Narrativa de *Mocidade Morta*". In: GONZAGA DUQUE. *Mocidade Morta*. Rio de Janeiro: Fundação Casa de Rui Barbosa, 1995

EULALIO, Alexandre. O século XIX. Tradição e ruptura. Catálogo de Exposição. São Paulo, 1984.

FALCON. Francisco. "História e poder". In: CARDOSO, Ciro Falamarion & VAINFAS, Ronaldo (orgs.) *Domínios da história. Ensaios de teoria e meodologia.* Rio de Janeiro: Campus, 1997, p. 61

FARIA, Maria Alice de Oliveira. Os brasileiros no Instituto Historico de Paris. *RIHGB*, Rio de Janeiro, 266: 68-148, jan./mar. 1965

Fazendas do Império. Textos de Fernando Tasso Fragoso Pires, Mary Del Priore, Roberto Conduru. Fotos de Cristiano Mascaro. Rio de Janeiro: Edições Fadel, 2010

Fazendas: solares da região cafeeira do Brasil Imperial. Textos de Fernando Tasso Fragoso Pires e Paulo Mercadante. Fotos de Pedro Oswaldo Cruz. Rio de Janeiro: Nova Fronteira, 1986

FERNANDES JUNIOR, Rubens. *Militão Augusto de Azevedo.* São Paulo: Casa da Imagem/Cosac Naify, 2012

FERNANDES JUNIOR, Rubens. *Papéis efêmeros da fotografia.* Fortaleza: Tempo d'Imagem, 2015

FERNANDES, Cybele Vidal Neto. *Os caminhos da arte. O ensino artístico na Academia Imperial das Belas Artes. 1850-1890,* tese de doutorado, UFRJ, 2001.

FERREIRA, Roquinaldo. *Dos Sertões ao Atlântico: Tráfico Ilegal de Escravos e Comércio Lícito em Angola, 1830-1860.* Rio de Janeiro: Mestrado em História, UFRJ, 1996

FOUCAULT, Michel. *O que é o Iluminismo?* Traduzido por Wanderson Flor de Nascimento, www.filoesco.unb.br/foucault

FRANÇA, José Augusto. *A arte em Portugal no século XIX.* 3ª ed., Lisboa, Bertrand, 1990.

FREUND, G. *La fotografia como documento social.* Barcelona: Ed. Gustavo Gili, 1976

GABEREL, *Rousseau et le Genèvois,* Genebra, Joel Cherbuliez, 1858

GALVÃO, Alfredo. "Alunos premiados na Academia Imperial de Belas Artes", Arquivos da ENBA, Rio de Janeiro, 1958.

GALVÃO, Alfredo. "Alunos premiados na Academia Imperial de Belas Artes", *Arquivos da ENBA*, Rio de Janeiro, 1958

GALVÃO, Alfredo. *Subsídios para a história da Academia Imperial e da Escola Nacional de Belas Artes*. R. Janeiro: ENBA, 1954

GERBOD, Paul. *L'Europe culturelle et religieuse de 1815 a nos jours*. Paris: Presses Universitaires de France, 1977, p. 77

GOLDET, Stéphane. A música francesa: o reinado de Eugène Scribe. In: MASSIN, Jean; MASSIN, Brigitte. *História da música ocidental*. p. 689

GOMES, Angela de Castro. *A República, a História e o IHGB*. Belo Horizonte: Argvmentvm, 2009

GONZAGA DUQUE ESTRADA, Luís. *Mocidade Morta*. Rio de Janeiro: Fundação Casa de Rui Barbosa, 1995

GONZAGA-DUQUE. L. *A arte Brasileira*. São Paulo/Campinas: Mercado de Letras, 1995 (1888)

GORDINHO, Margarida Cintra. *Patrimônio do Litoral Paulista e do Vale do Paraíba*. Coleção Patrimônio Paulista, vol. 2. São Paulo: Secretaria da Cultura/ Governo do Estado e Editora Terceiro Nome, 2012

GOULART Paulo Cezar Alves e MENDES, Ricardo *Noticiario geral da photographia paulistana, 1839-1900*. São Paulo: Centro Cultural São Paulo / Imprensa Oficial do Estado de São Paulo, 2007

GRAHAM, Richard. *Patonage and politics in nineteenth-century Brasil*. Stanford: Stanford UniversityPress, 1990

GROLA Diego Amorim GROLA. "Galeria de retratos". In: D. A. GROLA. *A Memória nas Arcadas*: construção material, simbólica e ideológica do edifício da Faculdade de Direito do Largo de São Francisco. São Paulo: Humanitas/FAPESP, 2012

GUARILHA, Hugo. *A questão artística de 1879*: um episódio da crítica de arte no Segundo Reinado. Dissertação de mestrado – Instituto de Filosofia e Ciências Humanas, Universidade Estadual de Campinas, Campinas, 2005

304   Ana Beatriz Demarchi Barel e Wilma Peres Costa (orgs.)

GUIMARÃES, Lucia M. P. "Liberalismo moderado: postulados ideológicos e práticas políticas no período regencial. In: _____& PRADO, Maria Emilia. *O liberalismo no Brasil imperial*. Origens, conceitos e práticas. Rio de Janeiro: Editora Revan, 2001, p. 125-126

GUIMARÃES, Lucia Maria P. "O tribunal da posteridade". In: PRADO, Maria Emilia (org.). *O Estado como vocação: ideias, e práticas políticas no Brasil oitocentista*. Rio de Janeiro: Access, 1999, p. 33-58

GUIMARÃES, Lucia Maria P. *Debaixo da imediata proteção imperial. Instituto Histórico e Geográfico Brasileiro* (1838-1889). 2ª edição. São Paulo: Annablume, 2011

GUIMARÃES, Manoel Luiz Salgado. Nação e civilização nos trópicos: o Instituto Histórico e Geográfico Brasileiro e o projeto de uma história nacional. *Estudos Históricos*, Rio de Janeiro, n. 1, p. 5-27, 1988

GUIMARÃES, Maria Lúcia PASCHOAL. *Em Nome da Ordem e da Moderação. A Trajetória da Sociedade Defensora da Liberdade e da Independência Nacional do Rio de Janeiro (1831-1836)*. Rio de Janeiro, UFRJ, 1990

HABERMAS, Jürgen. *Mudança estrutural da esfera pública. Investigações quanto a uma categoria da sociedade burguesa*, Rio de Janeiro, Tempo Brasileiro, 1984

HEYNEMANN, C. B, RAINHO, M. C. T. *Retratos Modernos*. Rio de Janeiro: Arquivo Nacional, 2005

HILL, Marcos César de Senna. *Quem são os mulatos?* Sua imagem na pintura modernista brasileira entre 1916 e 1934. Tese (doutorado) - Universidade Federal de Minas Gerais, Escola de Belas Artes, 2008

INSTITUTO MARTIUS STADEN. Exposição virtual *Carl Rath:a vida e obra de um grande alemão em São Paulo*. Disponível em http://www.martiusstaden.org.br/CarlRath/carl_rath_flash-full.html

JOUVE, *Claudine Lebrun. Nicolas-Antoine Taunay: 1755-1830*. Paris: Arthena, 2003

KANT, Immanuel. *Resposta à pergunta : « O que é o Iluminismo ?*, Tradutor Artur Morão, acessível in www.lusofia.net.

KEMBER, J. ; PLUNKETT, J. ; SULLIVAN, j.. Introduction: What is an exhibition culture? *Early Popular Visual Culture*, v. 8, n. 4, nov.

KOSELLECK, Reinhart *Crítica e crise*. *Uma contribuição à patogênese do mundo burguês*, Rio de Janeiro, Editora Contraponto, 2009

KOSSOY, B. *Dicionário histórico-fotográfico brasileiro*: fotógrafos e ofício da fotografia no Brasil. São Paulo: Instituto Moreira Salles, 2002

KOSSOY, B. *Um olhar sobre o Brasil*. a fotografia na construção da imagem da nação (1833-2003). Rio de Janeiro: Objetiva, 2012

KOSSOY, Boris,. *Origens e expansão da fotografia no Brasil – século XIX*. Rio de Janeiro: FUNARTE, 1980

KOSSOY, Boris. *Dicionário histórico-fotográfico brasileiro*: fotógrafos e ofício da fotografia no Brasil (1839-1910). São Paulo: Instituto Moreira Salles, 2002

KOUTSOUKOS, Sandra Sofia Machado. *Tipos de pretos no estúdio do photographo*: Brasil segunda metade do século XIX. Anais do Museu Histórico Nacional. V. 39, p. 455-482, 2007. P. 467

LA VOPA, Anthony. "Conceiving a Public : Ideas and Society in Eighteenth-Century Europe", *Journal of Modern History*, 64, 1992, pp. 76-116.

LABIE, Jean-François. A ópera italiana: Bellini, Donizetti, Verdi. In: MASSIN, Jean; MASSIN, Brigitte. *História da música ocidental*. Tradução de Ângela Ramalho Viana, Carlos Sussekind, Maria Teresa Resende Costa. Rio de Janeiro: Nova Fronteira, 1997

LAGO, B. C., LAGO, P. C. *Os fotógrafos do Império*: a fotografia brasileira do século XIX. Rio de Janeiro: Capivara, 2005

LAGOS, Manoel Ferreira, "Relatório do Segundo Secretário". *R. IHGB*. Rio de Janeiro, 6 (Suplemento):34-35, 1844

LANG, Paul Henry. *La experiencia de la ópera*: una introducción sencilla a la historia y literatura operística. Tradução de Juan Mion Toffolo. Madrid: Alianza, 2011. p. 137

LE GOFF, Jacques. *História e memória*. Campinas, SP: Unicamp, 1990

LEIBNIZ *apud* NORA, Pierre. "Entre mémoire et histoire". In: NORA, Pierre (org.) *Les lieux de mémoire. La Republique.* Paris: Gallimard, 1984, t. 1, p. XXVI.

LEITE, José Roberto Teixeira. *Dicionário crítico da pintura no Brasil.* Rio de Janeiro: Artlivre, 1988, p. 273

LEITE, José Roberto Teixeira. Pintores Negros do oitocentos. São Paulo: MWM Motores Diesel Ltda., 1988.

LEITE, José Roberto Teixeira. *Pintores Negros do oitocentos.* São Paulo: MWM Motores Diesel Ltda., 1988.

LEMOS, Carlos A. C. Casa Paulista. São Paulo: EDUSP, 1999.

LEVY, Carlos Roberto Maciel *O grupo Grimm:* paisagismo brasileiro no Século XIX. Rio de Janeiro: Pinakotheke, 1980.

LEVY, Carlos Roberto Maciel. *Antonio Parreiras, 1860-1937:* pintor de paisagem, gênero e história. Rio de Janeiro: Pinakotheke, 1980.

LIMA, Heloísa Pires. *A presença negra no circuito da Academia Imperial de Belas Artes do Rio de Janeiro – a década de 80 do século XIX.* Dissertação (mestrado) – Faculdade de Filosofia, Letras e Ciências Humanas, Universidade de São Paulo, 2000.

LIMA, Luiz Costa *O controle do imaginário.* São Paulo: Brasiliense, 1984. LOBO, A. Araújo de Souza. *Belas Artes:* considerações sobre a reforma da Academia. Rio de Janeiro: Typographia Americana, 1874.

LISSOVSKY, M. O visível e os invisíveis: imagem fotográfica e imaginário social. In: JAGUARIBE, B. (Org). *O choque do real.* Rio de Janeiro: Rocco, 2007, p. 46-47.

LOBO, A. Araújo de Souza. Belas Artes: considerações sobre a reforma da Academia. Rio de Janeiro: Typographia Americana, 1874.

LOPES, Antonio Herculano. Da tirana ao maxixe: a "decadência" do teatro nacional. In: LOPES, Antonio Herculano *et al. Música e história no longo século XIX.* Rio de Janeiro: Fundação Casa de Rui Barbosa, 2011, p. 239-261.

LUGLI, Adalgisa. *Naturalia et mirabilia:* les cabinets de curiosités en Europe. ed. Franc. Paris : Adam Biro, 1988, Milano: Mazzotta, 1990; segunda edição italiana.

LYRA, Carlos Tavares de. Instituições políticas do Império. Coleção Bernardo Pereira de Vasconcelos (Série Estudos Históricos). Volume no 16 (Direção Octaciano de Nogueira). Brasília: Senado Federal, 1979.

LYRA, Maria de Lourdes Viana - A utopia do poderoso Império. Rio de Janeiro: 7 letras, 1994.

MACEDO, Joaquim Manoel de MACEDO. *Anno biographico brazileiro.* Rio de Janeiro: Typographia e Lithographia do Imperial Instituto Artistico, 1876.

MACEDO, Joaquim Manuel de. Conservatório de Música. *Guanabara,* Rio de Janeiro, T. I, p. 166-170, 1850.

MACHADO, Armando Marcondes. *Centro Acadêmico XI de Agosto:* Faculdade de Direito de São Paulo. São Paulo: Mageart, 1999.

MACHADO, Maria Helena P. T. *Crime e escravidão: trabalho, lutas e resistência nas lavouras paulistas (1830-1888).* São Paulo: Brasiliense, 1987.

MALERBA, Jurandir. *A corte no exílio. Civilização e poder no Brasil às vésperas da Independência (1808-1820).* São Paulo: Cia das Letras, 2000.

MARETTI, Maria Lidia Lichtscheidl. *O Visconde de Taunay e os fios da memória,* SP, Ed. Unesp, 2006.

MARINS, Paulo César Garcez. "Queluz e o Café: quotidiano e cultura material no século XIX através de inventários". In: *Cotidiano Doméstico e Cultura material no Século XIX.* Columbia: The University of South Carolina, 1995.

MARQUES, A. H. de Oliveira, "Fernão Lopes". In: SERRÃO, Joel (dir.), *Dicionário de História de Portugal.* Porto: Livraria Figueirinhas, 1985, vol. IV, p. 56-58.

MARQUESE, Rafael Bivar. "A paisagem da cafeicultura na crise da escravidão: as pinturas de Nicolau Facchinetti e Georg Grimm". In: *Revista do Instituto de Estudos Brasileiros*. São Paulo: IEB/Editora 34, 2007, pp. 55-76

MARQUESE, Rafael Bivar. "Revisitando casas-grandes e senzalas: a arquitetura das plantations escravistas americanas no século XIX". In: *Anais do Museu Paulista*: História e Cultura Material. São Paulo: USP/Museu Paulista, v. 35, 1987, pp. 11-57

MARTIN, Jules e PESTANA, Nereu Rangel. *São Paulo Antigo, São Paulo Moderno*. São Paulo: Typographia Vanorden, 1905. Biblioteca da Faculdade de Direito/USP

MARTINS, A. L. e BARBUY, Heloisa. *Arcadas: história da Faculdade de Direito do Largo de São Francisco, 1827-1997*. São Paulo: Alternativa/BM&F, 1998. p. 39

MARTINS, Ana Luiza. *História do Café*. São Paulo: Contexto, 2008, p. 263. 2ª.edição

MARTINS, Luís. *Fazenda*. Drama da decadência do café. Curitiba: São Paulo; Rio de Janeiro: Editora Guairá, 1940

MAURO, Frédéric. *A vida cotidiana no tempo de dom Pedro II*. São Paulo: Companhia das Letras, 1991

MELO,. Luis Correia de. *Dicionário de autores paulistas*. São Paulo: Comissão do IV Centenário da Cidade de São Paulo, 1954

MICELI, Sergio. *Imagens Negociadas. Retratos da Elite Brasileira (1920-40)*. São Paulo: Companhia das Letras. 1996

MICHELS, Ulrich. *Atlas de música*. T. II: parte histórica: del barroco hasta hoy. Tradução espanhola de Rafael Banús. Madri: Alianza, 1992. p. 447

MIGLIACCIO, Luciano. "Rodolfo Amoedo. O mestre deveríamos acrescentar". In *30 mestres da pintura no Brasil*. Catálogo de Exposição, São Paulo: Museu de Arte de São Paulo, 2001

MOURA, Carlos Eugênio Marcondes de. *Notas para a história das artes do espetáculo na Província de São Paulo*. A temporada artística em Pindamonhangaba em 1877-1878. São Paulo: Conselho Estadual de Artes e Ciências Humanas, 1978 (Coleção ensaio; n. 90)

MOURA, Carlos Eugênio Marcondes de. (Organizador e coautor). *Fazendas de café no Vale do Paraíba*. O que os inventários revelam. São Paulo: Condephaat, 2014

MOURA, Carlos Eugênio Marcondes de. *O Visconde de Guaratinguetá*. Um fazendeiro de café no Vale do Paraíba. São Paulo: Studio Nobel, 2ª edição revista e ampliada, 2002

MOURA, Denise A. de. *Saindo das Sombras*. Homens livres no declínio do escravismo. Campinas: Área de Publicações CMU/ Unicamp, 1998

NABUCO, Joaquim. *Minha Formação*, in *Obras Completas*, SP Instituto Progresso Ed. 1947

NABUCO, Joaquim. *Camões e Os Lusíadas*. Rio de Janeiro: Typographia do Imperial Instituto Artísico, 1872

NABUCO, Joaquim. *Cartas a amigos*. v. 1. Carolina Nabuco (Org.). São Paulo: Instituto Editorial Progresso, 1949

NABUCO, Joaquim. *Diários*. Edição de Evaldo Cabral de Mello. Rio de Janeiro: Bem-Te-Vi, 2006

NABUCO, Joaquim. *Discursos acadêmicos*. Tomo I. Volumes I-II-III- IV, 1897-1919. Rio de Janeiro. ABL, 2005

NABUCO, Joaquim. *Escritos e discursos literários/ L'option*. São Paulo: Instituto Progresso Editorial, 1949, pp. 107-09

NABUCO, Joaquim. *Minha formação*. São Paulo: Ed. 34, 2012, p. 87

NOGUEIRA, José Luiz de Almeida,. *A Academia de S. Paulo*: tradições e reminiscências. Estudantes, estudantões, estudantadas. São Paulo: Typografia Vanorden / Lisboa: Typ. A Editora, 1909-1912

NORA, Pierre. "L'histoire de France de Lavisse". In: _____ (org.) *Les lieux de mémoire. La Nation*. Paris: Gallimard, 1986, t. III, v. 1, p. 337-338

NORA, Pierre. "La génération". In: NORA, Pierre (org.). *Les lieux de mémoire III. Les France*. Paris: Gallimard, 1992, v. 3

NUNES, Jussara. La presence du Bresil dans le fonds historique de la collection de photographies de la Societé de Geographie. *Passages de Paris* 1 (2005) 71-90. wwwfr.org/passagesdeparis

OLIVEIRA, José Joaquim Machado de. "Discurso". *R. IHGB*. Rio de Janeiro, 7 (25): 124, 1845

OLIVEIRA, Marina Garcia de. *Entre nobres lusitanos e titulados brasileiros: práticas, políticas e significados dos títulos nobiliárquicos entre o Período Joanino e o alvorecer do Segundo Reinado*. São Paulo: Dissertação História Social – FFLCH – USP, 2013

PARREIRAS, Antonio. História de um pintor contada por ele mesmo. 3ª ed., Niterói: Niterói Livros, 1999 (1926).

PARREIRAS, Antonio. *História de um pintor contada por ele mesmo*. 3a ed., Niterói: Niterói Livros, 1999 (1926)

PEDROSA, Mário. "Da misão francesa: seus obstáculos políticos" In ARANTES, Otília. (org.) Mario Pedrosa: Acadêmicos e Modernos. Textos Escolhidos III. São Paulo, Edusp, 1998.

PEREIRA, Sonia Gomes. *Arte brasileira no século XIX*. Belo Horizonte: C/Arte, 2008

PEREIRA, Walter Luiz. *Óleo sobre tela, olhos para a história*: memória e pintura histórica nas Exposições Gerais de Belas Artes do Brasil Império (1872 e 1879). Rio de Janeiro: 7 Letras, Faperj, 2013

PESSOA, Thiago Campos. "O Universo Escravista no Império dos Souza Breves: A família Breves e o tráfico ilegal de africanos". Fortaleza: ANPUH – XXV SIMPÓSIO NACIONAL DE HISTÓRIA, 2009

PINHEIRO, Joaquim Caetano Fernandes. Retrospecto Literário. *Guanabara*, Rio de Janeiro, T. II, p. 429-431, 1854

PORTO-ALEGRE, Manuel de Araújo. Algumas Ideias sobre as Belas-Artes e a Indústria no Império do Brasil. *Guanabara*, Rio de Janeiro, T. I, pp. 305-310, 1850

PORTO-ALEGRE, Manuel de Araújo. Apontamentos sobre a Academia de Belas Artes e sobre a criação de um Teatro Nacional de Ópera. Texto manuscrito s.d. IHGB, Lata 654, pasta 8, p. 3 verso

Cultura e Poder entre o Império e a República   *311*

PORTO-ALEGRE, Manuel de Araújo. Cenografia. *Guanabara*, Rio de Janeiro, T. I, p. 19-22, 1850

PORTO-ALEGRE, Manuel de Araújo. Comentários sobre a ópera e o teatro nacional e sobre sua atuação como diretor da Academia de Belas Artes. Texto manuscrito s.d. IHGB, Lata 653, pasta 16

PORTO-ALEGRE, Manuel de Araújo. Ideias sobre a música. *Nitheroy*, Paris, T. I, n. 1, p. 160-182, 1836

PORTO-ALEGRE, Manuel de Araújo. Instituto Histórico e Geográfico Brasileiro: sessão do dia 15 de dezembro. *Guanabara*, Rio de Janeiro, T. I, p. 64-68, 1850

PORTO-ALEGRE, Manuel de Araújo. Uma palavra ao Ilmo. Sr. Brasileiro Nato. *Minerva Brasiliense*, Rio de Janeiro, p. 311, 15 mar. 1844

PRADO, Paulo. *Paulística, etc...* 4ª. ed. Rev. e ampliada por Carlos Augusto Calil. São Paulo: Companhia das Letras, 2004.

PUELLES, Alice Aparecida Labarca. *O vestuário e seus acessórios em São Paulo, em meados do século XIX*. São Paulo, 195p. Dissertação (Mestrado) – Programa de Pós-Graduação Interunidades em Museologia, 2014

QUEIROZ, Carlota Pereira de. *Um fazendeiro paulista no século XIX*. Coleção História. São Paulo: Secretaria de Governo/Conselho Estadual de Cultura, 1965.

RAMOS, Saulo. *Café. A poesia da terra e das enxadas*. Prefácio de Guilherme de Almeida. São Paulo: Editora Expressão e Cultura, 2002

RAMOS, Saulo. *Código da vida*. São Paulo: Editora Planeta do Brasil

REALE, Ebe. "Pindamonhangaba: cidade do segundo reinado." In: *Revista de História*. São Paulo: Faculdade de Filosofia, Letras e Ciências Humanas da Universidade de São Paulo, nº 83

RECLUS, Elisée, Du Sentiment de la nature chez las sociétés modernes, in *Revue des Deux Mondes*, 1866, tomo LXIII

RIOS FILHO, Adolfo Morales de. "O ensino artístico, subsídios para sua história. Um capítulo 1816-1889", Anais Do Terceiro

312 Ana Beatriz Demarchi Barel e Wilma Peres Costa (orgs.)

Congresso De História Nacional. 8º v., Rio de Janeiro: Imprensa Nacional, 1942.

RIOS FILHO, Adolfo Morales de. "O ensino artístico, subsídios para sua história. Um capítulo 1816-1889", *Anais Do Terceiro Congresso De História Nacional*. 8o v., Rio de Janeiro: Imprensa Nacional, 1942

RODRIGUES, Jaime. *De Costa a Costa*. São Paulo: Companhia das Letras, 2005

RODRIGUES, João Paulo Coelho de Souza. *A dança das cadeiras: literatura e política na Academia Brasileira de Letras (1896-1913)*. 2ª ed. Campinas, SP: Editora da Unicamp, CECULT, 2003, p. 35

ROSA, Ângelo Proença et Alli. Vítor Meireles de Lima (1832-1903). Rio de Janeiro: Pinakotheke, 1982.

ROSA, Ângelo Proença et Alli. *Vítor Meireles de Lima (1832-1903)*. Rio de Janeiro: Pinakotheke, 1982

ROSE, Mark. *Authors and Owners. The Invention of Copyright*, Cambridge, Mass., Havard University Press, 1995

ROSEMBERG, Liana Ruth Bergstein. Pedro Américo e o olhar oitocentista. Rio de Janeiro: Barroso Edições, 2002.

ROSEMBERG, Liana Ruth Bergstein. *Pedro Américo e o olhar oitocentista*. Rio de Janeiro: Barroso Edições, 2002

ROUANET, M. H., *Eternamente em berço esplêndido: a fundação de uma literatura nacional*. SP, Edições Siciliano, 1991

ROUSSEAU, J. J. *Les rêveries du promeneur solitaire*, Paris: Editions de la Seine, 2005.

S. A. SISSON, S. A. *Galeria dos Brasileiros Illustres (Os contemporaneos)*. Retratos dos homens mais illustres do Brasil, na politica, sciencias e letras desde a guerra da Independencia até os nossos dias copiados do natural e lithographados por S. A. Sisson acompanhados das suas respectivas biographias publicada sob a protecção de sua Magestade o Imperador. Rio de Janeiro: Lithographia de S. A. Sisson, 1861. 2v

Cultura e Poder entre o Império e a República   *313*

SACRAMENTO BLAKE, A. V. A. Dicionário Bibliográfico Brasileiro. Guanabara: Conselho Federal de Cultura, 1970

SADIE, Stanley (ed.). *Dicionário Grove de música*: edição concisa. Tradução de Eduardo Francisco Alves. Rio de Janeiro: Jorge Zahar, 1994

SANTOS, Afonso Carlos Marques dos. "A Academia Imperial de Belas Artes e o projeto civilizatório do Império", in 180 Anos da Escola de Belas Artes. Anais do Seminário ABA 180. Rio de Janeiro, UFRJ, 1997, pp127-146.

SCHNAPPER, A.. "Portrait d'hommes de lettres". In : A. SCHNAPPER. *Le géant, la licorne, la tulipe*: collections françaises au XVIIe siècle. Paris : Flammarion, 1988

SCHNOOR, Eduardo. "Das casas de moradas às casas de vivenda". In: CASTRO, Hebe Maria Mattos et alli. *Resgate: Uma janela para o oitocentos*. Rio de Janeiro: Topbooks, 1995

SCHWARCZ, L. M. *O sol do Brasil. Nicolas-Antoine Taunay e as desventuras dos artistas franceses na corte de D. João*. SP, Cia das Letras, 2008

SCHWARCZ, Lilia As barbas do Imperador. São Paulo: Companhia das Letras, 1998.

SCHWARCZ, Lilia MORITZ. *Os Guardiões da Nossa História Oficial: Os Institutos Históricos e Geográficos Brasileiros e o Projeto de uma História Nacional*. São Paulo, IDESP, 1989

SCHWARCZ, Lilia. O sol do Brasil. São Paulo; Cia das Letras, 2008.

SHANDLER, Jeffrey. What does it mean to be photographed as a Jew? *The Jewish Quaterly Review*, Winter 2004

SHAUKAL, Barbara. Sebastianutti & Benque – Five Photographers. Four Generations. Three Continents. In: European Society for the History of Photography. *Photography and Research in Austria – Vienna, the Door to the European East*. Germany: Dietmar Klinger Verlag, 2002

SHNEER, David. Photography. *YIVO Encyclopedia of Jews in Eastern Europe*. 15 september 2010. 3 june 2012 http://www.yivo-encyclopedia.org/article.aspex/Photography

SILVA, Rosângela de Jesus. O Brasil de Ângelo Agostini: política e sociedade nas imagens de um artista (1864-1910). Tese (doutorado) – Instituto de Filosofia e Ciências Humanas, Universidade Estadual de Campinas, Campinas, 2010.

SILVA, Rosângela de Jesus. *O Brasil de Ângelo Agostini:* política e sociedade nas imagens de um artista (1864-1910). Tese (doutorado) – Instituto de Filosofia e Ciências Humanas, Universidade Estadual de Campinas, Campinas, 2010.

SIMIONI, Ana Paula C. "A viagem a Paris de artistas brasileiros no final do século XIX". *Tempo Social*, no. 1, vol. 17, São Paulo, junho de 2005.

SIMIONI, Ana Paula C. *Profissão artista – pintoras e escultoras acadêmicas brasileiras*. São Paulo: Edusp, 2008.

SMITH, Herbert Huntigton. *Uma fazenda de café no tempo do Império*. Rio de Janeiro: Departamento Nacional do Café, 1941.

SOUZA, Bernardino José de. *Dicionário da terra e da gente do Brasil*. São Paulo; Rio de Janeiro: Companhia Editora Nacional, p. 75

SOUZA, Bernardino José de. *Dicionário da terra e da gente do Brasil*. São Paulo; Rio de Janeiro: Companhia Editora Nacional, 1939. Coleção Brasiliana.

SOUZA, Gilda de Mello e. "Pintura Brasileira: os precursores". In _____ *Exercícios de Leitura*. Campinas: Duas Cidades, 1980.

SQUEFF, "Revendo a Missão Francesa: a Missão Artística de 1816, de Afonso D'Escragnolle Taunay", in: Anais do I Encontro de História da Arte do IFCH- Unicamp, 2004. http://www.unicamp.br/chaa/eha/atas/2004/SQUEFF,%20Leticia%20-%20IEHA.pdf (acesso em 8 de março de 2017)

SQUEFF, Letícia Coelho. A Reforma Pedreira na Academia de Belas Artes (1854-1857) e a constituição do espaço social do artista. Cad. CEDES, Campinas, v. 20, n. 51, p. 103-118, Nov. 2000. cf <http://www.scielo.br/scielo.php?script=sci_arttext&pid=S0101--32622000000200008&lng=en&nrm=iso>. Accesso em 8/03/ 2017. http://dx.doi.org/10. 1590/S0101-32622000000200008

SQUEFF, Leticia. O Brasil nas letras de um pintor. Campinas: Editora da Unicamp, 2004.

STEIN, Stanley J. *Grandeza e decadência do café no Vale do Paraíba.* São Paulo: Brasiliense, 1961

SÜSSEKIND, Flora. *O Brasil não é longe daqui*: o narrador, a viagem. São Paulo: Companhia das Letras, 1990

TASSO, Torquato (dit le Tasse), *La Jérusalem délivrée [du Tasse, avec les arguments d'Orazio Ariosti], traduite en vers français avec le texte italien en regard par Hte Taunay*, Paris: L. Hachette, 1846 (2 vol)

TAUNAY, Afonso. *História do café.* Rio de Janeiro: Imprensa Nacional, 1939-1943

TAUNAY, Alfredo d'Escragnolle, *Memórias do Visconde de Taunay*, SP. Melhoramentos, 1946

TAUNAY, Alfredo d'Escragnolle. *A cidade do ouro e das ruínas, Vila Bella, o rio Guaporé e a sua mais ilustra vítima, Revista do IHGB*, Tomo LIV, Parte I, 1891

TAUNAY, Alfredo, d'Escragnolle, *Recordações de Guerra e de Viagem*, Brasília, Ed. Senado Federal, 2008

TAUNAY, Alfredo, d'Escragnolle *Viagens de Outrora*, SP, Melhoramentos,1948

TAUNAY, Auguste-Marie-Charles, Traducteur *Térence traduit en vers français* Paris, 1858-1859 (2 vol)

TAUNAY, Auguste-Marie-Charles.À. S. A. I. le prince Napoléon *[Azotage des graines par la voie sèche*. Paris: impr. de Soye et Bouchet, 1855

TAUNAY, Félix, *Astronomie du jeune âge. Épître en vers par Félix Taunay,... composée pour sa fille Adélaïde*. Deuxième édition retouchée par l'auteur et augmentée de notes revues par Emmanuel Liais,... publiée par les soins de A.-M.-Ch. et Hte Taunay, Paris: E. Dentu, 1857

316 Ana Beatriz Demarchi Barel e Wilma Peres Costa (orgs.)

TAUNAY, Hippolyte et DENIS, Ferdinand-Jean, *Notice historique et explicative du panorama de Rio Janeiro, par M. Hippolyte Taunay,... et M. Ferdinand Denis,...* Paris: Nepveu, 1824

TAUNAY, Hippolyte, *Le Brésil, ou Histoire, moeurs, usages et coutumes des habitans de ce royaume, par M. Hippolyte Taunay,... et M. Ferdinand Denis,* Paris: Nepveu, 1822

TAUNAY, Théodore, *Idylles brésiliennes, écrites en vers latins, par Théodore Taunay et traduites en vers français, par Félix-Émile Taunay,* Rio de Janeiro: impr. de Gueffier, 1830

TEIXEIRA LEITE, José Roberto. 500 anos da pintura Brasileira. CD-Rom, Log-On Comunicação Interativa, 1999.

TEIXEIRA LEITE, José Roberto. *500 anos da pintura Brasileira.* CD-Rom, Log-On Comunicação Interativa, 1999.

TELLES, Augusto Carlos da Silva. "Vassouras: estudo da construção residencial urbana." In: **Revista do SPHAN.** Rio de Janeiro: nº 16.

URSEL, Charles d', Comte. *Sud-Amérique*: séjours et voyages au Brésil, a la Plata, au Chili, en Bolivie et au Pérou. 2. ed. Paris: E. Plon et Cie., 1879

VALLE, Paulo Antonio do. *Biographia do Dr. Gabriel José Rodrigues dos Santos,* publicada por partes no *Correio Paulistano*, entre 5 e 23 de setembro de 1863

VAMPRÉ, S.. *Memórias para a história da Academia de São Paulo.* São Paulo: Livraria Acadêmica/Saraiva, 1924

VASQUEZ, P. K. *Fotógrafos alemães no Brasil do século XIX.* São Paulo: Metalivros, 2000

VERÍSSIMO, José. A Academia Brasileira In *Estudos de literatura brasileira: 6ª série.* Belo Horizonte: Ed. Itatiaia; São Paulo: EDUSP, 1977

VERÍSSIMO, José. Um historiador político In *Estudos de literatura brasileira. 1ª série.* Belo Horizonte: Ed. Itatiaia; São Paulo: EDUSP, 1976, p. 109.

Cultura e Poder entre o Império e a República 317

VIANNA, Candido de Araújo, "Discurso". "Oblação (…) à memória do Sr. D. Afonso, Augusto Primogênito de Suas Majestades Imperiais". *R. IHGB*. Rio de Janeiro, 11: 9, 1848

WEHLING, Arno (org.). *As Origens do Instituto Histórico e Geográfico Brasileiro*. Rio de Janeiro, IHGB, 1989

WEHLING, Arno. "Prefácio - Uma revista entre a historia e a memória". In: GUIMARÃES, Lucia Maria P. *Debaixo da imediata proteção imperial. Instituto Histórico e Geográfico Brasileiro* (1838-1889). 2ª edição. São Paulo: Annablume, 2011

WERNECK, Francisco Peixoto de Lacerda (Barão de Pati do Alferes). *Memória sobre a fundação de uma fazenda na província do Rio de Janeiro*. Introdução Eduardo Silva. Brasília: Senado Federal; Rio de Janeiro: Fundação Casa de Rui Barbosa, 1985.

WIMMER, Nora. *Marcas francesas na obra do Visconde de Taunay*. São Paulo, Tese de Doutorado, FFLCH USP, 1992

As organizadoras

ANA BEATRIZ DEMARCHI BAREL

Professora de Literaturas de Língua Portuguesa e Teoria Literária da Universidade Estadual de Goiás. Doutora em Letras pela Université Paris III Sorbonne Nouvelle. Realizou Pós-Doutorado na Fundação Casa de Rui Barbosa e no IEB-USP e Residência em Pesquisa na Biblioteca Mindlin - USP. Leitora do Governo Francês na Université de Nantes e ATER das Universités d'Amiens e de Toulouse. Estudou História da Arte na Ecole du Musée du Louvre. Autora de *Um Romantismo a Oeste: Modelo Francês, Identidade Nacional* (Annablume, 2002) organizadora da edição fac-símile da *Revista Nitheroy* (MinervaCoimbra, 2006). Desenvolve pesquisas na área de História Literária, Literaturas Brasileira e Comparada. Atualmente, pesquisa as relações entre relatos de viagens e iconografia.

WILMA PERES COSTA

Historiadora, Professora de História do Brasil Império na Universidade Federal de São Paulo. Doutorada em Sociologia pela USP, realizou estudos pós-graduados no University College London e o Pós-Doutorado na École des Hautes Études en Sciences Sociales (EHESS, Paris) em 2001 e 2017, onde tem desenvolvido pesquisas sobre as relações intelectuais entre o Brasil e a França no século XIX. É autora de *A Espada de Dâmocles - o Exército, a Guerra do Paraguai e a crise do Império* (HUCITEC, 1996) e *Soberania e Conflito – Configurações do Estado Nacional no Brasil do Século XIX* (com Cecília Helena de Salles Oliveira e Vera Lúcia Nagib Bittencourt) (HUCITEC, 2010), entre outros trabalhos. Desenvolve pesquisas no campo Sociologia Histórica, do Pensamento Social Brasileiro e da Historiografia. Atualmente trabalha com a temática das relações entre a memória familiar e a escrita da história no século XIX.

Os autores

HELOISA BARBUY

Professora Sênior no Museu da Faculdade de Direito da USP. Na mesma Universidade, é professora dos Programas de Pós-Graduação em História Social e em Museologia e Pesquisadora Associada da Biblioteca Brasiliana "Guita e José Mindlin". Museóloga e historiadora, tem Doutorado pela FAUUSP, estágios em museus franceses e Pós-Doutorado no Centre André Chastel/Université de Paris IV-Sorbonne. Foi museóloga e professora do Museu Paulista USP de 1990 a 2016. É autora de *A Exposição Universal de 1889 em Paris* (História Social USP/Loyola, 1999), *A Cidade-Exposição: Comércio e Cosmopolitismo em São Paulo, 1860-1914* (Edusp, 2006), *As Esculturas da Faculdade*

Cultura e Poder entre o Império e a República   *321*

de Direito (FDUSP/Ateliê, 2017) e co-autora, com Ana Luiza Martins, de *Arcadas: História da Faculdade de Direito do Largo de São Francisco-USP* (Alternativa/Melhoramentos, 1999, 2.ed.). Realiza pesquisas em história da cultura material, patrimônio cultural e história urbana.

RICARDO SOUZA DE CARVALHO

Professor de Literatura Brasileira na Universidade de São Paulo. Bacharel em Letras, Mestre e Doutor em Literatura Brasileira pela Universidade de São Paulo. É autor de *A Espanha de João Cabral e Murilo Mendes* (Editora 34, 2011), vencedor do Prêmio Jabuti, categoria Teoria/Crítica Literária, de 2012.

ROGER CHARTIER

Atualmente Professor Emeritus no Collège de France, depois de uma longa carreira de professor e orientador na École des Hautes Études des Sciences Sociales, é um dos mais influentes historiadores vivos no campo da História da Cultura, tendo se especializado na História da Cultura Escrita na Europa Moderna. E também Annenberg Visiting Professor na Universidade de Pensylvania. Seu último livro traduzido ao português é *A Mão do Autor e A Mente do Editor* (Editora UNESP, 2014).

LÚCIA MARIA PASCHOAL GUIMARÃES

Professora Titular de Teoria da História e Historiografia da Universidade do Estado do Rio de Janeiro. Doutora em História pela Universidade de São Paulo. Pesquisadora 1A do CNPq, dos Programas Prociência/UERJ e Cientista do Nosso Estado/FAPERJ. Coordena o Grupo de Pesquisa Ideias, Cultura e Política na Formação da Nacionalidade Brasileira, bem como o *Laboratório*

322   Ana Beatriz Demarchi Barel e Wilma Peres Costa (orgs.)

Redes de Poder e Relações Culturais. Realizou estágios de Pós-Doutoramento na Cátedra Jaime Cortesão da FFLCH/USP (2005-6) e de pesquisa sabática na Universidade Nova de Lisboa. Sócia Titular do Instituto Histórico e Geográfico Brasileiro. Autora, entre outros títulos, de *Debaixo da Imediata Proteção Imperial: Instituto Histórico e Geográfico Brasileiro* (1838-1889) (EDUSP, 1994) e *Da Escola Palatina ao Silogeu: Instituto Histórico e Geográfico Brasileiro* (1889-1938) (Ed. Museu da República, 2007).

CLÁUDIA BEATRIZ HEYNEMANN

Historiadora com Doutorado na Universidade Federal do Rio de Janeiro. Curadora de diversas exposições é Pesquisadora no Arquivo Nacional, Editora do site *O Arquivo Nacional e a História Luso-Brasileira* e corresponsável pela participação institucional no portal *Brasiliana Fotográfica*. Atua principalmente nas áreas de História do Brasil, História Moderna, História das Ideias e História da Produção Iconográfica no Brasil. Entre outros títulos é autora de *Floresta da Tijuca: Natureza e Civilização* (Prefeitura do Rio de Janeiro, 1994); *As Culturas do Brasil* (Hucitec, 2010) e coautora de *Retratos Modernos* (Arquivo Nacional/Petrobras, 2005); *Marcas do Progresso: Consumo e Design no Brasil do Século XIX* (Mauad, 2009) e *Festas Chilenas* (EdPUCRS, 2014).

CARLOS LEMOS

Arquiteto e artista plástico. É Professor Titular do Departamento de História da Arquitetura e Estética do Projeto da Faculdade de Arquitetura e Urbanismo da Universidade de São Paulo (FAU/USP). Como professor e pesquisador dedicou-se à história da arquitetura brasileira e à preservação do patrimônio cultural. Foi Diretor Técnico do CONDEPHAAT (Conselho de Defesa do Patrimônio Histórico,

Arqueológico, Artístico e Turístico). Foi Conselheiro do IPHAN, CONDEPHAAT e CONPRESP. É membro do Comitê Brasileiro do *International Council of Monuments and Sites* (ICOMOS) e do Comitê Brasileiro de História da Arte, filiado ao *CIHA – Comité International d' Histoire de l' Art*. É autor de 27 livros, dentre eles: *Arquitetura Brasileira* (Ed. Melhoramentos, 1979); *Ramos de Azevedo e Seu Escritório* (Ed. Pini, 1993, Prêmio Jabuti / 1994); *Casa Paulista* (Edusp, 1999); *Da Taipa ao Concreto – Crônicas e Ensaios Sobre a Memória da Arquitetura e do Urbanismo* (Ed. Três Estrelas, 2013); *Como Nasceram as Cidades Brasileiras* (Ed. Nobel, 2016).

ANA LUIZA MARTINS

Doutora em História pela FFLCH - USP, concursada como historiógrafa do CONDEPHAAT (Conselho de Defesa do Patrimônio Histórico, Arqueológico, Artístico e Turístico do Estado de São Paulo), atuou como Técnica Pesquisadora do órgão de 1982 a 2005, Diretora de 2005 a 2015 e Conselheira de 2015 a 2017. É pesquisadora de temas relacionados ao patrimônio cultural paulista, à história da leitura, da imprensa e da cultura visual. Autora, entre outros, de *Revistas em Revista: Imprensa e Práticas Culturais em Tempos de República* (EDUSP, 2001 (2ª edição), *História do Café* (Ed. Contexto, 2008 (3ª edição) e *Gabinetes de Leitura da Província Paulista*. (Edusp, 2016 - pré-selecionado para o Prêmio Jabuti 2017). Atualmente realiza Residência em Pesquisa Pós-Doutorado na BBM – USP.

LUIZ BARROS MONTEZ

Professor Associado da Faculdade de Letras da UFRJ, Doutorado em Letras (Língua e Literatura Alemã) pela Universidade de São Paulo (1999) e Pós-Doutorado na Universidade de Viena (2009-2010). Coordena o Grupo de Pesquisa LIEDH - Linguagem e Discursos da

História, credenciado junto à Fundação Biblioteca Nacional (www. liedh.com.br).

AVELINO ROMERO PEREIRA

Historiador e pianista, professor de História da Música do Instituto Villa-Lobos da Universidade Federal do Estado do Rio de Janeiro (UNIRIO). Mestre em História Social do Brasil pela UFRJ e Doutor em História Social pela UFF. Realizou Pós-Doutorado junto ao Setor de História da Fundação Casa de Rui Barbosa. Autor de *Música, Sociedade e Política: Alberto Nepomuceno e a República Musical* (Ed. UFRJ, 2007). Integra os grupos de pesquisa "Intelectuais, Sociedade e Política" (GEPISP/UERJ), "Imprensa e Circulação de Ideias: o papel dos periódicos nos séculos XIX e XX" (FCRB) e "Música Urbana" (UNIRIO). Desenvolve pesquisas sobre música no Brasil (séculos XIX e XX) e sobre o tango na Argentina.

LETICIA SQUEFF

Historiadora, professora do curso de História da Arte da Universidade Federal de São Paulo (UNIFESP). Bacharel e Mestre em História e Doutora em Arquitetura pela Universidade de São Paulo (USP, Brasil). Fez os seus estudos de Pós-Doutorado na Unicamp. Autora dos livros *O Brasil nas Letras de um Pintor* (Edusp, 2004), e *Uma Galeria para o Império* (Editora da Unicamp, 2013), além de artigos sobre pintura brasileira e sulamericana. Foi *Guest Scholar* no *Getty Research Institute* de Los Angeles (2014) e *Visiting Professor* no *Kunsthistorisches Institut* de Zurique (2015). Atualmente estuda as relações entre instituições e cultura visual no Brasil e nas Américas em fins do século XIX.

Alameda nas redes sociais:
Site: www.alamedaeditorial.com.br
Facebook.com/alamedaeditorial/
Twitter.com/editoraalameda
Instagram.com/editora_alameda/

Esta obra foi impressa em São Paulo
no inverno de 2018. No texto foi utilizada a fonte Minion Pro em corpo
10,25 e entrelinha de 15 pontos.